Römer-Schüler

MENSCH UND RAUM

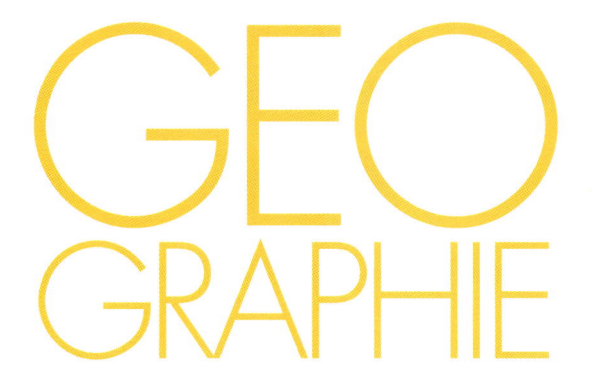

GEO
GRAPHIE

GYMNASIUM NIEDERSACHSEN 7

herausgegeben und bearbeitet von
Artur Behr, Peter Fischer, Dr. Wolfgang Fregien, Uwe Jansen,
Winfried Kunz, Dr. Dieter Richter

in Zusammenarbeit mit der Verlagsredaktion

Cornelsen

Titelfoto: Geiranger Fjord (Norwegen)

Redaktion: Dr. Volkhard Binder
Gestaltung und technische Umsetzung: Bernd Schirok
Kartographie und Graphik: Dr. Volkhard Binder, Berlin; Volkmar Rinke, Hildesheim
Repro: LPI, Hannover

1. Auflage   Druck 4 3 2 1   Jahr 99 98 97 96

Alle Drucke dieser Auflage können im Unterricht nebeneinander verwendet werden.

© 1996 Cornelsen Verlag, Berlin
Das Werk und seine Teile sind urheberrechtlich geschützt. Jede Verwertung in anderen als den gesetzlich zugelassenen Fällen bedarf deshalb der vorherigen schriftlichen Einwilligung des Verlages.

Druck: Cornelsen Druck, Berlin

ISBN 3-464-08205-9

Bestellnummer 82059

gedruckt auf säurefreiem Papier, umweltschonend hergestellt aus chlorfrei gebleichten Faserstoffen

Bildquellen:

Astrofoto 4.1; Bavaria 78.1; Behr 65.1, 69.2, 76.1, 79.1, 84.1; Binder 49.1 B, 49.1 C; Bronny 26.1, 27.1, 28.1, 29.2, 33.1, 33.2, 35.3, 37 B , 37 C; Deutsche Süßwarenindustrie e.V. (Infozentrum Schokolade) 106/107; Dornier 5.1; Eichler 93.3; Fiedler 104.3; Fischer 86/87.2, 4, 7, 9, 88/89 m.; Horizonte-Reisen (Münster) 69.1; Ibrahim 91.1, 99.1; IFA U 1 (Lecom), 73.1 (Lederer); Interfoto 34.1 (NOWOSTI), 43.1 (TG); Jansen 77.1; Jennerich 93.1, 93.2; Jürgens Ost- und Europaphoto 35.2; Kunz 99.3; Lade 8.1 S. K.), 8.2 (BAV), 9.2 (BAV), 49.1 A (Krecichwost), 68.1 (Sandhofer), 73.2 (Krecichwost), 80.1 (press); Müller-Moewes 83.1; NASA 10.1; Richter 43.2; Ruppert 88/89 l., 98.1; Science Photo Library London (Focus Hamburg) 90.1; Taubert 88/89 r., 92.1; 92.2, 95.1, 96.1, 97.1, 97.2, 97.3, 99.2, 100.1, 100.2; Verlagsarchiv 16/17 u., 18.1, 18.2, 37 A, 85.1, 91.2, 104.1, 121.1, 121.2; Wiese 92.3, 104.2; Wostok 43.3

Inhaltsverzeichnis

Die Erde – ein Himmelskörper	4
Das Sonnensystem	6
Das Weltall: ein Meer von Sternen	8
Die Erde: der blaue Planet	10
Die Oberfläche der Erde	12
Experimente	14
In der kalten Zone	16
Polartag – Polarnacht	18
Wenig Licht und wenig Wärme	19
Jahreszeiten	20
Tag und Nacht	22
Zeitzonen	24
Tundra …	26
… und borealer Nadelwald	27
Nomaden –	28
Rentierhaltung der Lappen	28
Holzwirtschaft in Finnland	30
Ackerbau an der Kältegrenze	32
Bergbaustadt Norilsk	34
Rätselseiten	36
In der gemäßigten Zone	38
Orientierung in Europa	40
Landnutzung: klimatische Gunst- und Ungunstfaktoren	42
Temperatur und Niederschlag messen	44
Klima grafisch darstellen	46
Maritimes und kontinentales Klima	48
Luftdruck und Wind	50
Wetterlagen	52
Wiederkehrende Wetterlagen	54
Wetterkarte und Wetterbericht	55
Arbeiten mit Karte und Atlas	56
Höhenlinien und Höhenschichten	58
Höhenstufen erfahren	61
Rätselseiten	62

In der subtropischen Zone	64
Orientierung im Raum	66
Viermal Ferien in den Subtropen	68
Charakterpflanzen	70
Kulturpflanzen	72
Klimadiagramme	74
Landnutzung in der Toskana	76
Bewässerungsfeldbau in Spanien	78
Problem Wasser	80
Die sommertrockenen Subtropen	82
Naherholung in der Heide	84
Rätselseiten	86
In der tropischen Zone	88
Afrika im Überblick	90
Von der Wüste zum Regenwald	92
Nomaden im Sahel	94
Ackerbau in der Savanne	96
Ein Dorf in Burkina Faso	98
Überleben im Sahel	100
Brandrodungsfeldbau bei den Bantu	104
Plantage und Marktwirtschaft	106
Holzwirtschaft im Ökosystem Wald	108
Wirtschaftsraum Tropen	110
Rätselseiten	112
Geozonen 1: Klimaelemente und Klimazonen	114
Geozonen 2: Natürliche Vegetation und Landnutzung	116
Geozonen 3: Kulturpflanzen	118
Geozonen 4: Landwirtschaftliche Nutzung der einen Erde	120
Erklärung von Begriffen	122
Register	126

Südlicher Teil der Milchstraße mit dem Kreuz des Südens. Dieses Sternbild ist nur jenseits des Äquators zu beobachten.

Die Erde – ein Himmelskörper

Seit 1972 beobachten künstliche Satelliten die Atmosphäre, das Land und die Meere. Sie sammeln Daten über das Ozonloch und die Waldzerstörung und geben so Auskunft über den Zustand der Erde. Fernmeldesatelliten ermöglichen interkontinentale Telefongespräche, Rundfunk- und Fernsehübertragungen sowie Videokonferenzen.

Die Erdkugel

Ich sehe ein großes rundes Wunder durch den Raum ziehen,
Ich sehe darauf winzige Gehöfte und Dörfer, Trümmer
   und Friedhöfe, Gefängnisse und Werkstätten, Hütten und
   Paläste ...
Ich sehe eine dunkle Seite, wo die Menschen schlafen,
   und die andere Seite im Sonnenlicht,
Ich sehe den ständigen Wechsel von Licht und Schatten,
Ich sehe ferne Länder, ihren Bewohnern nicht weniger nahe und
   vertraut als mein Land mir.

        Walt Whitman, Salut au Monde! 1856

Das Sonnensystem

Um 150 n. Chr. faßte in Alexandria der griechische Astronom und Mathematiker *Ptolomäus* das astronomische Wissen seiner Zeit zusammen: Der **Kosmos** (grch.: Weltall, Weltordnung) ist ein kugelförmiges Gebilde. In seinem Mittelpunkt steht unverrückbar die Erde. Wie der Augenschein zeigt, wird sie umkreist von den sieben *Planeten,* zu denen auch Sonne und Mond gehören. Im Gegensatz zu den Planeten (grch.: die Umherschweifenden) verändern die **Fixsterne** ihren Ort am Himmelsgewölbe, der Sphäre, nur langsam.

Dieses **ptolomäische Weltbild** blieb fast anderthalb Jahrtausende lang die allgemeine Vorstellung vom Aufbau des Universums. Damit verbunden war die Gewißheit, daß der Mensch eine herausragende Stellung innerhalb der Schöpfung einnimmt.

Der Astronom, Arzt und Domherr *Nikolaus Kopernikus* (geb. Thorn 1473, gest. Frauenburg 1543) erkennt, daß sich die Planeten, unter ihnen die Erde, um die Sonne bewegen. Die Erde und mit ihr der Mensch stehen in diesem **heliozentrischen Weltbild** (*helio,* grch.: in Zusammensetzungen mit der Bedeutung Sonne) nicht mehr im Mittelpunkt des Universums, wie im bis dahin geltenden geozentrischen Weltbild des Ptolomäus.

Diese neue Lehre vom Weltall, die Kopernikus 1543 in seinem Buch „*Über die Umlaufbewegungen der Himmelskörper*" an die Öffentlichkeit bringt, wird in der Folgezeit heftig bekämpft. Es fällt schwer einzusehen, daß der Mensch nicht mehr Zentrum der Schöpfung ist.

Kopernikus glaubt, daß sich die Planeten auf Kreisbahnen um die Sonne bewegen. Auf dieser Annahme beruhende Berechnungen stimmen mit den Beobachtungen aber nicht überein. Der Mathematiker und Astronom *Johannes Kepler* (geb. zu Weil der Stadt 1571, gest. Regensburg 1630) beweist 1609, daß die Planetenbahnen Ellipsenform haben.

Anfang des 17. Jahrhunderts wird das Fernrohr erfunden. Mit seiner Hilfe werden nun zahlreiche neue Entdeckungen im Universum gemacht. Der italienische Naturforscher *Galileo Galilei* (geb. Pisa 1564, gest. Arcetri bei Florenz 1642) entdeckt die Sonnenflecken, die Monde des Jupiter, den Ring des Saturns. Die Konstruktion größerer Fernrohre führt 1781 zur Entdeckung des Planeten Uranus durch den Astronomen *Friedrich Wilhelm Herschel* (geb. Hannover 1738, gest. Slough bei Windsor 1822). Der Planet Neptun wird 1846 auf der Grundlage theoretischer Berechnungen entdeckt; Pluto, der äußerste Planet des Sonnensystems, erst 1930.

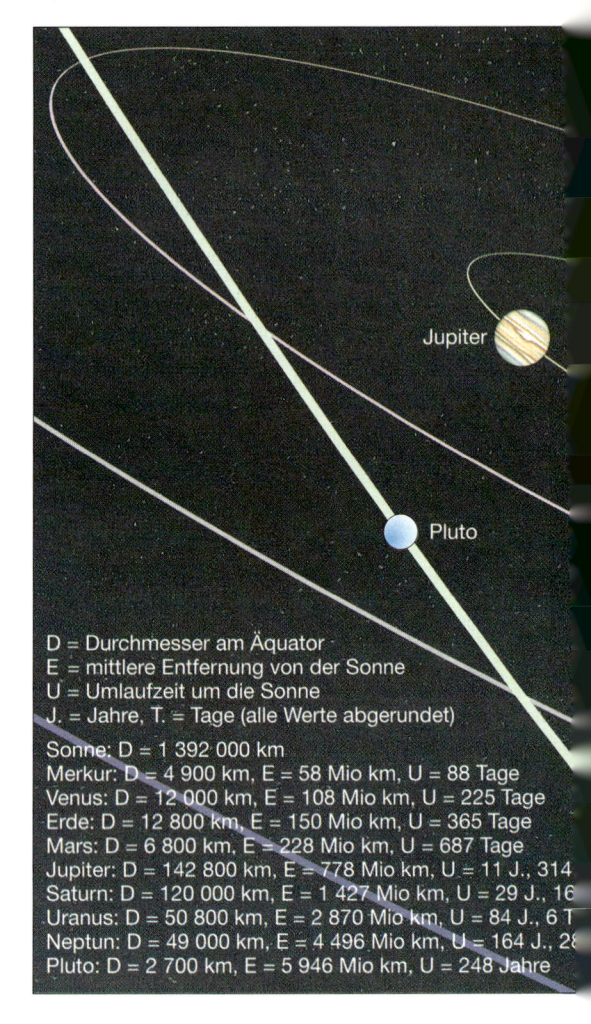

D = Durchmesser am Äquator
E = mittlere Entfernung von der Sonne
U = Umlaufzeit um die Sonne
J. = Jahre, T. = Tage (alle Werte abgerundet)

Sonne: D = 1 392 000 km
Merkur: D = 4 900 km, E = 58 Mio km, U = 88 Tage
Venus: D = 12 000 km, E = 108 Mio km, U = 225 Tage
Erde: D = 12 800 km, E = 150 Mio km, U = 365 Tage
Mars: D = 6 800 km, E = 228 Mio km, U = 687 Tage
Jupiter: D = 142 800 km, E = 778 Mio km, U = 11 J., 314
Saturn: D = 120 000 km, E = 1 427 Mio km, U = 29 J., 16
Uranus: D = 50 800 km, E = 2 870 Mio km, U = 84 J., 6 T
Neptun: D = 49 000 km, E = 4 496 Mio km, U = 164 J., 28
Pluto: D = 2 700 km, E = 5 946 Mio km, U = 248 Jahre

Die Sonne ist das zentrale Gestirn im Sonnensystem. Sie ist eine selbstleuchtende Gaskugel mit hoher Temperatur. Einen solchen Himmelskörper nennen die Astronomen einen Stern (Fixstern).

Zum Sonnensystem gehören alle Himmelskörper, die durch die Anziehungskraft an die Sonne gebunden sind. Außer den Planeten sind es noch über 40 Monde (Satelliten), etwa 100 000 Planetoiden, mehr als 10 Mio Kometen, eine unbekannte Zahl von Meteoriten, dazu Staub und Gas.

1. Vergleiche die Durchmesser der Planeten.
2. In einem gedachten Modell des Sonnensystems sollen 1 mm 10 000 km bedeuten. Wie weit sind die Planeten in diesem Modell von der Sonne entfernt?
3. Informiere dich über die genannten großen Astronomen. Suche im Atlas ihre Geburts- und ihre Sterbeorte.

Die Sonne mit ihren Planeten

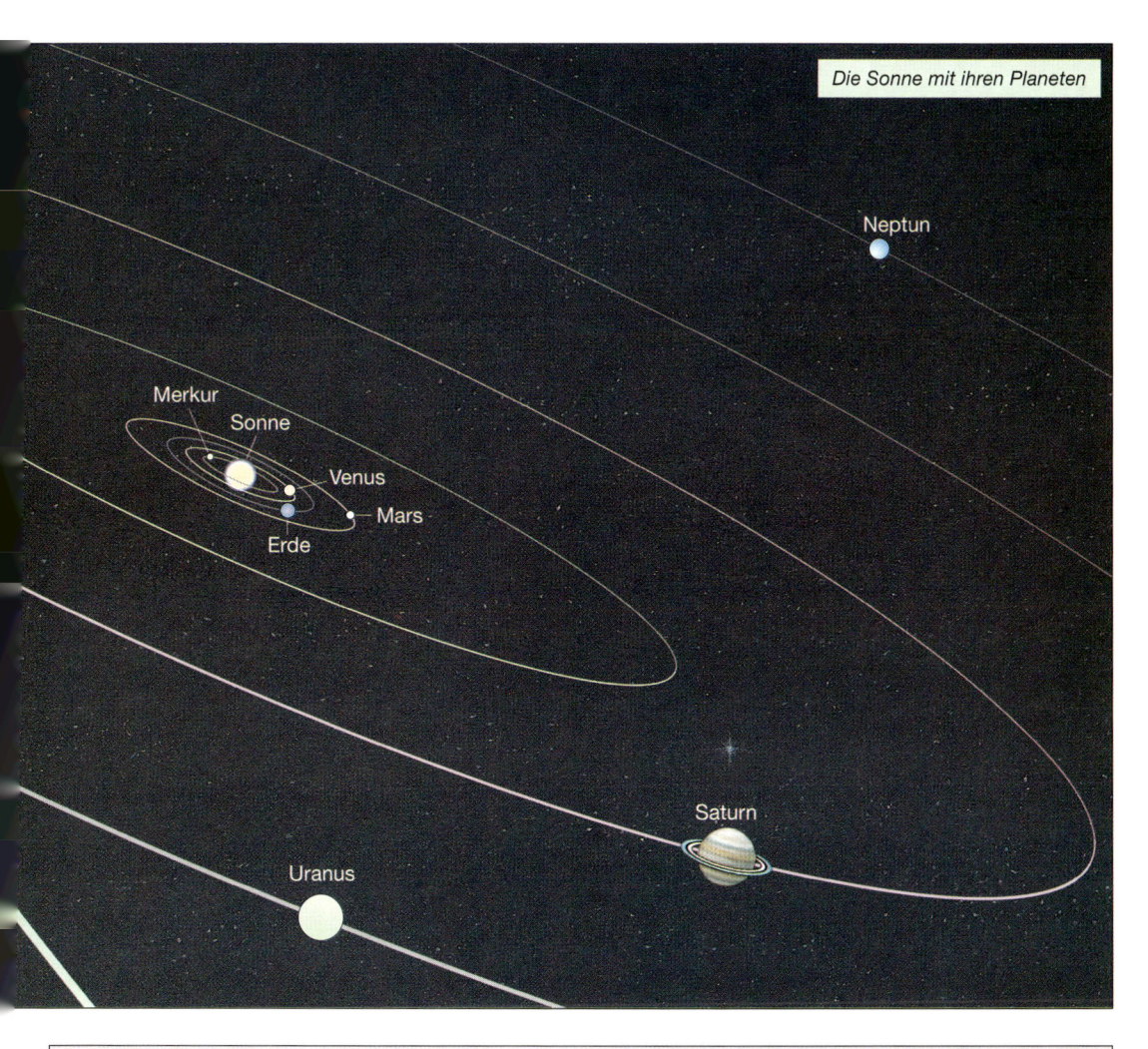

Himmelskörper des Sonnensystems

Planeten: kugelähnliche Himmelskörper, die die Sonne umlaufen und deren Licht reflektieren. Die neun Planeten umlaufen die Sonne auf elliptischen Bahnen.

Monde: Kleine Himmelskörper, die einen Planeten umlaufen und das Licht der Sonne reflektieren. Man nennt sie auch (natürliche) Satelliten. – Der Mond der Erde oder Erdmond, auch Luna oder Erdtrabant, ist der Satellit des Planeten Erde.

Planetoiden (oder Asteroiden): planetenähnliche Kleinkörper im Sonnensystem, die die Sonne auf Ellipsenbahnen umlaufen. Die Bahnen der meisten Planetoiden liegen zwischen den Bahnen von Mars und Jupiter. Nur wenige haben Durchmesser von über 100 km.

Kometen: *(komätes,* gr.-lat.: Haarstern, der Schweif wurde mit einem Haarbüschel verglichen) bewegen sich auch auf Ellipsenbahnen um die Sonne. Sie bestehen aus gefrorenen Gasen (zu 9/10) und Meteoritenstaub (zu 1/10) und haben Durchmesser von 1 bis 100 km. Bei Annäherung an die Sonne verflüchtigen sich die Gase und bilden eine den Kern umgebende, leuchtende Wolke. Der Schweif entsteht durch den Druck des Sonnenwindes, einer von der Sonne ausgehenden Teilchenstrahlung.

Meteoriten: kosmische Kleinkörper, die aus gefrorenen Gasen, gefrorenem Wasser und Staub bestehen. Bei der Abbremsung durch den Luftwiderstand der Erdatmosphäre kommt es zur Leuchterscheinung eines Meteors oder einer Sternschnuppe, einem schnell über den Himmel ziehenden Lichtpunkt.

Das Radioteleskop ist neben dem Fernrohr das wichtigste astronomische Beobachtungsinstrument. Es dient dem Empfang und der Aufzeichnung unsichtbarer Strahlungen, die von Himmelskörpern zur Erde gelangen.
Das Radioteleskop in Effelsberg (Eifel) hat eine Schüssel mit einem Durchmesser von 100 m.

Die Plejaden, auch Siebengestirn genannt, bilden den hellsten offenen Sternhaufen, den wir in unseren Breiten am Winterhimmel beobachten können. Mit bloßem Auge kann man mit normaler Sehkraft sechs Sterne unterscheiden. Insgesamt gehören zu den Plejaden etwa 250 Sterne. Die Entfernung der Plejaden beträgt 410 Lichtjahre. Der hellste Stern ist etwa 10mal so groß wie unsere Sonne; seine Leuchtkraft übersteigt die der Sonne um das Tausendfache. Den ganzen Sternhaufen umhüllt ein Nebel aus interstellarem Staub, der von den hellsten Sternen zum Leuchten gebracht wird.

Das Weltall: ein Meer von Sternen

Schon vor 500 Jahren kam der Gedanke auf, daß die Sonne nur ein Stern unter vielen anderen sein könnte. Im Jahr 1838 gelang es dem Königsberger Astronom *Friedrich Wilhelm Bessel,* die Entfernung eines solchen **Fixsterns** zu messen. Heute wissen wir, der nächste Fixstern ist *Alpha Centauri.*

Um eine Vorstellung von seiner Entfernung zu unserer Sonne zu bekommen, denken wir uns die kosmischen Größen so weit verkleinert, daß unsere Erde ein winziges Staubkorn von 0,1 Millimeter Durchmesser wäre: Die Sonne hätte dann die Größe einer Kirsche und wäre rund 1,5 m von der Erde entfernt; der nächste Fixstern, die nächste Sonne, aber wäre 410 km entfernt. Eine Rakete, die mit einer Geschwindigkeit von 10 km pro Sekunde durch den Weltraum fliegen würde, brauchte 130 000 Jahre, um zu dem Nachbarfixstern unserer Sonne zu gelangen.

Unsere Sonne und Alpha Centauri sind nur zwei von vielen solcher Fixsterne, die es im Weltall gibt. Ihre Anzahl wird auf mehr als 1 Milliarde mal 1 Milliarde geschätzt. Sie alle bewegen sich durch das Weltall. Sie tragen ihren Namen *Fixsterne* also eigentlich zu Unrecht. Ihre Bewegung kann man aber mit bloßem Auge nicht erkennen. Auch die Sonne bewegt sich mit ihren Planeten in Bezug auf die Nachbarsterne mit einer Geschwindigkeit von 20 km in der Sekunde.

Die Entfernungen zu den anderen Fixsternen geben die Astronomen in **Lichtjahren** an. Beachte: Ein Lichtjahr ist also ein Entfernungsmaß, keine Zeitangabe. Ein Lichtjahr stellt die Strecke dar, die von einem Lichtstrahl in einem Jahr zurückgelegt wird (In einer Sekunde legt das Licht 300 000 km zurück).

Die Fixsterne sind nicht gleichmäßig im Weltraum verteilt. Manchmal schließen sie sich zu Sternhaufen zusammen. Dazu zählen z.B. die Plejaden im Sternbild des Stiers.

Über 100 Milliarden Sonnen (Fixsterne) hängen zusammen und bilden so etwas wie eine Insel im Weltraum-Meer. Einen solchen Zusammenschluß nennt man **Milchstraße** oder **Galaxie.** Auch unsere Sonne gehört wie ihr Sternennachbar Alpha Centauri zu einer solchen Milchstraße. Die äußere Form der Milchstraßen ist unterschiedlich. Die Galaxie, zu der unsere Sonne gehört, ist spiralförmig. In einem äußeren Punkt eines Spiralarms befindet sich unsere Sonne. Von der Seite betrachtet, sieht eine Spiralgalaxie (ein Spiralnebel) wie eine Diskusscheibe aus. Die unserer Milchstraße benachbarte Milchstraße ist der Andromedanebel. Unsere Milchstraße soll ihm sehr ähnlich sehen. Er ist das einzige außergalaktische

Sternsystem, das in Mitteleuropa mit dem bloßen Auge gesehen werden kann.

Mit kleineren Fernrohren kann man nur die hellsten Galaxien sehen, und auch dann meistens nur als Nebelwölkchen. Große Fernrohre bringen jedoch diese faszinierenden Objekte so nahe, daß man – wenigstens bei den am nächsten gelegenen – auch einzelne Sterne und Sternhaufen unterscheiden kann. Alle Milchstraßen – mehr als 100 Milliarden – rotieren um ihr jeweiliges Zentrum. Unsere Sonne benötigt zum Beispiel etwa 230 Milliarden Jahre zu einem Umlauf um das Zentrum ihrer Milchstraße; bei einer Bahngeschwindigkeit von 270 km in der Sekunde.

Die Galaxien schließen sich zu Obersystemen, „Nebelhaufen" zusammen, die bis zu über 1000 Galaxien enthalten. Unsere Galaxie gehört zur *Lokalen Gruppe,* die etwa 25 Galaxien umfaßt.

Die Milchstraßen bzw. die Nebelhaufen streben alle voneinander weg. Ihre *Fluchtgeschwindigkeit* ist um so größer, je weiter sie von uns entfernt sind. Die größte festgestellte Fluchtgeschwindigkeit beträgt 120 000 km in der Sekunde. Die Frage: „Wohin fliegen die Milchstraßen?" ist eine der unbeantworteten Fragen in der Astronomie.

1. Bestätige durch deine Rechnung, daß ein Lichtjahr etwa 9 463 000 000 000 km = 9,463 Billionen km sind.
2. Wie lange braucht das Sonnenlicht, um die Erde zu erreichen, wie lange für den Weg zum äußersten Planeten?

Schwerkraft. In der zweiten Hälfte des 17. Jahrhunderts versuchten sich viele Wissenschaftler an der Frage, warum die Planeten die Sonne umrunden und was sie auf ihrer Bahn hält. Einmal mehr fand Newton die Lösung: Es muß eine Kraft zwischen Sonne und den Planeten geben. Man nennt diese Kraft Schwerkraft oder Gravitation. Sie ist eine natürliche Eigenschaft aller Körper.
Glaubt man einer Anekdote, so kam Newton die Idee hierzu, als er einen Apfel vom Baum herabfallen sah. Hieraus schloß er, daß eine Kraft zwischen der Erde und dem Apfel wirken müsse. Er folgerte nun weiter, daß dieselbe Kraft, also die Schwerkraft, auch die Planeten auf ihren Umlaufbahnen halten müsse.
Letztlich ziehen alle Körper im Universum einander an. Die Stärke dieser Anziehungskraft hängt von der Masse der Körper und ihrer Entfernung voneinander ab.

(aus Colin Humphry: Faszination Weltall. Sehen und Verstehen. Kosmos 1993)

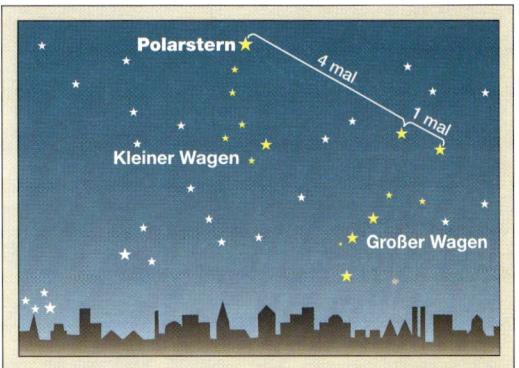

Der Polarstern ist der hellste Stern im Sternbild Kleiner Bär (Kleiner Wagen). Er dient als wichtiger Orientierungspunkt für die Nordrichtung, da er sich dicht am Himmelsnordpol befindet. Er fällt deshalb besonders auf, weil sich in der Polumgebung sonst nur schwach leuchtende Sterne befinden.
Schon im Altertum faßte man willkürlich Sterne zu geometrischen Gebilden an der scheinbaren Himmelskugel zusammen und gab ihnen Phantasienamen, wie Großer Wagen. Heute meint man in der Astronomie mit Sternbild einen Bereich am Sternhimmel.

Der Andromedanebel wurde im California Institute of Technology in Pasadena/USA aufgenommen.

10.1 Die Erde geht auf . . .

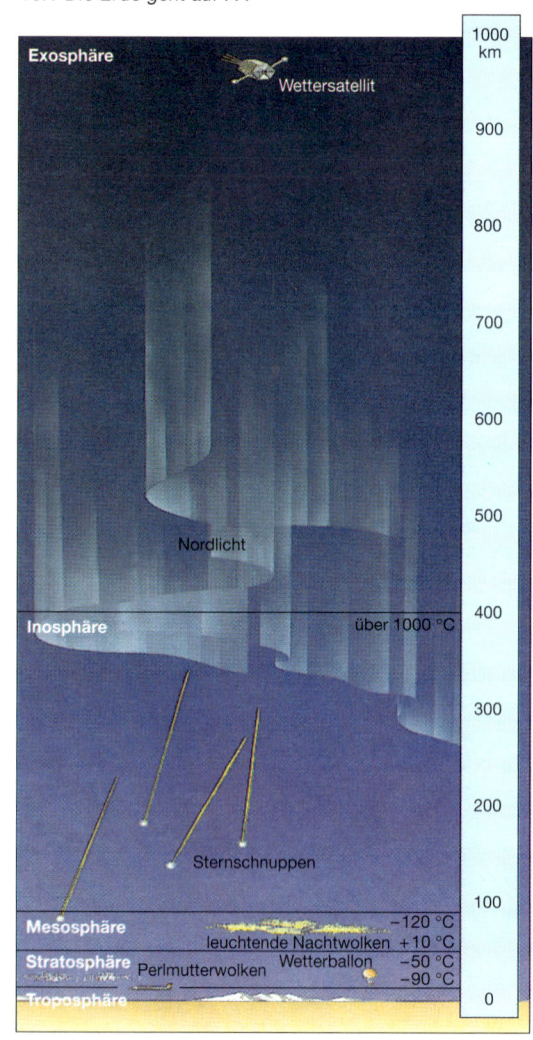

Die Erde: der blaue Planet

Nur unser Planet ist blau – der einzige blaue Planet im Sonnensystem. Zwar sind weite Strecken der Erde von Wolken bedeckt, die vom Weltraum aus gesehen das Licht der Sonne blendend weiß reflektieren. Die klare Luft jedoch streut das Sonnenlicht nach allen Seiten, wobei die blauen Wellenlängen des Lichtes bevorzugt werden. Von der Erde aus gesehen ist der Himmel blau, und das Blau des Himmelslichts wird auch in den Weltraum hineingestrahlt. Dadurch entsteht jener blaue Schimmer, in den unser Planet eingehüllt erscheint, wenn man ihn von außen her erblickt. An den Stellen, wo die Luft klar ist, blickt das Auge bis zur Oberfläche, und an vielen Stellen sieht man das Weltmeer, denn die Ozeane bedecken ja mehr als zwei Drittel der Oberfläche der Erde. Das Blau des Meeres hat also auch einen Anteil an der blauen Farbe unseres Planeten.

(aus: Heinz Haber: Unser blauer Planet. Sachbuch rororo)

Die Lufthülle der Erde

Nur in der untersten Schicht der Lufthülle oder Atmosphäre gibt es Leben. Der Sauerstoffgehalt, der Druck und der Schutz vor kosmischen Strahlen sind die Voraussetzung dafür, daß Lebewesen existieren können. In der unteren Atmosphärenschicht, der Troposphäre, finden auch alle Wettervorgänge statt.

Mit wachsender Höhe ändern sich Eigenschaften der Atmosphäre, wie die Temperatur, der Luftdruck und in größerer Höhe die Zusammensetzung der Luft. Die Luft der Troposphäre besteht zu 78 Prozent aus Stickstoff und zu 21 Prozent aus Sauerstoff. Viele sogenannte Spurengase machen das letzte ein Prozent aus.

10.2 Der Aufbau der Atmosphäre

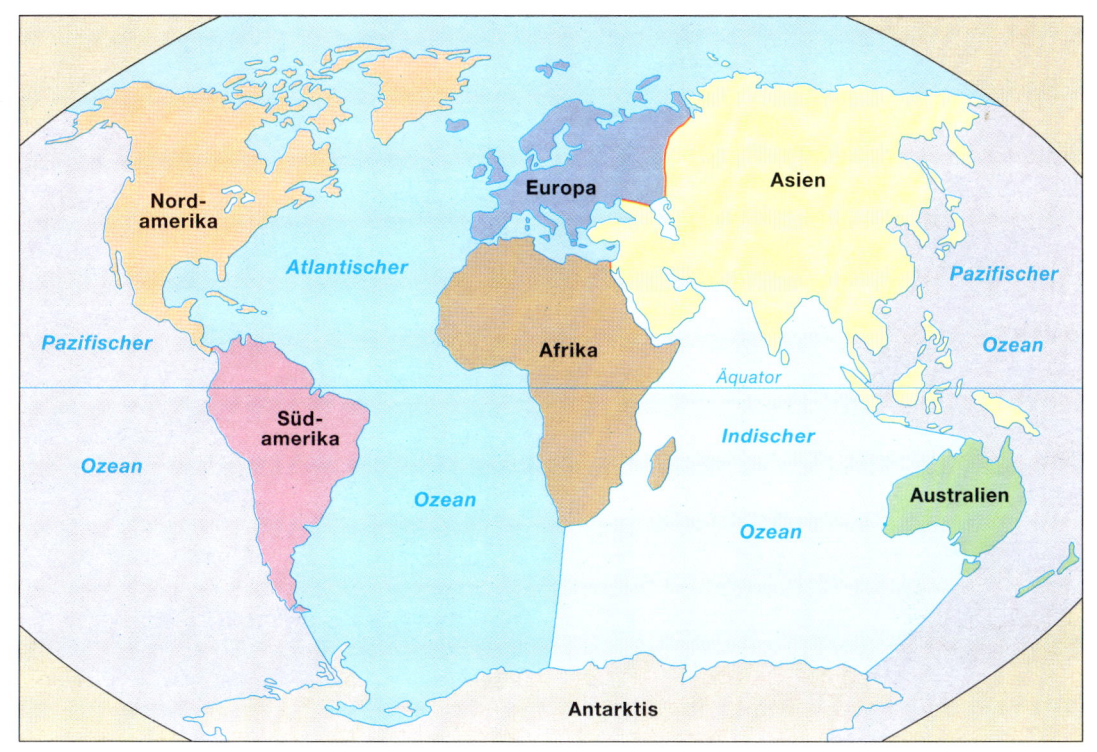

11.1 Kontinente, Ozeane und Nebenmeere

Ozeane und Nebenmeere

Alle drei Ozeane stehen miteinander in Verbindung. Dadurch wirken die Kontinente wie Inseln in einem einzigen Weltmeer. Das Weltmeer ist ein riesiger Wasserspeicher und Wasserspender. Niederschläge und Flüsse speisen die Ozeane. Durch Verdunstung bilden sich über ihnen Wolken, die sich über dem Festland abregnen.

Meerwasser enthält 3,5 Prozent Salz, 1 km³ enthält also 35 Millionen Tonnen Salz. Der Salzgehalt von fünf km³ Meerwasser (das sind 0,0000000037 Prozent der ozeanischen Wassermenge) würde den Weltbedarf eines Jahres decken. In Meeresgebieten, in die aus Flüssen viel Süßwasser zuströmt, kann der Salzgehalt deutlich abnehmen. In der Ostsee liegt er unter einem Prozent. In flachen Lagunen kann sich durch Verdunstung der Salzgehalt auf das Achtfache erhöhen.

Wie kommt das Salz ins Meer?

Es stammt aus Vulkanausbrüchen, aus untermeerischen Schloten sowie aus verwittertem Gestein, das als Sand und Ton vom Festland ins Meer verfrachtet wird. Verdunstet Meerwasser, bleibt das Salz zurück. Ein Teil lagert sich auf dem Meeresboden ab. Deshalb werden die Meere nicht ständig salziger.

> Die Ozeane beeinflussen mit ihren Meeresströmungen verschiedene **Nebenmeere:**
> **Mittelmeere,** die zwischen Kontinenten liegen;
> **Binnenmeere,** die in einem Kontinent liegen;
> **Randmeere,** die einem Kontinent vorgelagert sind.

Der Wasserhaushalt der Erde

Das Wasser der Ozeane und ihrer Nebenmeere macht etwas mehr als 97 % des Wasserhaushalts der Erde aus. Von den knapp drei Prozent Süßwasser sind über zwei Prozent als Eis gebunden. In der Atmosphäre kommt gerade 0,001 % allen Wassers vor. Auf alle Flüsse und Ströme entfallen 0,0001 %. Gösse man den gesamten Wasservorrat der Erde über Europa aus, so wäre das Land unter einem Ozean von 130 km Tiefe begraben.

Die Erde ist wahrscheinlich der einzige Planet, auf dem Wasser als Wasserdampf, als Wasser und als Eis vorkommt, also in den Aggregatzuständen (Erscheinungsformen) gasförmig, flüssig und fest.

1. Mit dem auf Seite 14 beschriebenen Experiment kannst du nachweisen, daß Luft Druck ausübt.
2. Suche die Namen der Ozeane, der Meere und der Binnenmeere (Abb. 11.1).

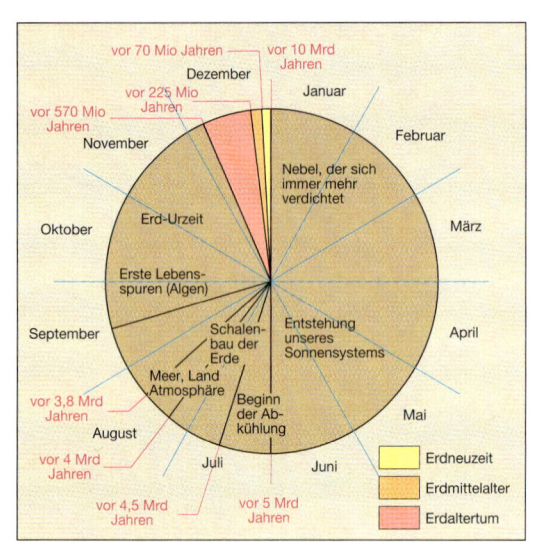

12.1 Geologische Jahresuhr

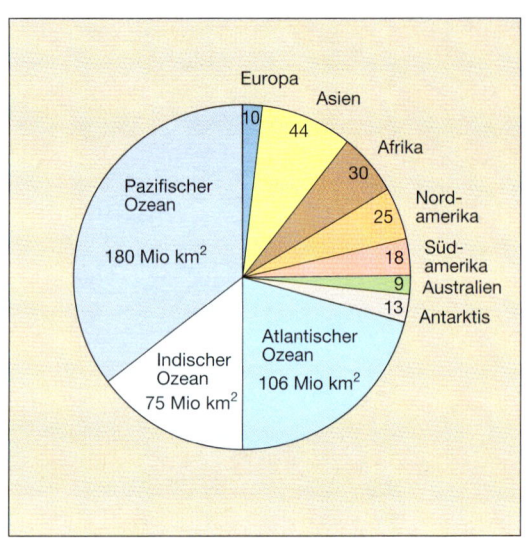

12.3 Verteilung von Land und Meer

Die Oberfläche der Erde

Eine indianische Schöpfungsgeschichte:
Einst lebte die Menschheit in einem himmlischen Paradies. Unter dem Himmel dehnte sich, so weit man blickte, das Meer. Über dem Himmel stand noch keine Sonne, doch er war durchleuchtet vom Baum des Lichtes vor dem Haus des Himmelsherrn. Eines Tages hob eine große Wasserschildkröte ihren Panzer über den Meeresspiegel, während die anderen Meerestiere zum Meeresboden hinabtauchten, um dort Schlamm zu holen. Sie warfen ihn auf den Panzer der Schildkröte, und eine Insel entstand. Durch Zauberkraft wuchs die Insel, und es entstand die Welt. Pflanzen und Tiere begannen sich zu verbreiten.

Geschichten von den Anfängen unserer Erde gibt es bei vielen Naturvölkern und in vielen Religionen. Die Forschungsergebnisse sagen uns, daß die Erde vor 10 Milliarden Jahren aus einer kosmischen Wolke aus Gas- und Staubmassen entstand.

Die heutige Verteilung von Land und Meer und die Formen der Erdoberfläche sind das Ergebnis einer langen erdgeschichtlichen Entwicklung. Die Kontinente ändern ständig, wenn auch unmerklich, ihre Lage. Äußere und innere Kräfte arbeiten stetig an der Umgestaltung der Hoch- und Mittelgebirge,

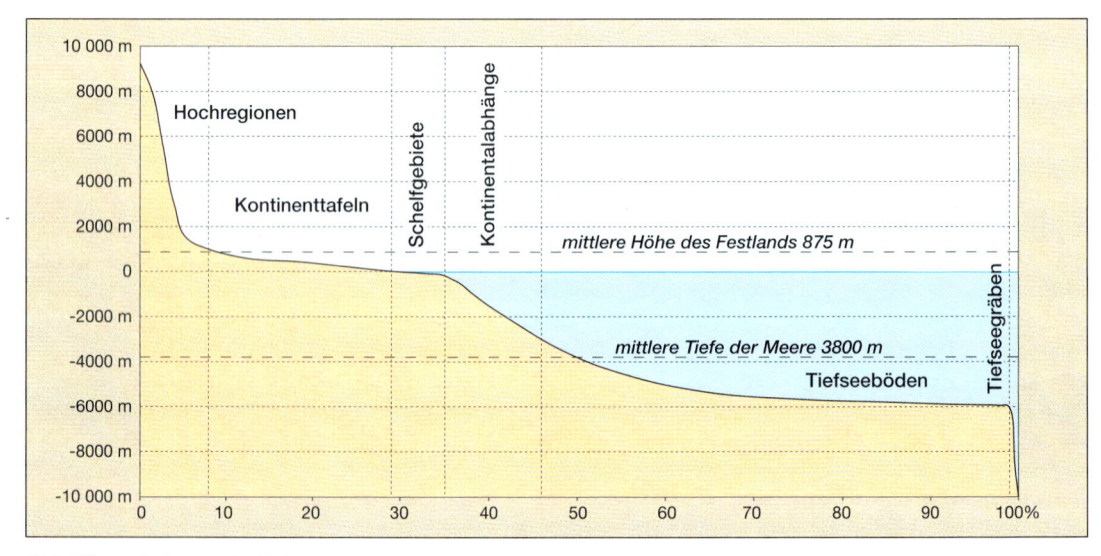

12.2 Höhengliederung der Erde

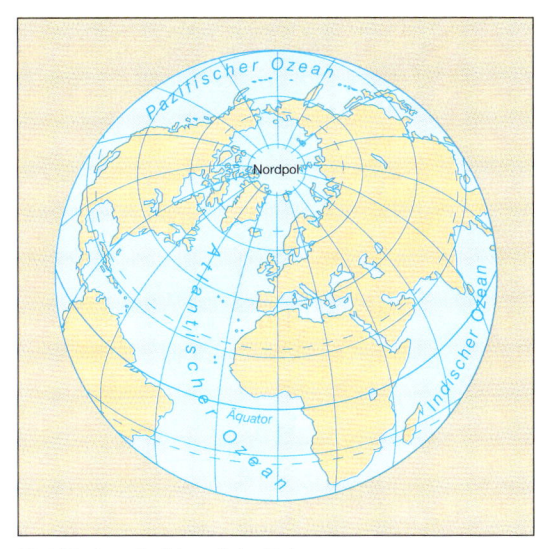

13.1 Die Landhalbkugel der Erde

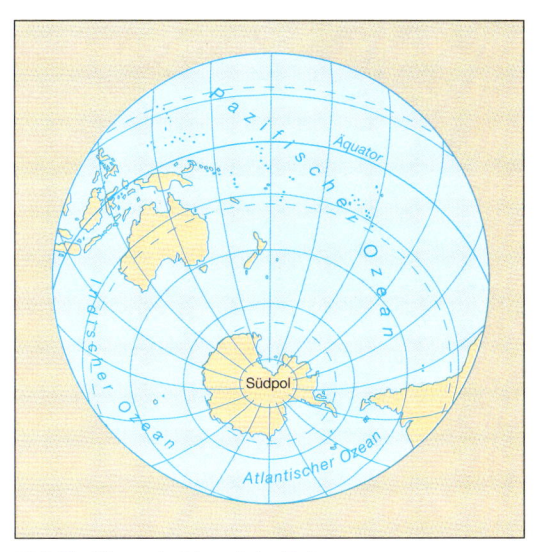

13.2 Die Wasserhalbkugel der Erde

Ebenen, Täler, Becken, Küsten. Äußere Kräfte sind Regen, Wind, fließendes Wasser, Eis, Verwitterung; innere Kräfte sind Erdbeben, Vulkanausbrüche, Hebungen, Senkungen, seitliche Zusammenschiebungen und Zerrungen.

Etwa 9/10 aller Menschen wohnen in den Festlandsräumen von 0 bis 600 m ü. NN. Am dichtesten drängt sich die Bevölkerung in einigen fruchtbaren Tiefländern, wie im Nordindischen Tiefland, in den fruchtbaren Tiefländern des Jangtsekiang, des Hwangho und des Sinkiang in China, in den Tiefländern Europas sowie im atlantischen Küstensaum und im Mississippitiefland der USA.

Die Höhengliederung der Erde

	Fläche Mio km²	Anteil an der Erdoberfläche
Hochregionen (über 1000 m)	40	8 %
Kontinenttafeln (1000 – 0 m)	109	21 %
Schelf (0 – 200 m Tiefe)	28	6 %
Kontinentalabhänge (bis 3000 m Tiefe)	55	11 %
Tiefseeböden (bis 6000 m Tiefe)	274	53 %
Tiefseegräben (bis 11 000 m Tiefe)	4	1 %

Einige Größenzahlen der Erde

Durchmesser (Äquator)	12 756,320 km
Länge des Äquators	40 075,161 km
Länge eines Wendekreises	36 778,000 km
Länge eines Polarkreises	15 996,280 km
Erdoberfläche insgesamt	510 066 000 km²
Wasserfläche	361 637 000 km²
nördl. Halbkugel 61% der Halbkugelfläche	
südl. Halbkugel 81% der Halbkugelfläche	
Landfläche	148 429 000 km²
Europa	10,5 Mio km²
Asien	44,4 Mio km²
Afrika	30,3 Mio km²
Nord- und Mittelamerika	24,2 Mio km²
Südamerika	17,8 Mio km²
Australien und Ozeanien	8,5 Mio km²
Antarktika	12,4 Mio km²

Geographische Extremwerte

höchster Berg   Mt. Everest, Himalaja 8848 m
höchster Vulkan   Ojos del Salado, Anden 6880 m
tiefste Einsenkung der Landfläche   der Spiegel des Toten Meeres im Jordangraben (-401 m)
tiefster Binnensee   Baikal 1620 m
größter Binnensee   Kaspisches Meer 367 000 km²
längster Fluß   Nil 6 671 km (mit Kagara und Rukarara)
wasserreichster Fluß   Amazonas mit 120 000 m³ mittlerer Wasserführung in der Sekunde
tiefste gemessene Temperatur: -89,2 °C, Forschungsstation Wostok (Antarktis)
höchste gemessene Temperatur: 57,8 °C, Al-Azizija (40 km südwestlich von Tripolis, Libyen)
niederschlagsreichster Ort: Gipfel des Waialeale (auf der Hawaii-Insel Kauai) 11 684 mm mittlere Jahressumme des Niederschlags

EXPERIMENTE

Experiment 1

Eine Sonnenuhr bauen

Weil die Schatten der (scheinbaren) Bewegung der Sonne folgen, kann man mit ihrer Hilfe die Zeit auf einer einfachen Sonnenuhr ablesen - nämlich dort, wohin der Schatten eines Zeigers, des Gnomons, auf ein Zifferblatt fällt.

Beklebt ein quadratisches Brett (Seitenlänge 15 cm) mit Karton. Zeichnet Stundenlinien (wie rechts) und klebt ein Zifferblatt auf.

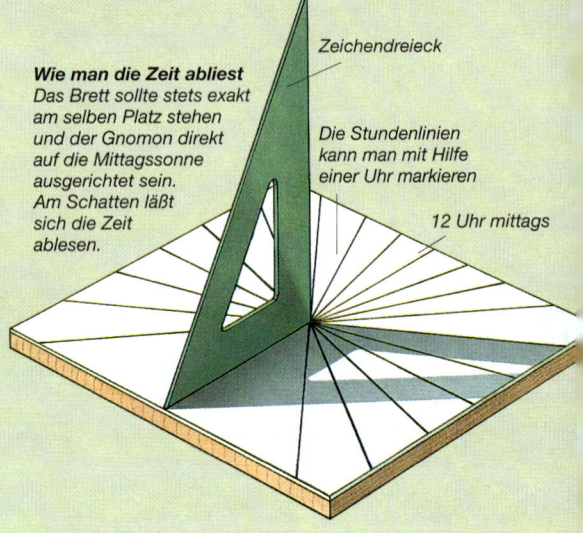

Zeichendreieck

Wie man die Zeit abliest
Das Brett sollte stets exakt am selben Platz stehen und der Gnomon direkt auf die Mittagssonne ausgerichtet sein. Am Schatten läßt sich die Zeit ablesen.

Die Stundenlinien kann man mit Hilfe einer Uhr markieren

12 Uhr mittags

Experiment 2

Den Schweredruck der Luft nachweisen

Füllt ein Trinkglas oder ein Becherglas in einer Wanne mit Wasser. Hebt dann das Glas - mit seiner Öffnung nach unten - aus der Wanne, aber nur so weit, daß die Öffnung noch unter Wasser bleibt.

Obwohl jetzt das Wasser im Glas höher steht als in der Wanne, fließt es nicht heraus. Das gleiche beobachtet ihr, wenn ihr das Glas durch ein langes Rohr ersetzt, das oben verschlossen ist.

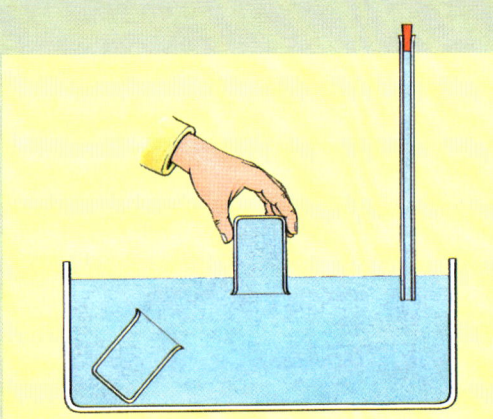

Experiment 3

Nachweisen, daß sich Wasser anders verhält

Flüssigkeiten dehnen sich beim Erwärmen aus, beim Abkühlen ziehen sie sich zusammen. Nur Wasser verhält sich anders.

Fült einen Kolben mit etwa 500 ml abgekochtem Wasser von Zimmertemperatur. Steckt in die eine Bohrung des Stopfens ein Thermometer, in die andere Bohrung ein etwa 20 cm langes Steigrohr. Das Wasser soll nach dem Aufsetzen des Stopfens etwa 10 cm hoch im Rohr stehen. In einem großen Gefäß mit einer Mischung aus Wasser und Eis wird der Kolben gekühlt.

Beobachtet, wie sich der Wasserstand im Steigrohr ändert, wenn sich die Temperatur bis nahe 0°C abkühlt.

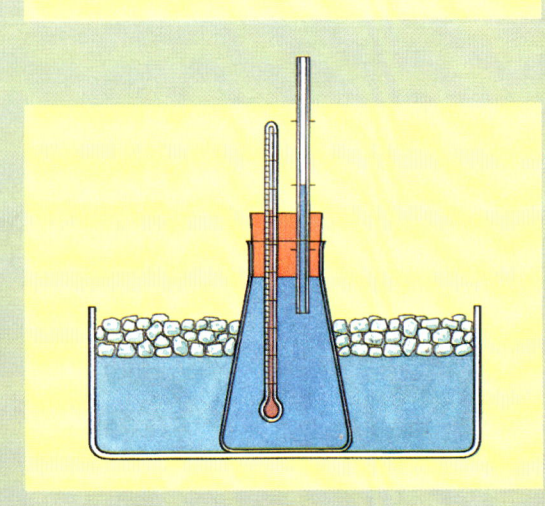

Experiment 4

Ein Barometer bauen

Der Luftdruck wird gewöhnlich mit einem Barometer gemessen. Solche Geräte können sehr kompliziert und teuer sein. Schon mit einer einfachen Konstruktion läßt sich ermitteln, ob sich der Luftdruck ändert. Da das Wetter viel mit dem Luftdruck zu tun hat, stellen Luftdruckänderungen eine nützliche Hilfe für Wettervorhersagen dar.

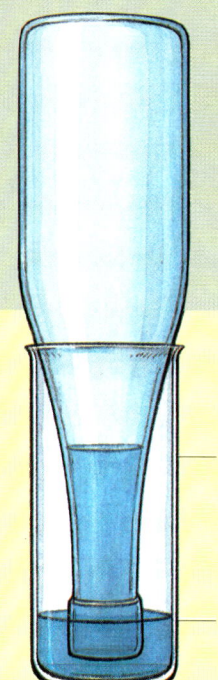

Gießt gefärbtes Wasser in ein hohes Becherglas. Steckt eine Flasche mit langem Hals kopfüber hinein, so daß die Öffnung knapp über dem Boden ist. Markiert den Wasserspiegel im Flaschenhals täglich am Glas.

Hoher Wasserstand in der Flasche zeigt an, daß die Luft kräftig auf das Wasser im Glas drückt und dieses in der Flasche aufsteigt - also hoher Luftdruck herrscht.

Bei niedrigem Wasserspiegel drückt die Luft nur leicht auf das Wasser im Glas - ein Zeichen für niedrigen Luftdruck.

Experiment 5

Schwingendes Pendel: Nachweisen, daß sich die Erde dreht

Mit einem Gewicht, das an einem langen Draht schwingt, kann man die Drehung der Erde nachweisen. Scheinbar ändert sich allmählich die Schwingungsrichtung. In Wirklichkeit bewegt sich die Erde darunter. Man nennt dies ein Foucaultsches Pendel, nach dem Physiker Jean Foucault, der es erstmals 1851 vorgeführt hat.

Füllt eine große Plastikflasche zu zwei Dritteln mit trockenem Sand. Schraubt eine Öse in die Flaschenkappe, nachdem ihr ein Loch, das kleiner als das Ösengewinde ist, in die Flaschenkappe gebohrt habt. Laßt von einem Erwachsenen eine möglichst lange Schnur so hoch wie möglich befestigen und bindet das Ende an die Öse. Befestigt einen Bleistiftstummel mit Kitt am Flaschenboden. Richtet den Knoten an der Öse so aus, daß sich der Bleistift knapp auf dem Boden befindet. Nun laßt ihr die Flasche vorsichtig und weit schwingen. Beobachtet die Schwingungslinie. Schon nach 15 bis 20 Minuten müßte sich ein Unterschied feststellen lassen.

Die Schnur sollte mindestens 5 m lang sein, damit die Schwingung genügend lang und gleichmäßig erfolgt, um eine Richtungsänderung sichtbar zu machen.

Das Pendel scheint die Richtung allmählich zu ändern - tatsächlich aber dreht sich die Erde darunter. An den Polen beträgt die Richtungsänderung 360° in 24 Stunden, am Äquator dagegen ist sie gleich Null.

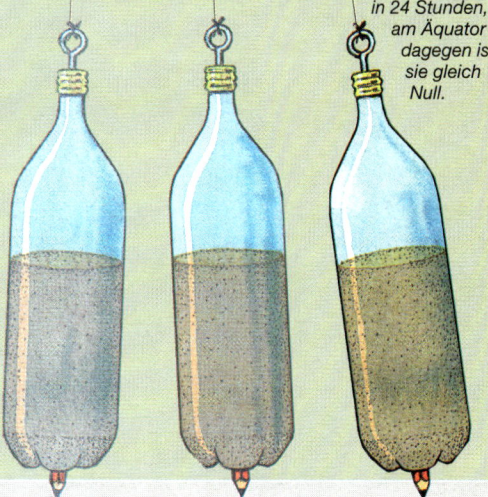

großes sauberes Stück Karton

Schwingungslinie des Pendels zu Beginn des Experiments

Quellen: John Farndon - „Spannende Projekte und Versuche rund um die Erde" - Darmstadt 1993 (Experimente 1, 4 und 5).
„Natur und Technik" - ein Arbeitsbuch für Physik in der Sekundarstufe I - Cornelsen, Velhagen & Klasing 1976 (Experimente 2 und 3).

Verbreitung der kalten Zone

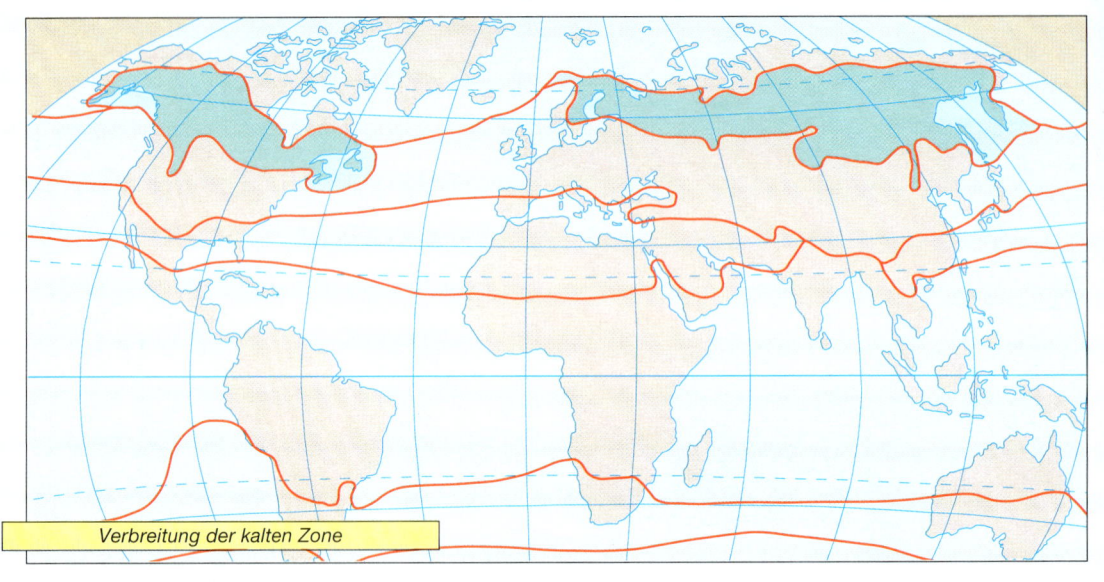

Briefmarken aus Nordeuropa

| 05,27 | 06,27 | 07,27 | 08,27 | 09,27 | 10,27 | 11,27 | 12,27 | 13,27 | 14,27 | 15, |

Sonnenlauf während des Polartags am Nordkap

In der kalten Zone

Tageslängen in Longyearbyen (Spitzbergen)

Postkarten aus Nordeuropa

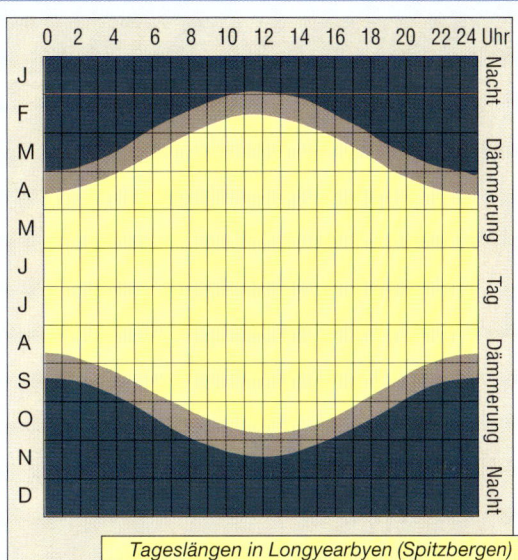

Es ist schon spät am Abend. Die Seilbahn befördert immer mehr Touristen auf die Aussichtsplattform oberhalb des Erzhafens von Narvik in eine Höhe von 700 m. Sie alle wollen die Mitternachtssonne erleben. Die Sonne steht wie ein feuerroter Ball über dem dunklen Horizont. Die fast 1000 m hohen Berge der Umgebung bilden den kontrastreichen Hintergrund für das orangerot leuchtende Wasser des Fjords. Wie in einem Spiegel wiederholt sich dieses markante Farbenspiel am beinahe wolkenlosen Nachthimmel.

| 27 | 17,27 | 18,27 | 19,27 | 20,27 | 21,27 | 22,27 | 23,27 | 00,27 | 01,27 | 02,27 | 03,27 | 04,27 |

18.1 Tromsö im Dezember 12 Uhr

18.2 Tromsö im Juni 22 Uhr

Polartag – Polarnacht

Stefanie Köhler studiert in Oslo nordische Sprachen. Sie berichtet: „Ich wollte einmal meine Freunde die Mitternachtssonne erleben lassen. Ich holte sie deshalb Mitte Juni von Frederikshavn in Dänemark ab. Von dort fuhren wir mit der Fähre nach Larvik bei Oslo. Von dort aus ging es mit dem Bus weiter, weil die Fahrt mit dem Schiff zu lange gedauert hätte.

Schon in Südnorwegen waren die Nächte kurz und hell. Bis etwa 23.00 Uhr konnte ich im Freien noch alles lesen. Weiter nördlich bei Trondheim ging die Sonne zwar für kurze Zeit unter, richtig dunkel wurde es jedoch nicht mehr. Nördlich von Trondheim fuhr ich auf der E 6, der „Eismeerstraße", Richtung Nordkap. Nach drei Tagen Fahrt war ich am Polarkreis. Es war der 21. Juni. Die Sonne schien sogar um Mitternacht. Sie erreichte um Mitternacht genau im Norden ihren tiefsten Punkt, sie war dabei gerade noch über dem Horizont und stieg ab Mitternacht wieder auf. Zum erstenmal hatte ich die Mitternachtssonne erlebt! Mein nächstes Ziel war dann Tromsö, wo der Polartag 56 Tage dauert."

„Ein anderes Mal war ich schon zum Jahreswechsel in Hammerfest. Wer im Winter noch nicht in Hammerfest war, kann sich nicht vorstellen, wie bedrückend es zu dieser Zeit dort ist. – Im Oktober waren die Tage rasch kürzer geworden, und Schneefall hatte eingesetzt. Mitte November schien selbst mittags die Sonne nicht mehr, der Himmel wurde nur grau. Die ständige Dunkelheit wirkte deprimierend auf die Menschen. Licht bedeutete allen sehr viel: Die Stadtverwaltung läßt daher die Straßenlaternen zehn Wochen ununterbrochen leuchten – so lange dauert hier die Polarnacht. Daher war Hammerfest die erste Stadt in Norwegen, die elektrische Straßenbeleuchtung bekam. – Wie nahezu allen Menschen ging auch mir das Gefühl für Tag und Nacht verloren.

Mitte Januar stieg ich mit meinen Freunden für ein besonderes Ereignis auf den Tyven. Das ist der Hausberg von Hammerfest. Und da war sie wieder, endlich: Um die Mittagszeit kroch die Sonnenscheibe zum ersten Mal seit November wieder ein Stückchen über den Horizont. Wir feierten, alle jubelten. Die Kinder kreischten vor Freude. Für uns war es wie der erste Sommertag, und wir freuten uns auf den nächsten Tag. Dann würde es schon wieder ein wenig heller werden."

1. Beschreibe mit Hilfe des Textes und der Bilder. wie Polartag und Polarnacht das Leben der Menschen im Norden Nordeuropas bestimmen.
2. Werte die Bildleiste „Sonnenlauf während des Polartags am Nordkap" Seite 16/17 aus. Bestimme die Himmelsrichtungen um 6, 12, 18 und 24 Uhr.
3. Werte das Diagramm mit den Tages- und Nachtlängen von Longyearbyen auf Seite 17 aus. In welcher Zeit geht die Sonne nicht auf, in welcher Zeit geht sie nicht unter?

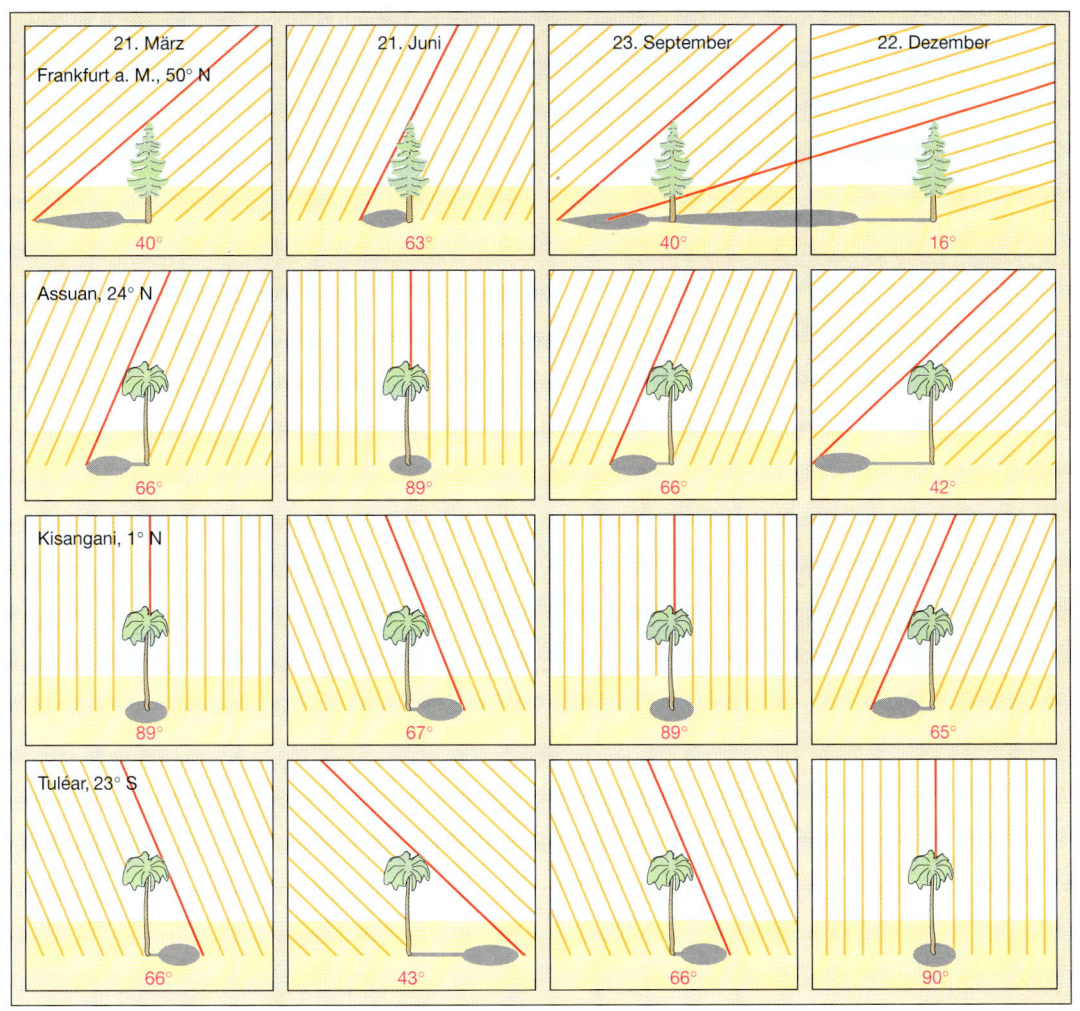

21.1 Einstrahlungswinkel und Schattenlängen in verschiedenen Klimazonen

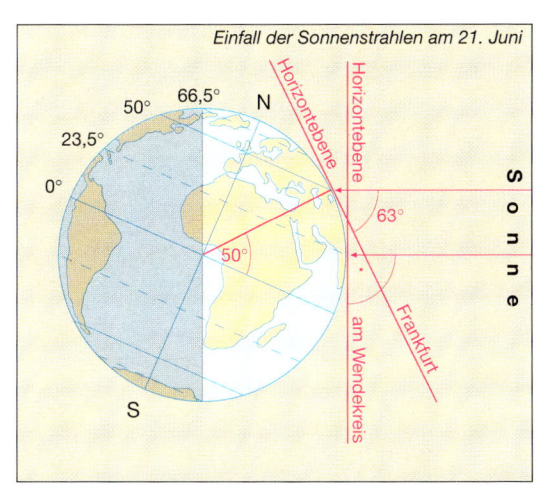

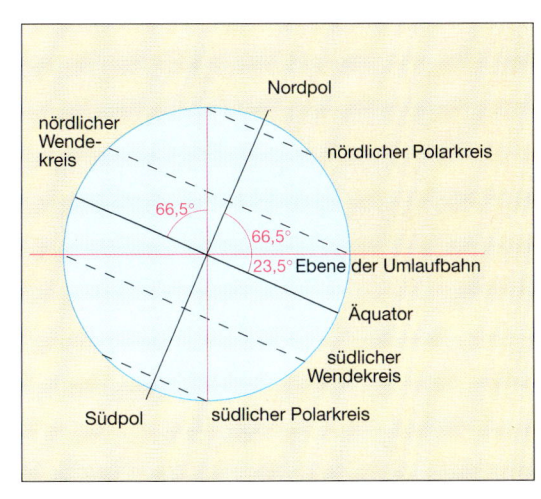

21.2 und 3 Etwas Mathematik: Einstrahlungswinkel und Horizontebene, Wendekreise und Polarkreise

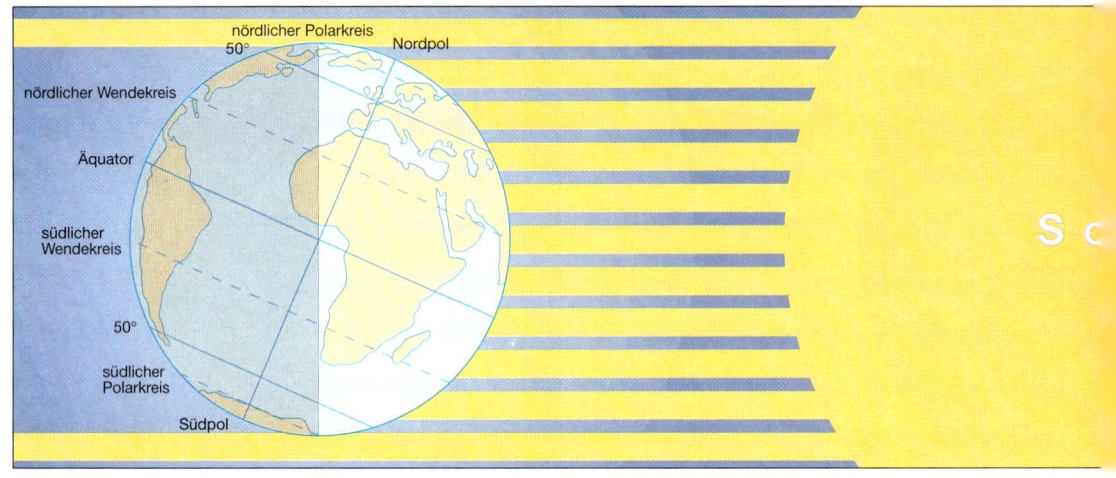

22.1 Sonneneinstrahlung im Nordsommer ...

Tag und Nacht

Im astronomischen Sinne umfaßt ein Tag die Zeit, in der sich die Erde einmal um ihre Achse dreht, also 24 Stunden. In einem zweiten Sinn ist ein Tag die Zeit zwischen Sonnenaufgang und Sonnenuntergang. In dieser Bedeutung hängt die Länge eines Tages (die Tageslänge) von der geographischen Breite und der Jahreszeit ab. In den mittleren Breiten bestehen die größten Unterschiede am Sommer- und am Winteranfang. Am Frühlings- und am Herbstanfang sind die Tag- und die Nachtlänge gleich (Tagundnachtgleiche).

Der Übergang zwischen Tag und Nacht, wenn die Sonne für den Beobachter unter dem Horizont steht, ist die **Dämmerung**. Sie entsteht durch Reflexion und Streuung der Sonnenstrahlung in höheren Schichten der Atmosphäre. In dieser Zeit ist Lesen im Freien noch möglich. In Mitteleuropa (50° N) dauert sie je nach Jahreszeit 37 bis 51 Minuten. Am Äquator ist die Dämmerung sehr kurz, an den Polen lang und farbenprächtig.

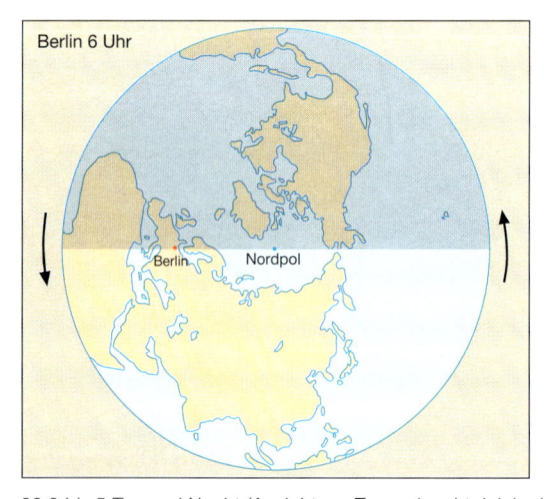

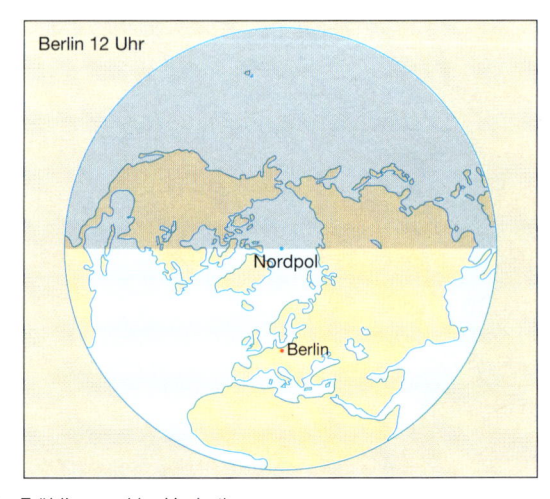

> Die Beleuchtungsverhältnisse auf der Erde lassen sich mit einem einfachen **Experiment** veranschaulichen: Man benötigt eine Lichtquelle, z. B. einen Diaprojektor, und einen Globus. In einem verdunkelten Raum werden die in Abbildung 22.1 dargestellten Beleuchtungsverhältnisse verdeutlicht: Man läßt die Lichtstrahlen zuerst am nördlichen, dann am südlichen Wendekreis auftreffen. Neben den unterschiedlichen Tageslängen im Sommer und im Winter können sehr gut Polartag und Polarnacht erklärt werden.

22.2 bis 5 Tag und Nacht (Ansicht zur Tagundnachtgleiche im Frühling und im Herbst)

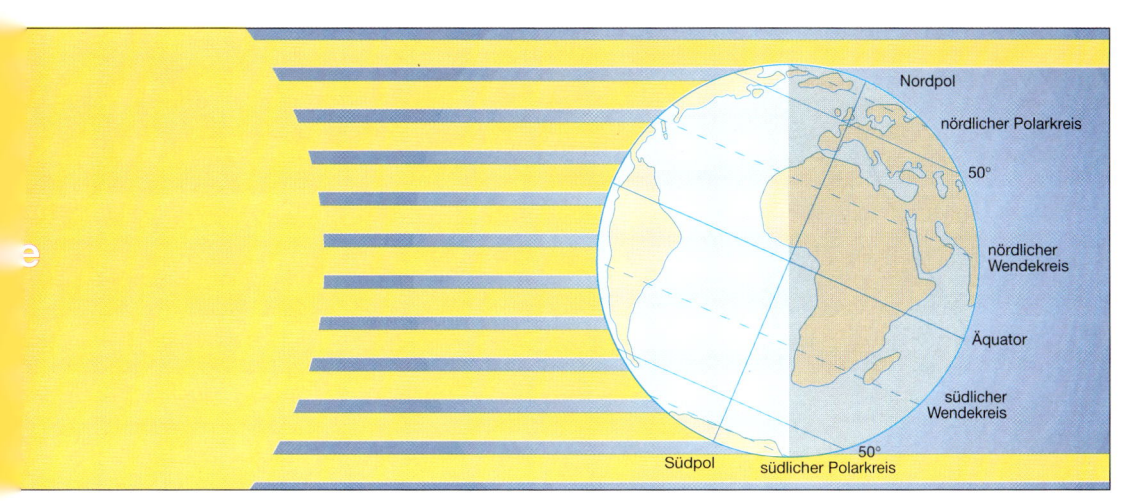

23.1 ... und im Nordwinter

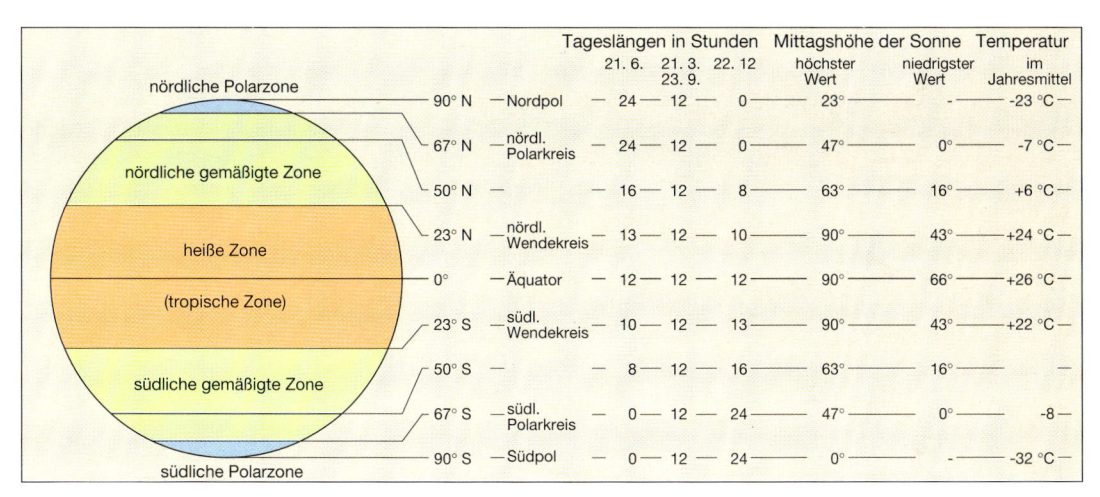

		Tageslängen in Stunden			Mittagshöhe der Sonne		Temperatur
		21. 6.	21. 3. 23. 9.	22. 12	höchster Wert	niedrigster Wert	im Jahresmittel
90° N	Nordpol	24	12	0	23°	–	−23 °C
67° N	nördl. Polarkreis	24	12	0	47°	0°	−7 °C
50° N		16	12	8	63°	16°	+6 °C
23° N	nördl. Wendekreis	13	12	10	90°	43°	+24 °C
0°	Äquator	12	12	12	90°	66°	+26 °C
23° S	südl. Wendekreis	10	12	13	90°	43°	+22 °C
50° S		8	12	16	63°	16°	
67° S	südl. Polarkreis	0	12	24	47°	0°	−8
90° S	Südpol	0	12	24	0°	–	−32 °C

23.2 Temperaturzonen der Erde

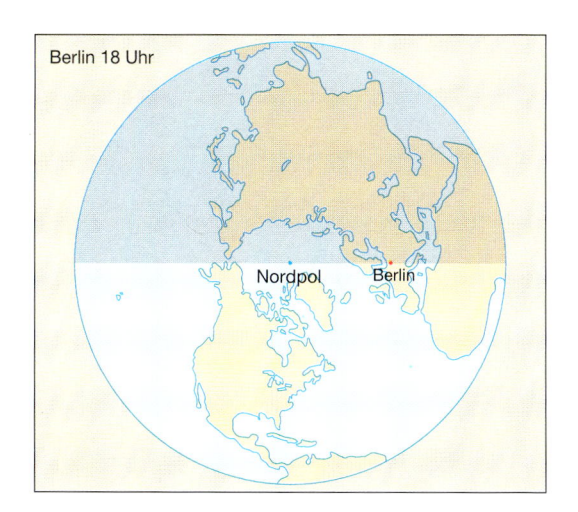

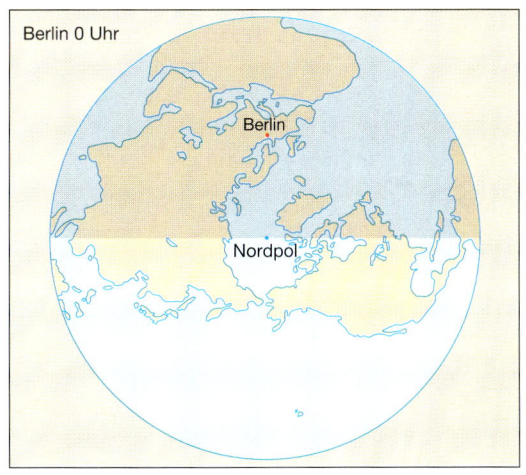

Zeitzonen

Noch vor etwas mehr als hundert Jahren mußte ein Reisender durch Deutschland seine Uhr mehrmals neu stellen. Viele Orte hatten ihre eigene Zeit, ihre Ortszeit. Sie richtet sich allein nach dem Sonnenhöchststand: 12 Uhr = Mittag.

Die Zunahme internationaler Verkehrs- und Nachrichtenverbindungen (Eisenbahn, Schiffahrt, Telefon, Funkverkehr) machte es erforderlich, einheitliche Zeiten für größere Erdräume festzulegen, um die Uhrzeiten aller Orte auf der Erde miteinander vergleichen zu können.

Von folgendem Sachverhalt mußte man ausgehen: In 24 Stunden, einem Tag, macht die Erde gerade eine volle Umdrehung (360°) um ihre Achse. In einer Stunde dreht sich die Erde also um einen Winkel von $360° : 24 = 15°$.

Alle Orte der Erde, die gleichzeitig Mittag haben, liegen auf einem Halbkreis vom Nordpol zum Südpol: dem Mittagskreis, Meridian oder Längenkreis. Alle Orte auf einem Längen(halb)kreis haben also gleiche Tageszeit.

Man vereinbarte 1884: Der Längenkreis, auf dem die Sternwarte von Greenwich, einem Vorort von London, liegt, soll der **Nullmeridian** sein. Die Uhrzeit von Greenwich (mittlere Ortszeit von Greenwich oder Greenwich mean time, GMT) heißt **Weltzeit**. Im Flug- und im Schiffsverkehr wie auch bei der Angabe von Sendezeiten im Kurzwellenbereich wird sie heute als **UTC** (*Universal Time Coordinated*) bezeichnet. Jeder der 24 Längenkreise, die sich zeitlich jeweils um eine Stunde unterscheiden, ist die Mitte einer der 24 Zeitzonen der Erde (Abb. 25.1).

Alle Orte der Erde, die im Vergleich zu Greenwich eine Stunde früher Mittag haben, liegen auf dem Längenkreis 15° Ost; alle, die eine Stunde später Mittag haben, auf dem Längenkreis 15° West. Zwei Stunden Zeitunterschied zu Greenwich haben die Orte auf den 30. Längengraden (30°=2×15°), drei Stunden Unterschied haben die Orte auf den 45. Längengraden (45°= 3 × 15°), usw.

Die Zeit um den 15. Meridian östlicher Länge heißt **Mitteleuropäische Zeit (MEZ)**. Die MEZ wurde in Deutschland am 1. April 1893 gesetzlich eingeführt. Aus praktischen Gründen sind die Staaten von der rein mathematischen Begrenzung der Zeitzonen abgewichen. Einige Länder benutzen keine Zonenzeiten, sondern eine besondere Landeszeit.

Der 180. östliche Längengrad und der 180. westliche Längengrad fallen zusammen. Diesem Meridian entspricht etwa die internationale **Datumsgrenze**. Beiderseits dieser Linie gilt die gleiche Zonenzeit, aber nicht das gleiche Datum und nicht der gleiche Wochentag. Überquert man die Datumsgrenze in westlicher Richtung, muß eine Uhr, die mit Datums- und Wochentagsanzeige ausgestattet ist, um 24 Stunden vorgestellt werden. Dadurch wird ein Tag übersprungen. In entgegengesetzter Richtung wäre die Uhr um 24 Stunden zurückzustellen. In diesem Fall wird ein Tag doppelt gezählt.

1. Flug-Nr. LH 342 von Frankfurt a.M. nach Moskau: ab Frankfurt 13:00. Die reine Flugzeit beträgt 3:10. Berechne die Ankunftszeit.
2. Zu welcher Tageszeit können wir in Deutschland die Nachmittagswettkämpfe (Beginn 15 Uhr) in Atlanta (Olympia-Stadt 1996) am Fernsehapparat live verfolgen?

Datumsgrenze: Ist es am 17. Januar in London 8 Uhr, dann ist es in Dacca 14 Uhr, in Auckland 20 Uhr und in Chicago erst 2 Uhr. Zwischen Chicago und Auckland liegt also der Längenkreis, bei dem es zur selben Zeit überall Mitternacht ist. Die Zeitzonen (im Uhrzeigersinn) von Auckland über London zu diesem Längenkreis haben den Kalendertag 17. Januar, die übrigen Zonen noch den 16. Januar.

Ist es am 17. Januar in London 16 Uhr, dann ist es in Dacca 22 Uhr und in Auckland 4 Uhr. Die Zeitzonen (im Gegenuhrzeigersinn) von Auckland über London zu dem Längenkreis, bei dem es zur selben Zeit überall Mitternacht ist, haben das Datum 17. Januar, die anderen schon den 18. Januar.

– Zeichne zum letzten Beispiel eine Situationsskizze.

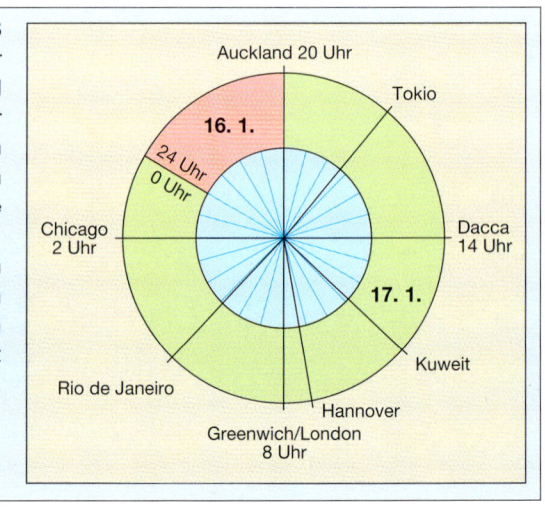

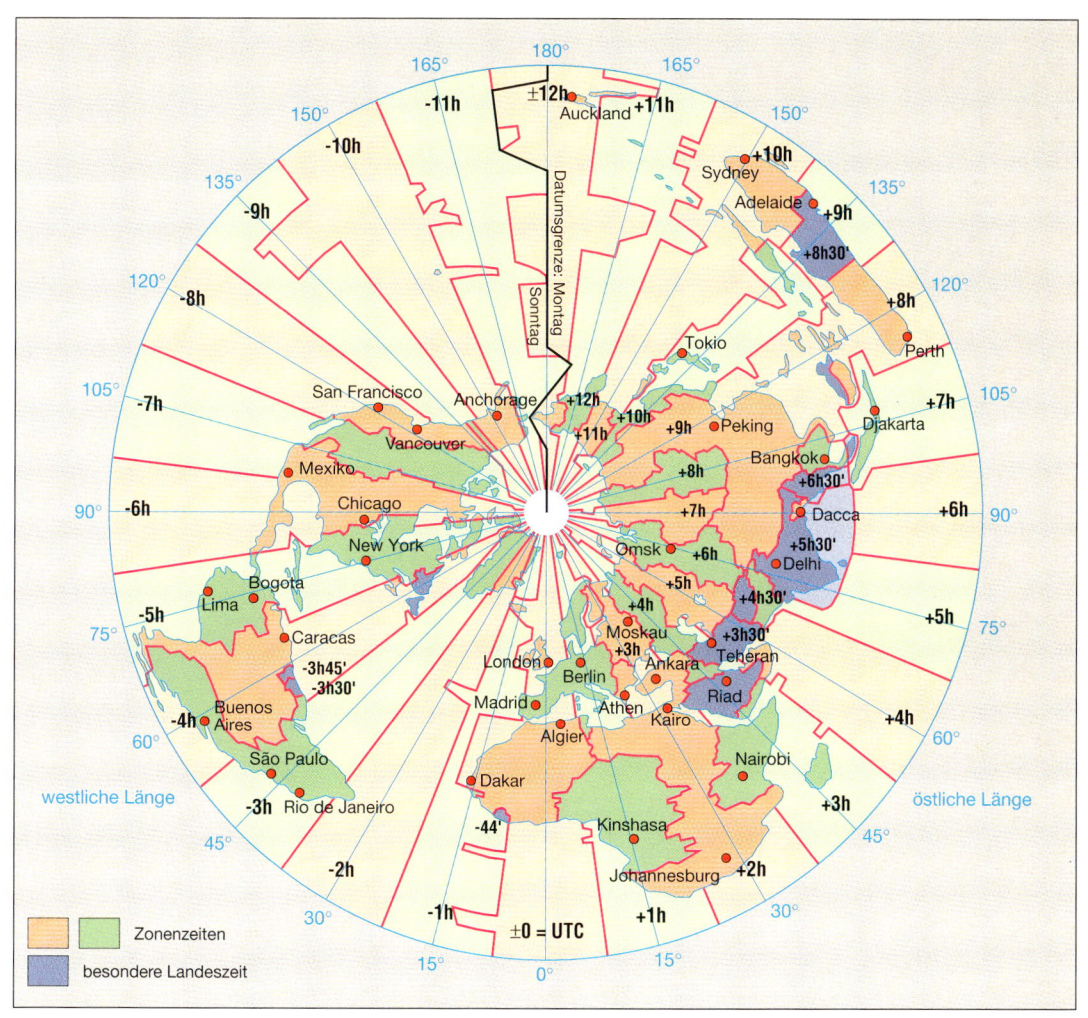

25.1 Die Zeitzonen

Sommerzeit: Um das Tageslicht besser auszunutzen, wird in Deutschland wie in anderen Ländern im Sommerhalbjahr die geltende Zonenzeit um eine Stunde vorverlegt. Beispielsweise hätte ein Ort mit der MEZ 8 Uhr die Sommerzeit 9 Uhr (9 Uhr MESZ). Nach einem Beschluß der EU-Energieminister wird ab 1996 innerhalb der Europäischen Union der Beginn auf das letzte Märzwochenende und das Ende auf das letzte Oktoberwochenende (bisher in Deutschland: das letzte Septemberwochenende) festgelegt.

- Berechne die Helligkeitsdauer für Hannover (jeweils am 21. eines Monats).
- Begründe, warum im Sommerhalbjahr die Vorverlegung um eine Stunde Vorteile bringt.
- Erörtere Nachteile der Sommerzeit.

Hannover		
Datum	Sonnenaufgang	Sonnenuntergang
21.01.95	08:18 Uhr	16:46 Uhr
21.02.95	07:26 Uhr	17:44 Uhr
21.03.95	06:22 Uhr	18:35 Uhr
21.04.95	05:12 Uhr	19:29 Uhr
21.05.95	04:17 Uhr	20:18 Uhr
21.06.95	03:58 Uhr	20:47 Uhr
21.07.95	04:23 Uhr	20:29 Uhr
21.08.95	05:13 Uhr	19:35 Uhr
21.09.95	06:04 Uhr	18:23 Uhr
21.10.95	06:56 Uhr	17:15 Uhr
21.11.95	07:52 Uhr	16:21 Uhr
21.12.95	08:28 Uhr	16:09 Uhr

26.1 ... bei Narvik

Tundra ...

Eine Herde Rentiere zieht langsam über die Tundra. Sie ist ihre Sommerweide. Die Tundra ist die natürliche Vegetation im Norden Norwegens, Schwedens und Finnlands. Sie besteht aus Flechten, Moosen, Gräsern und niedrigen Sträuchern. Auf den Fjells, das sind die Hochflächen des Gebirges, reicht die Tundra bis nach Südnorwegen.

Der Sommer dauert hier im Norden nur zwei bis drei Monate, und nur in dieser Zeit können die Pflanzen wachsen. Der Boden taut nur an der Oberfläche, der Untergrund bleibt gefroren. Deshalb kann Wasser nicht versickern. An vielen Stellen bilden sich Sümpfe. Bereits nach wenigen warmen Tagen schlüpfen die Mücken. In riesigen Schwärmen überfallen sie Tiere und Menschen. Nur bei Wind läßt die Mückenplage nach.

Gleich nach Beginn der kurzen Vegetationsperiode blüht die Tundra. Rot und weiß leuchtet der dichte Blütenteppich. Nach der Blüte nimmt die Tundra eine eintönig braune Farbe an. Doch zum Ende der Vegetationsperiode leuchten Blätter und Früchte in kräftigen Farben. Kurze Zeit darauf verhüllt eine dichte Schneedecke die Tundra. Pflanzenteile, die herausragen, frieren ab.

Sobald der Schneefall einsetzt, ziehen die Rentiere zum Wald. Hier finden sie zwischen den Bäumen Schutz vor den eisigen Winden. Aus dem lockeren Schnee scharren sie Pflanzen heraus, oder sie fressen Rinde von den Bäumen.

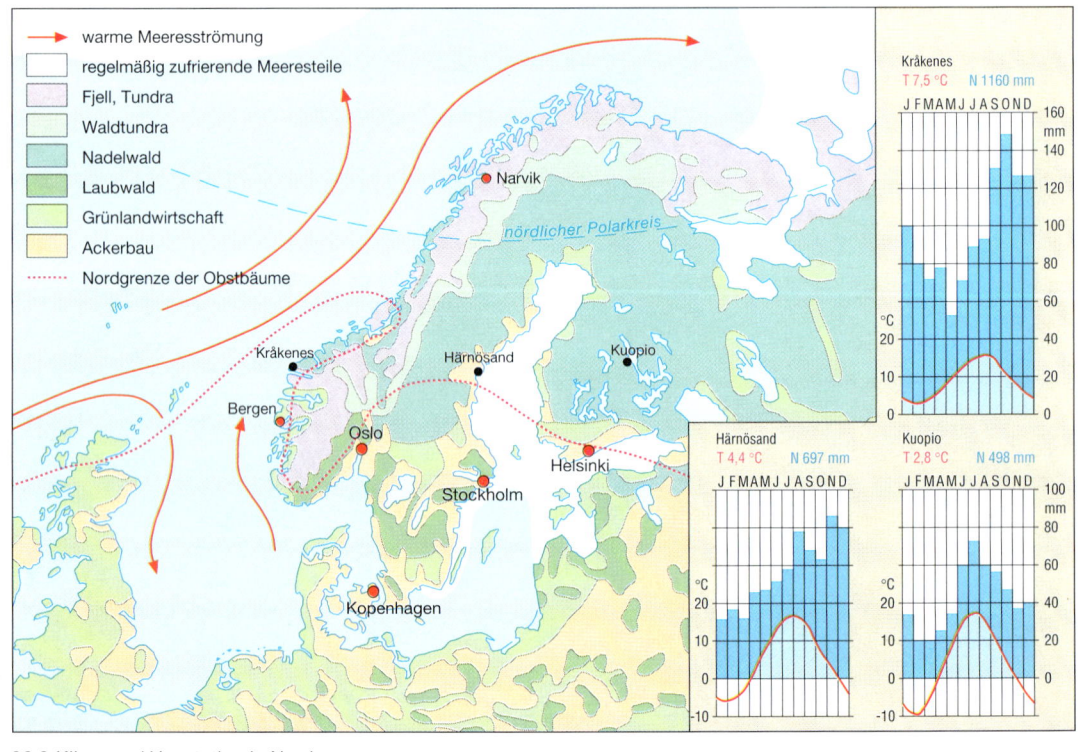

26.2 Klima und Vegetation in Nordeuropa

... und borealer Nadelwald

Nach Süden hin geht die Tundra allmählich in den borealen Nadelwald über (griech. *boreas* = dem Norden zugehörig). Nadelbäume können nur dort wachsen, wo an mindestens 60 Tagen im Jahr die Durchschnittstemperaturen wenigstens 10 °C betragen. Laubbäume sind anspruchsvoller. Gegen Kälte sind Nadeln weniger empfindlich als Blätter. Außerdem können immergrüne Pflanzen bereits die erste Wärme des Frühjahrs in Wachstum umsetzen.

Kiefern, Fichten, Tannen sowie die nadelabwerfenden Lärchen prägen den borealen Nadelwald. Im borealen Nadelwald wachsen auch Laubbäume, vor allem Birken; nach Süden hin nimmt ihr Anteil zu.

In Rußland heißt die Vegetation Taiga. Die borealen Nadelwälder Nord- und Osteuropas, Sibiriens und Kanadas sind der Fläche nach die größten Waldgebiete der Erde.

1. Kennzeichne die Wachstumsbedingungen der Tundra und des borealen Nadelwaldes.
2. Nenne in Europa, in Asien und in Nordamerika je eine Landschaft, in der Tundra die natürliche Vegetation ist.
3. Vergleiche nach der Tabelle S. 30 den Wald in Finnland und in Deutschland.
4. Warum gibt es auf der Südhalbkugel keinen borealen Nadelwald? Benutze eine Weltkarte im Atlas.

27.1 ... bei Kuopio

28.1 Rentiere werden für den Verkauf zusammengetrieben

Lappen [finn.], eigener Name Samek, Ez. Sabme (›Sumpfleute‹), Volk in Lappland … hat heute etwa 31 500 Menschen, von denen 22 000 in N-Norwegen, 5000 in N-Schweden, 2500 in N-Finnland und etwa 2000 auf der Halbinsel Kola leben. Sie wichen vor den Russen, Finnen und Skandinaviern aus ihrem frühgeschichtl. Siedlungsgebiet, vor allem in Mittelfinnland, in ihr heutiges zurück. Andererseits gelangten sie entlang dem skandinavischen Gebirge in jüngerer Zeit südwärts bis Jämtland-Härjedalen. Urspr. ein Jägervolk, kamen die an der Westküste nach S vorstoßenden See-L. bald mit der norwegischen Kultur in Berührung, assimilierten sich und betrieben Ackerbau, Viehzucht, Fischerei und später Bootsbau, während im N die Rentierzucht intensiviert wurde. Dieses Rentiernomadentum … stellt auch heute noch als halbnomad. Wirtschaftsbetrieb mit gesetzlich geregelter Herdengröße eine typisch lappische Kulturvariante dar … Der Bau von Straßen, die Verwendung motorisierter Beförderungsmittel machen die alten langwierigen Familienwanderungen überflüssig; heute begleiten nur Hirten die Rentierrudel. Die Familien der Besitzer wohnen abwechselnd in Winter- und Sommerwohnungen. Auch bei den seßhaften L. gibt es viel traditionelles Kulturgut: Horn-, Knochen-, Holz- und Birkenrindearbeiten, Korbflechtarbeiten, bunte Bandwebereien, Wollteppiche, dazu Fell- und Zinnarbeiten … Die Tracht wird von den Rentier-L. noch täglich getragen, bei den seßhaften L. ist sie zum Symbol ihrer Zusammengehörigkeit geworden. Die L. selbst haben ein großes Interesse daran, ihre kulturelle Eigenart, u. a. ihre Sprache, zu bewahren. *(aus einem Lexikon)*

Nomaden – Rentierhaltung der Lappen

Keno Kekkonen ist Rentierhalter. Den Sommer über verbringt er deshalb mit seinen beiden Söhnen in der Tundra. Die Herde umfaßt 2500 Tiere, davon gehören ihm 600. Die übrigen hütet er im Auftrag gegen Bezahlung für mehrere Lappenfamilien. Keno Kekkonen lebt schon seit vielen Jahren nicht mehr im Zelt. In der Tundra hat er sich eine komfortable Hütte gebaut. – Auch sonst nutzt Keno die moderne Technik. In den wenigen Wochen, in denen die wärmenden Sonnenstrahlen den Schnee verschwinden lassen, fahren die Männer mit vierrädrigen Cross-Motorrädern über die Tundra. Er kennt auch einen Rentierhalter, der seine großen Herden vom Hubschrauber aus überwacht. Keno hat sich in diesem Jahr ein mobiles Telefon angeschafft. Seine Frau, die im Dorf zurückgeblieben ist, ruft er abends über das mobile Telefon an. Früher hatten er und seine Frau wochenlang nichts voneinander gehört.

Im Herbst folgen die Lappen den Tieren in den moosreichen Wald zur Winterweide. Dort hat Keno in einem Dorf ein Haus, wo seine Frau und zwei jüngere Töchter auch im Sommer geblieben sind. Keno küm-

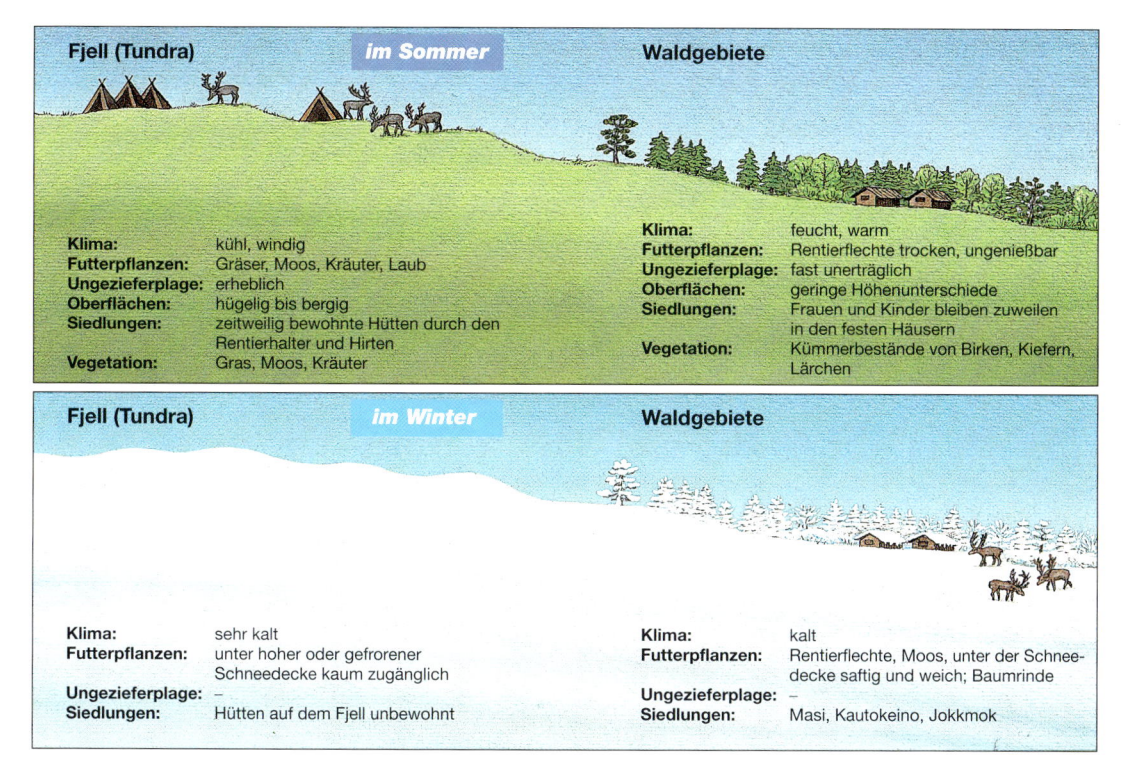

29.1 Die Wanderung der Rentiere im Jahreslauf

Fjell (Tundra) – im Sommer

Klima:	kühl, windig
Futterpflanzen:	Gräser, Moos, Kräuter, Laub
Ungezieferplage:	erheblich
Oberflächen:	hügelig bis bergig
Siedlungen:	zeitweilig bewohnte Hütten durch den Rentierhalter und Hirten
Vegetation:	Gras, Moos, Kräuter

Waldgebiete – im Sommer

Klima:	feucht, warm
Futterpflanzen:	Rentierflechte trocken, ungenießbar
Ungezieferplage:	fast unerträglich
Oberflächen:	geringe Höhenunterschiede
Siedlungen:	Frauen und Kinder bleiben zuweilen in den festen Häusern
Vegetation:	Kümmerbestände von Birken, Kiefern, Lärchen

Fjell (Tundra) – im Winter

Klima:	sehr kalt
Futterpflanzen:	unter hoher oder gefrorener Schneedecke kaum zugänglich
Ungezieferplage:	–
Siedlungen:	Hütten auf dem Fjell unbewohnt

Waldgebiete – im Winter

Klima:	kalt
Futterpflanzen:	Rentierflechte, Moos, unter der Schneedecke saftig und weich; Baumrinde
Ungezieferplage:	–
Siedlungen:	Masi, Kautokeino, Jokkmok

mert sich auch jetzt um die Herde: Er sucht rund 150 Rentiere aus seiner Herde heraus, die er verkaufen will. Für viele Skandinavier ist Rentierfleisch eine Delikatesse.

Im Dorf gibt es einen Supermarkt und kleine Geschäfte, eine Tankstelle, eine Bücherei, eine Videothek und Diskothek sowie eine Schule, die seine beiden Töchter besuchen. Er selbst hat im Winter mehr Zeit. Er trifft befreundete Lappen, die hier seßhaft sind. Die Männer arbeiten den Sommer über beim Straßenbau. – Heute leben die meisten Lappenfamilien im Dorf in festen Häusern. Kenos Dorf liegt nahe der Küste ein einem Waldgebiet.– Einiges Geld kommt auch durch Touristen ins Dorf. Sie kaufen gern Mützen und Jacken aus Rentierfellen sowie Schnitzereien und Silberschmuck.

Die Eltern von Keno verstehen die Welt nicht mehr: Sie waren noch das ganze Jahr über mit ihren Renen zusammen, zogen mit ihnen herum und kannten jedes Tier.

1. Beschreibe Keno Kekkonens Beruf.
2. Erläutere, was bei Keno und seiner Familie anders ist, als es bei seien Eltern war.

29.2 Lappen in Tracht – Attraktion für Touristen

Holzwirtschaft in Finnland

Die Bäume Nordeuropas wachsen langsam. In Finnland brauchen sie etwa 120 Jahre bis zur Schlagreife. Da Holz der wichtigste Rohstoff Finnlands ist, betreiben die Finnen seit langem Walderhaltung und Pflege: Sie holzen den Wald sorgfältig geplant in Abschnitten ab, die Kahlschläge forsten sie so rasch wie möglich wieder auf, sie haben für den Nachwuchs Baumschulen angelegt, bekämpfen Schädlinge und düngen den Waldboden.

Das Holz der Fichten, Tannen, Kiefern und Lärchen wird überwiegend in Finnland verarbeitet. Holz- und Holzerzeugnisse stellen die wichtigste Einnahmequelle des Landes dar: Finnland exportiert Zellulose (Grundstoff für Papier und Pappe). Sie stellt 70 % der Holzerzeugnisse. Andere Exportgüter sind Schnitt-, Sperr- und Rundholz sowie Möbel und Holzfertighäuser.

Die Bauern in der Finnischen Seenplatte verfügen teilweise über eigene Waldflächen. Hier arbeiten sie im Zuerwerb in den Wintermonaten. Andere Bauern arbeiten im Winter in den großen Staatsforsten. Sie benutzen nicht nur Motorsägen, sondern Vollerntemaschinen. Diese knipsen bis zu 30 m hohe Fichten ab, entästen, entrinden und schneiden die Stämme zurecht. Dann beginnt der Transport: Die Wege sind befestigt. Traktoren und Lastwagen bringen die Stämme zu den Flüssen. Von hier aus flößen die Holzfäller in der wärmeren Zeit das Holz auf Flüssen und Seen zu den Sägewerken. Teilweise wird die Eisenbahn benutzt.

Einige Bauern haben die Landwirtschaft ganz aufgegeben und arbeiten als Waldfacharbeiter das ganze Jahr über im Forst.

1. Beschreibe Ernte und Abtransport des Holzes.
2. Welche Probleme entstehen bei der Waldnutzung? Wie versucht man, sie zu lösen?
3. Nimm Stellung, ob die Verbindung von Land- und Forstwirtschaft im mittleren Finnland sinnvoll ist.

Wachstum und Verwendung der Bäume des borealen Nadelwaldes

	Nadelwald in Finnland				Laubwald in Deutschland	
	Fichte	Kiefer	Tanne	Lärche	Buche	Eiche
Wachstum im Jahr (cm)	30	23	28	27	17	26
Schlagreife (Jahre)	120	140	120	140	150	200
Stammdurchmesser (cm)	44	43	46	43	54	63
Höhe (m)	36	31	34	37	38	34
Verwendung	Grubenholz Masten Holzfasern Brennholz	Möbel Zellstoff Papier Bauholz Brennholz	Bauholz Möbel Brennholz	Möbel Bauholz	Möbel (Furniere Gestelle)	Möbel (Furniere)

30.1 Die Bäume des borealen Nadelwaldes, zum Vergleich Buche des Laubwaldes in Deutschland

Umweltschäden

Umweltschäden sind auch in Finnland ein Problem. Zellulose- und Papierfabriken leiten giftige Abwässer in Flüsse und Seen ein. Deshalb ist in Finnland, wie auch in den anderen Ländern Skandinaviens, in den meisten Seen das Leben abgestorben. Der saure Regen, der auch das Sterben der Wälder verursacht, hat diesen Vorgang noch beschleunigt. Der saure Regen über Skandinavien wird nur zu einem geringen Anteil von Abgasen der Autos, Kraftwerke und Fabriken im eigenen Land verursacht. Bis zu 80 % der Schadstoffe kommen mit dem Wind aus Großbritannien und zum Teil auch aus Rußland.

Schutz der Wälder

Zum Schutz der Wälder bemüht man sich in Finnland um eine geregelte Forstwirtschaft und gezielte Waldpflege. Baumschulen werden angelegt, aufgelassene Landwirtschaftsflächen aufgeforstet und feuchte Wälder entwässert.

Der Wald wird mit modernster Technik überwacht. Computer werten regelmäßig Luftbilder aus. Sie melden Waldschäden und geben an, wo in welchen Mengen Holz geschlagen werden kann. Neue Zellulose- und Papierfabriken müssen strenge Umweltschutzauflagen erfüllen.

31.2 Jährlicher Holzzuwachs je Hektar

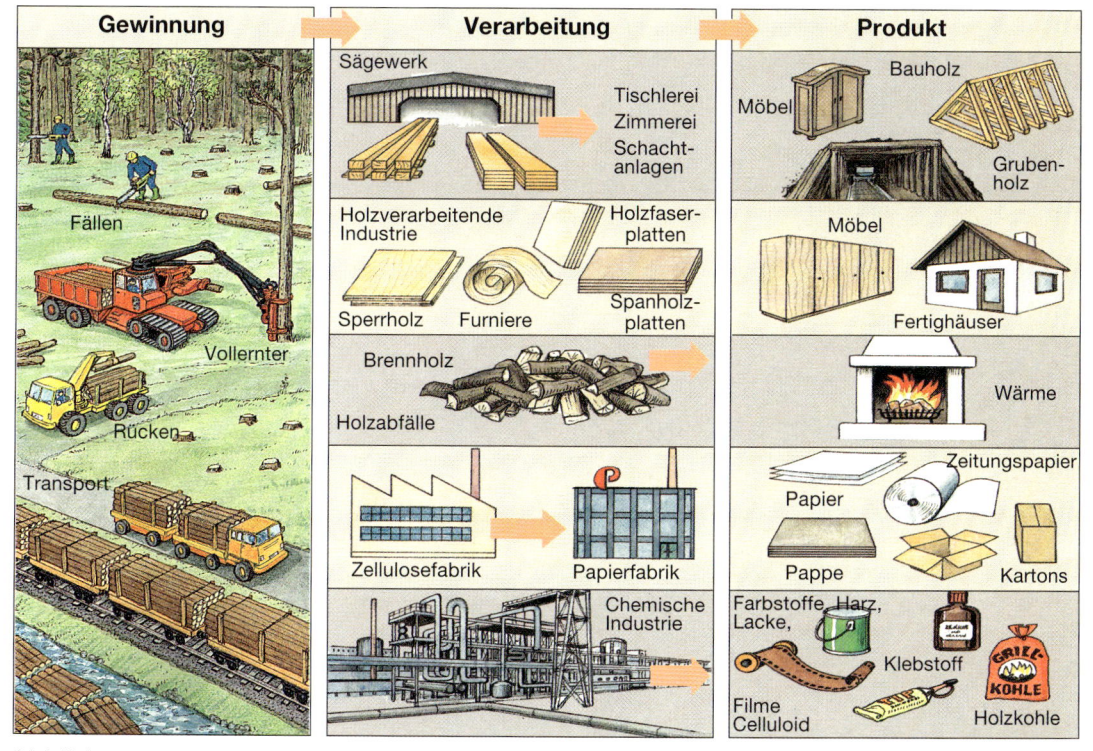

31.1 Holz – ein vielseitiger Rohstoff

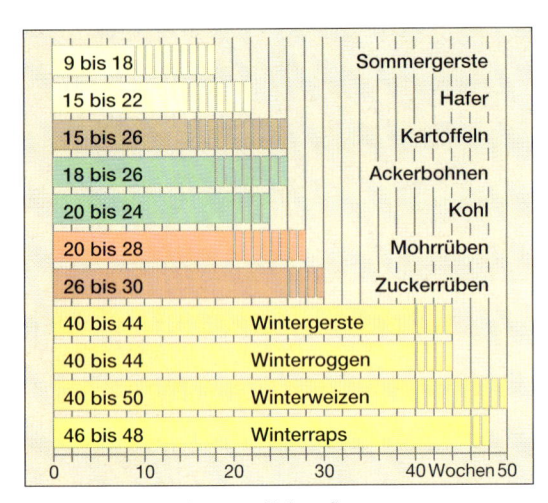

Ackerbau an der Kältegrenze

Im Winter arbeiteten die meisten Bauern Mittelfinnlands im Wald. Viele besaßen eigenen Wald, andere waren als Lohnarbeiter in großen privaten oder staatlichen Betrieben beschäftigt. Das Geld benötigten sie, weil die Erträge aus der eigenen Landwirtschaft nicht hoch genug waren, um den Lebensunterhalt der Familien zu sichern. Wenn im März oder April Tauwetter einsetzte, so mußten die Arbeiten beendet werden, weil der Boden weich wurde.

Bis Mitte Mai war der Boden der Felder so weit abgetrocknet, daß die Bauern die Saat ausbringen konnten – Roggen, Gerste, Hafer und Kartoffeln. Häufig schädigten Spätfröste Ende Mai bis Anfang Juni die aufkommende Saat. In kühlen Sommern wurde das Getreide nicht reif, und es gab Mißernten. Die Durchschnittstemperatur muß an mindestens 30 aufeinander folgenden Tagen 10 °C übersteigen, damit Getreide reifen kann. Um mit der Feldarbeit früher beginnen zu können, zogen die Bauern Entwässerungsgräben. Dazu mußten sie sich allerdings teure Maschinen anschaffen.

Der Staat unterstützte die Bauern im Norden. Trotzdem gaben viele ihre Höfe auf und suchten sich eine Beschäftigung in der Stadt.

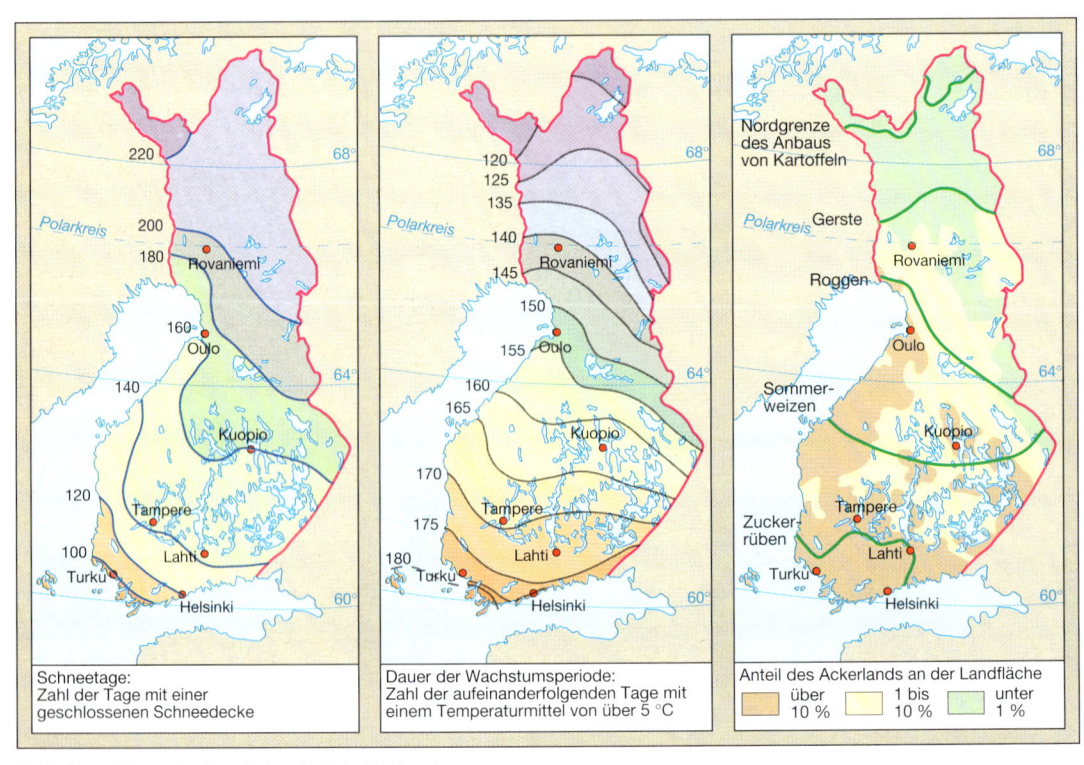

32.1 Wachstumszeiten von Kulturpflanzen

Kulturpflanze	Wochen
Sommergerste	9 bis 18
Hafer	15 bis 22
Kartoffeln	15 bis 26
Ackerbohnen	18 bis 26
Kohl	20 bis 24
Mohrrüben	20 bis 28
Zuckerrüben	26 bis 30
Wintergerste	40 bis 44
Winterroggen	40 bis 44
Winterweizen	40 bis 50
Winterraps	46 bis 48

1. Schreibe in einer Tabelle auf, welche klimatischen Verhältnisse an den Nordgrenzen von drei verschiedenen Feldfrüchten herrschen.
2. Überlege, wovon der Ackerbau an der Kältegrenze abhängt.
3. Beschreibe Veränderungen in der Landwirtschaft Finnlands. Welche Bedeutung hatten dabei natürliche und wirtschaftliche Einflüsse?

32.2 Grunddaten der Landwirtschaft in Finnland

Heute arbeiten nur noch wenige Bauern in den Wäldern. Dort wurde die Arbeit sehr mechanisiert und von ganzjährig beschäftigten Arbeitskräften übernommen. Die meisten Landwirte, die ihre Betriebe nicht aufgeben wollten, stellten ihre Wirtschaftsweise um. Um von der Witterung weniger abhängig zu werden, gaben sie den Anbau von Roggen, Gerste, Hafer und Kartoffeln in der üblichen Form auf. Stattdessen betreiben sie eine Kombination von Milch- und Mastviehhaltung. Reift das Getreide nun nicht mehr, so wird es geschnitten und als Grünfutter eingelagert. Viele Höfe arbeiten daurch wieder rentabel.

Die „natürliche Kältegrenze" ist von wirtschaftlichen Verhältnissen im Lande abhängig: In Notzeiten, z. B. in den 50er Jahren, lag die Anbaugrenze für Kulturpflanzen weiter im Norden, in „guten" Zeiten, wenn mehr nichtlandwirtschaftliche Arbeitsplätze weiter im Süden Finnlands, in und um Helsinki, vorhanden waren, wurden landwirtschaftliche Betriebe im Norden Mittelfinnlands aufgegeben.

Das Erscheinungsbild der Bauernhöfe hat sich wenig geändert. Sie bestehen aus mehreren einzelnen Gebäuden: Wohnhaus, Stall/Scheune und Sauna. Dies hatte den Vorteil, daß bei einem Brand in einem Gebäude die anderen gerettet werden konnten.

33.2 Ein Hof in Mittelfinnland

33.1 Finnische Landschaft

Norilsk – die nördlichste Großstadt

Rund 700 km nördlich des Polarkreises liegt im äußersten Nordwesten Sibiriens die Bergbaustadt Norilsk. Sie ist mit Murmansk auf der Halbinsel Kola die einzige Großstadt der Welt, in der an vielen Tagen im Jahr Polarnacht und Polartag herrschen.

Kurz vor dem Zweiten Weltkrieg entdeckten russische Geologen in der Gegend der heutigen Stadt Norilsk reiche Nickel- und Kupfererzlagerstätten. Bald entdeckte man weitere nutzbare Mineralien: Magneteisenstein (an der Unteren Tunguska), Kohle, Graphit, Feldspat, Gold und vor allem Platin.

Zur Zeit der Entdeckungen dieses Reichtums an Bodenschätzen wohnten in dieser Gegend kaum Menschen: Denn die Wintertemperaturen liegen im Januar oft bei -50 °C, und es herrschen tagelang Schneestürme, an etwa 250 Tagen liegt Schnee. Der Jenissej ist von Oktober bis März zugefroren und legt die Schiffahrt lahm. Wegen der früheren Eisschmelze weiter im Süden kommt es im Raum um Norilsk im Frühsommer zu großen Überschwemmungen. – Die Sommertemperaturen können im Juli 30 °C erreichen, aber selbst im wärmsten Monat des Jahres kann leichter Nachtfrost auftreten.

Im Sommer tauen vom über 400 m tiefen Dauerfrostboden die oberen 1 bis 5 m auf, und die gefürchtete Schlammperiode („Rasputiza") setzt ein. In dieser Zeit ist es oft schwül, und gewaltige Schwärme von Stechmücken peinigen die Menschen.

Die Regierung ordnete den Bau der Stadt Norilsk an. Zunächst fehlten Menschen und Material, um den Reichtum zu erschließen und abzutransportieren. Die Planer schickten zwangsverpflichtete Arbeitskolonnen in die kaum berührte Tundra. Arbeitsverpflichtete und Freiwillige mußten in Zelten, Erdhöhlen und Holzbaracken hausen. Zwangsarbeitslager wurden eingerichtet. Auch deutsche Kriegsgefangene mußten im Kohlenbergbau und beim Eisenbahnbau arbeiten.

Die Einwohnerzahl von Norilsk stieg rasch an: 1939 lebten bereits 14 000 Menschen in der Stadt, 1959 108 000, 1979 waren es 205 000 und 1989 über 220 000 Einwohner. Es gibt einige Tausend „Ureinwohner": Nenzen, Jakuten, Ewenken und andere. Die meisten Bewohner Norilsks sind Russen, denen man materielle Anreize bieten mußte, damit sie hierher zogen. Viele sind freigelassene Zwangsarbeiter oder nach Sibirien entlassene Soldaten.

Heute ist Norilsk eine lebendige Großstadt. Klare Häuserzeilen, breite, rechtwinklig verlaufende Straßen und große Plätze gliedern die Stadt. Im Sommer schlendern farbenfroh gekleidete Menschen an den langen Reihen von Schaufenstern entlang. Viele bunte Reklameschilder und starker Autoverkehr beleben das Stadtbild. Bäume aber gibt es in der Stadt nicht. Die Häuser stehen auf Pfählen oder sind durch Beton- und Kieslagen vom Untergrund isoliert, damit die Wärme der Häuser den gefrorenen Boden nicht auftauen kann.

1. Ermittle die Entfernung Norilsk – Moskau.
2. Kennzeichne den Naturraum der Region Jenissej-Nord.
3. Warum konnte sich trotz der ungünstigen Lebensbedingungen Norilsk zur Großstadt entwickeln?
4. Erläutere die Techniken des Hausbaus auf Dauerfrostboden.

34.1 Mittag in Norilsk

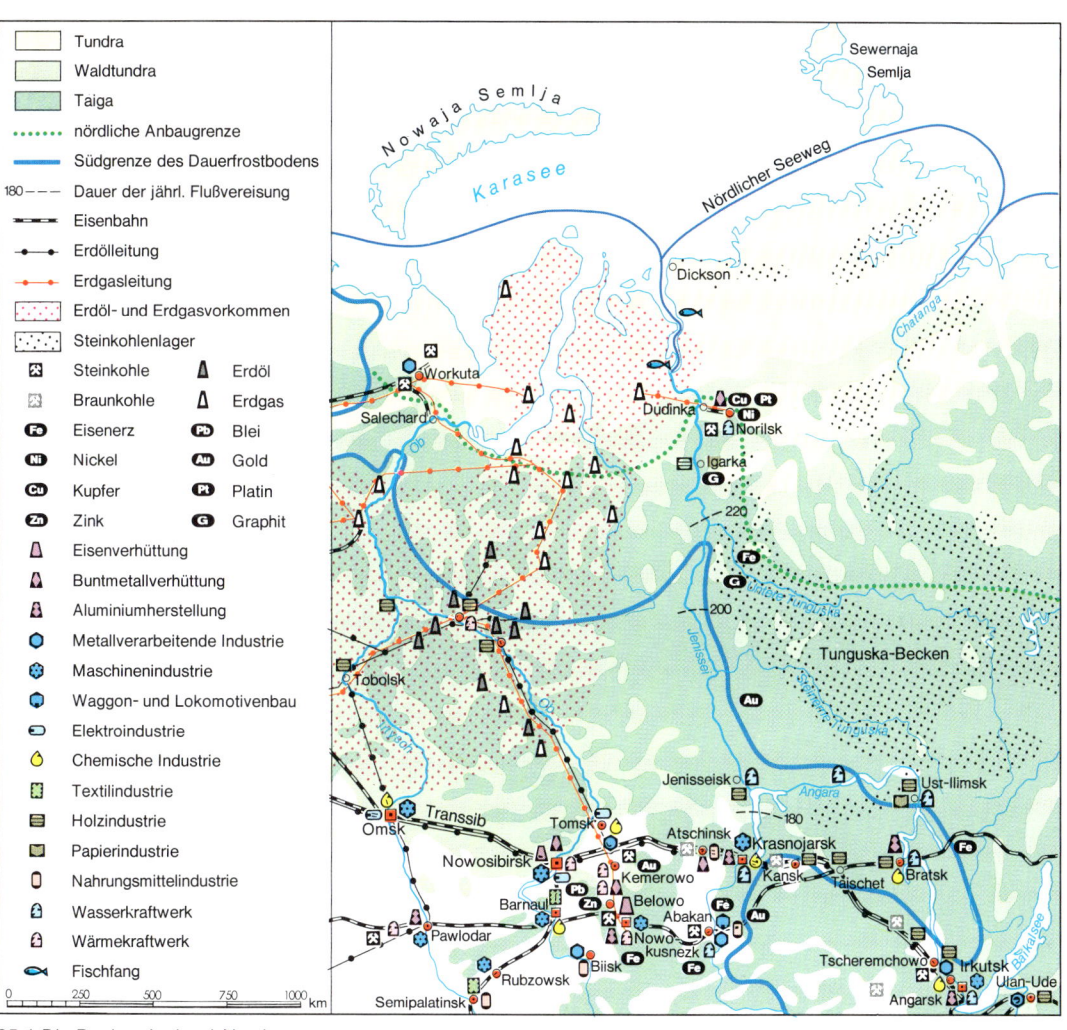

	Tundra			
	Waldtundra			
	Taiga			
······	nördliche Anbaugrenze			
—	Südgrenze des Dauerfrostbodens			
180 — —	Dauer der jährl. Flußvereisung			
	Eisenbahn			
	Erdölleitung			
	Erdgasleitung			
	Erdöl- und Erdgasvorkommen			
	Steinkohlenlager			
	Steinkohle		Erdöl	
	Braunkohle		Erdgas	
Fe	Eisenerz	Pb	Blei	
Ni	Nickel	Au	Gold	
Cu	Kupfer	Pt	Platin	
Zn	Zink	G	Graphit	
	Eisenverhüttung			
	Buntmetallverhüttung			
	Aluminiumherstellung			
	Metallverarbeitende Industrie			
	Maschinenindustrie			
	Waggon- und Lokomotivenbau			
	Elektroindustrie			
	Chemische Industrie			
	Textilindustrie			
	Holzindustrie			
	Papierindustrie			
	Nahrungsmittelindustrie			
	Wasserkraftwerk			
	Wärmekraftwerk			
	Fischfang			

35.1 Die Region Jenissej-Nord

35.2 Tundra zur Zeit der Schneeschmelze

35.3 Hausbau auf Pfählen

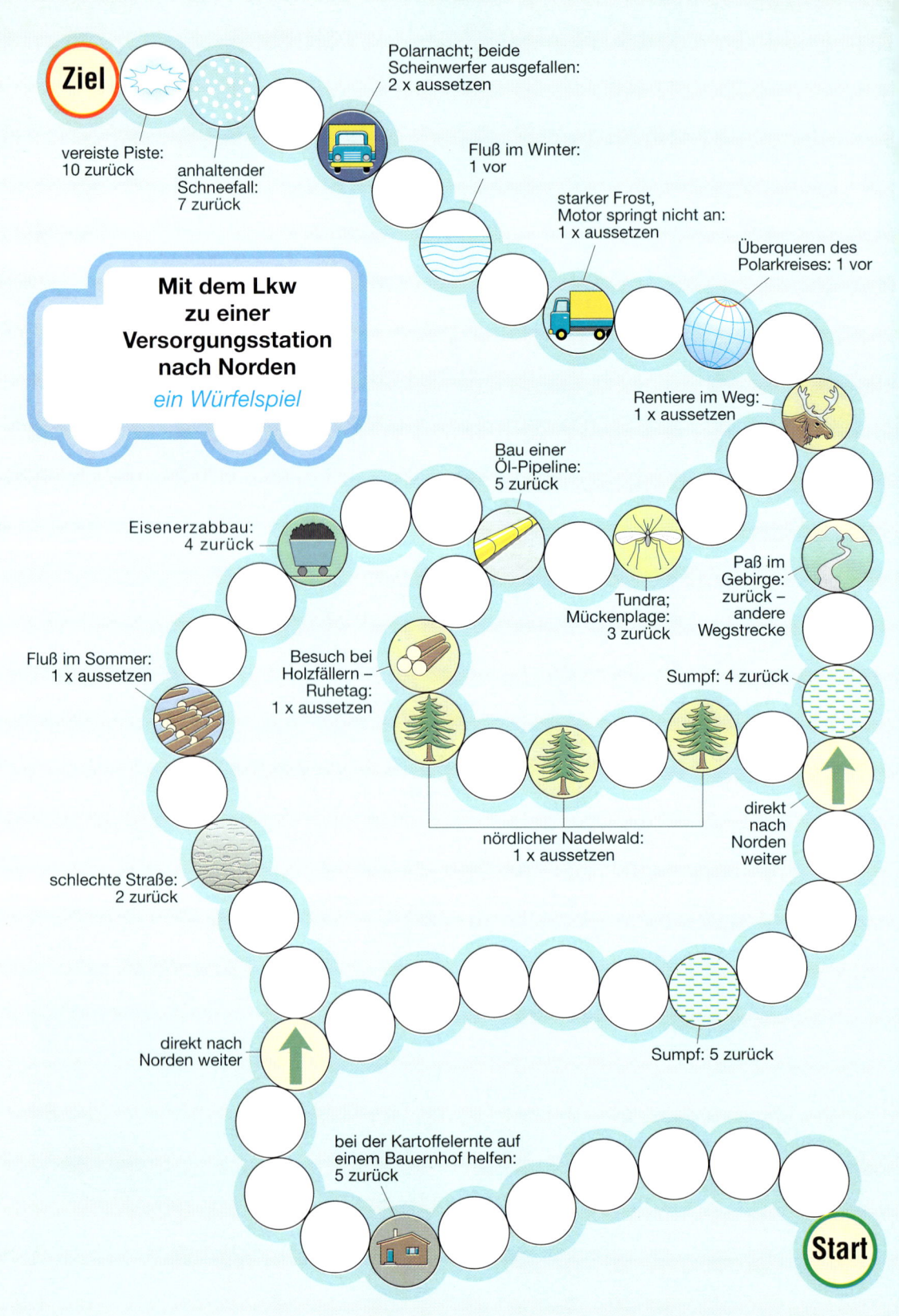

Mit dem Lkw zu einer Versorgungsstation nach Norden
ein Würfelspiel

Ziel

vereiste Piste: 10 zurück

anhaltender Schneefall: 7 zurück

Polarnacht; beide Scheinwerfer ausgefallen: 2 x aussetzen

Fluß im Winter: 1 vor

starker Frost, Motor springt nicht an: 1 x aussetzen

Überqueren des Polarkreises: 1 vor

Rentiere im Weg: 1 x aussetzen

Bau einer Öl-Pipeline: 5 zurück

Eisenerzabbau: 4 zurück

Tundra; Mückenplage: 3 zurück

Paß im Gebirge: zurück – andere Wegstrecke

Besuch bei Holzfällern – Ruhetag: 1 x aussetzen

Sumpf: 4 zurück

Fluß im Sommer: 1 x aussetzen

nördlicher Nadelwald: 1 x aussetzen

direkt nach Norden weiter

schlechte Straße: 2 zurück

Sumpf: 5 zurück

direkt nach Norden weiter

bei der Kartoffelernte auf einem Bauernhof helfen: 5 zurück

Start

In der kalten Zone

Wer macht es richtig?
Was gehört zu A, B und C? Beginne mit der niedrigsten Zahl.
Wo liegen die Klimastationen? Nenne die Länder.

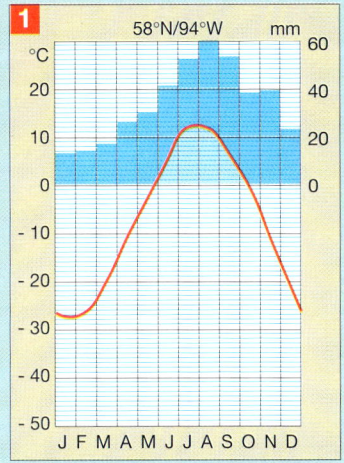

1 58°N/94°W

B

7 Die Winter sind sehr kalt und trocken, die Sommer kurz und kühl. Alle Monate liegen unter 10 °C. Die Pflanzen haben weniger als 100 Tage zum Wachstum.

8 30 m hohe Fichten werden von den Vollerntemaschinen abgeknipst. Das Holz im borealen Nadelwald ist sehr fest und hat feine, schmale Jahresringe.

A

4 Das ganze Jahr ist es sehr kalt und trocken. Die Durchschnittstemperaturen liegen in fast allen Monaten unter 0 °C. Verbreitungsgebiet: Nordamerika, Grönland, Nordasien, Antarktis.

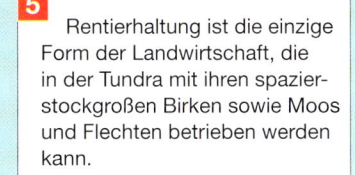

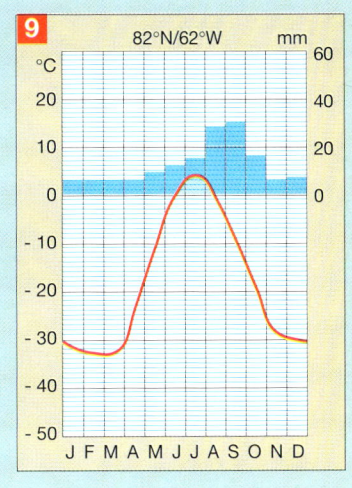

5 Rentierhaltung ist die einzige Form der Landwirtschaft, die in der Tundra mit ihren spazierstockgroßen Birken sowie Moos und Flechten betrieben werden kann.

9 82°N/62°W

2 Die Sommer sind kühl und feucht, die Winter sehr kalt und trocken. Der wärmste Monat liegt über 10 °C. Die Wachstumszeit für die Pflanzen reicht an 170 Tage heran.

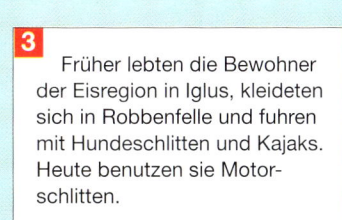

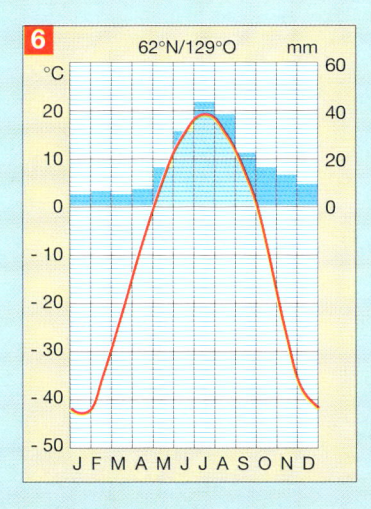

6 62°N/129°O

C

3 Früher lebten die Bewohner der Eisregion in Iglus, kleideten sich in Robbenfelle und fuhren mit Hundeschlitten und Kajaks. Heute benutzen sie Motorschlitten.

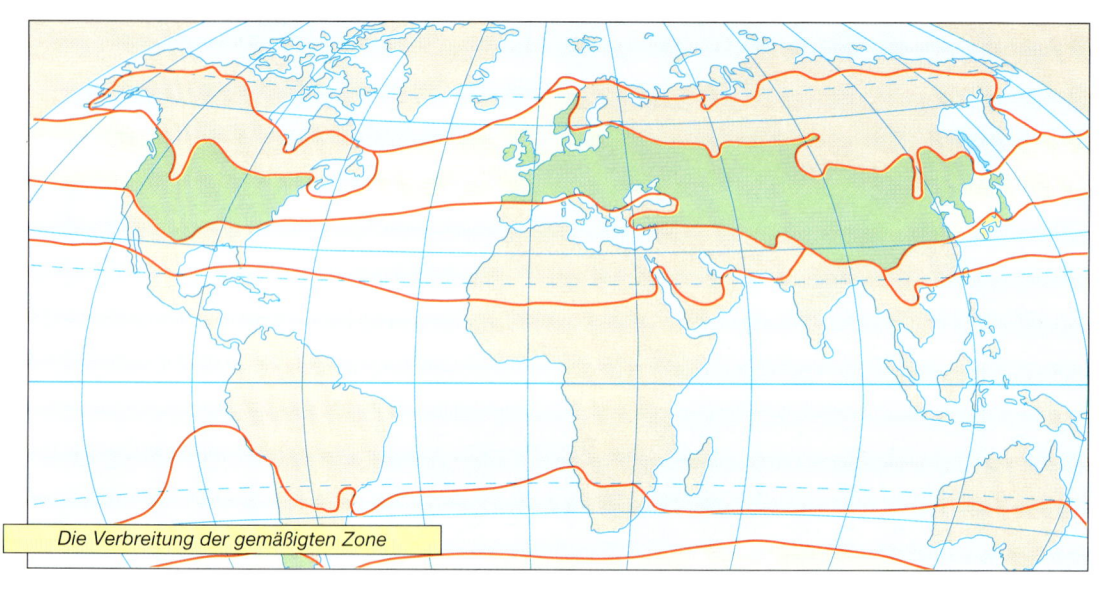

Die Verbreitung der gemäßigten Zone

Wettersprüche

Januar: Die Erde muß ihr Bettuch haben, soll sie der Winterschlummer laben.

Der **Februar** hat seine Mucken, baut von Eis oft feste Brucken.

Ein heiterer **März** erfreut des Bauern Herz.

Warmer **April**regen bringt großen Segen.

Der **Mai** in der Mitte hat für den Winter noch immer eine Hütte.

Nordwind, der im **Juni** weht, nicht im besten Rufe steht. Kommt er an mit kühlem Gruß, bald Gewitter folgen muß.

Wenn der **Juli** fängt zu tröpfeln an, wird man lange Regen han.

Bläst im **August** der Nord, so dauert gutes Wetter fort.

Durch **September**s heiter'n Blick schaut manchmal der Mai zurück

Ist der **Oktober** kalt, so macht er für's nächste Jahr dem Raupenfraß halt.

November tritt oft hart herein, braucht nicht viel dahinter zu sein.

Dezember: Wenn's nicht vorwintert, so wintert's nach.

In der gemäßigten Zone

Im Gegensatz zur kalten Zone sind die Gebiete der **gemäßigten Zone** vom Menschen stark verändert worden. Hier liegen die bedeutendsten Industriestaaten der Erde mit einer hohen Bevölkerungsdichte.

Noch vor tausend Jahren wuchsen auch in Europa ausgedehnte Laub- und Mischwälder. Von diesen geschlossenen Wäldern blieben im Verlaufe der Besiedlung nur noch Reste erhalten. Sie befinden sich hauptsächlich in den Gebirgen und auf anderen Standorten, die für die Landwirtschaft ungünstig sind. Die Rodung der Urwälder erreichte ihren Höhepunkt im 11. bis 15. Jahrhundert. Seit dieser mittelalterlichen Rodungszeit blieb die Ausdehnung der Wälder bis heute etwa gleich.

Durch jahrhundertelange Bewirtschaftung wurden auch die im Mittelalter nicht gerodeten Wälder stark verändert. Heute prägen neben Siedlungen, Industrie- und Verkehrsanlagen vor allem Forsten, Acker- und Grünland die Landschaften der gemäßigten Zone.

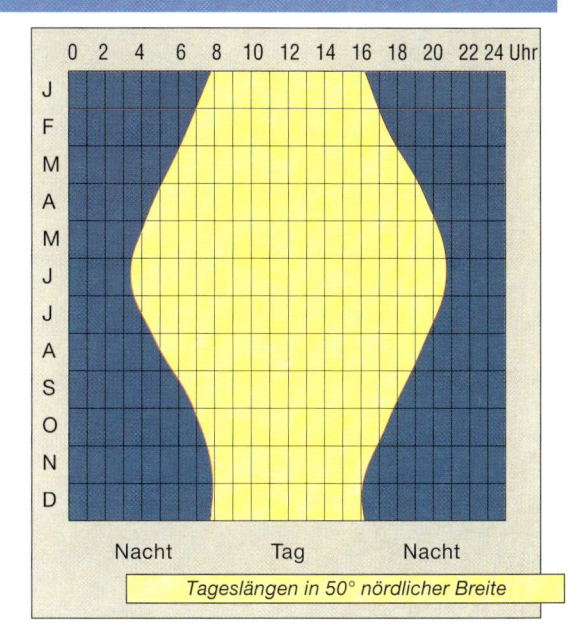

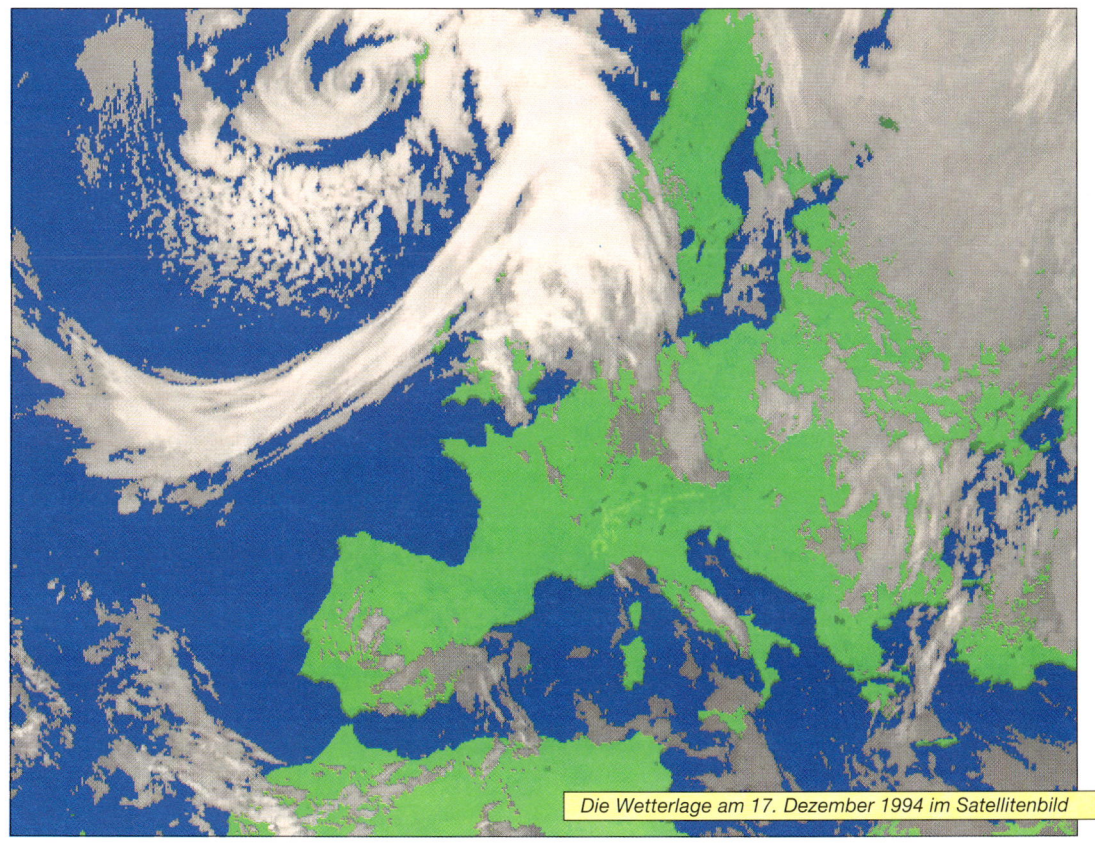

Tageslängen in 50° nördlicher Breite

Die Wetterlage am 17. Dezember 1994 im Satellitenbild

39

Orientierung in Europa

Europa reicht vom Atlantischen Ozean bis zum Uralgebirge, vom Nordpolarmeer bis zum Mittelmeer. Es bildet an der Westseite von Asien eine große Halbinsel. Kein anderer Erdteil ist so vielfältig gestaltet, denn der Atlantische Ozean greift tief in das Festland hinein. Auch die Oberfläche ist sehr abwechslungsreich. Im Süden wechseln Hochgebirge und Bergländer mit Beckenlandschaften und Tiefländern. Im Norden schließt sich ein breiter Streifen von Bergländern und Mittelgebirgen an. Darauf folgt vom Atlantik bis zum Ural das europäische Tiefland. Der Norden ist wieder Gebirgsland.

Meere und Nebenmeere umspülen Europa. Finde sie mit Hilfe des Silbenrätsels. Übertrage die folgenden Silben in dein Heft. Streiche die zum jeweiligen Lösungswort gehörenden Silben durch.
1. Es trennt Europa von Afrika.
2. Hier mündet die Weichsel.
3. Fast ein Binnenmeer.
4. Der Ozean liegt zwischen Europa und Amerika.
5. Hier nähern sich Europa und Afrika auf 14 km.
6. Sie trennt Nordeuropa von Westeuropa.
7. Eine Bucht zwischen Frankreich und Spanien.
8. Ein Randmeer des Nordpolarmeers.
9. Nicht das Schwarze Meer, sondern ...
10. Es liegt zwischen Norwegen und Island.

AN – AT – BA – BIS – BRAL – GOLF – KA – LAN – LAR – MEER – MEER – MEER – MEER – MIT – NORD – NORD – OST – OZE – PO – RENTS – SCHER – SCHWAR – SE – SEE – SEE – SEE – SES – STRAS – TAR – TEL – TI – VON – VON – WEIS – YA – ZES

Flüsse und ihre Längen in km

Wolga	3531	Loire	1020
Donau	2858	Tajo	1007
Ural	2428	Oder	912
Dnjepr	2201	Ebro	910
Rhein	1320	Seine	776
Elbe	1165	Po	652
Weichsel	1047	Themse	346

Seen und ihre Flächen in km^2

Ladogasee	17 703	Mälarsee	1140
Onegasee	9 720	Plattensee	592
Vänersee	5 584	Genfer See	581
Peipussee	3 550	Bodensee	539
Vättersee	1 899	Gardasee	370
Saimasee	1460	Neusiedler See	320
Inarisee	1 230	Müritz	115

Berge und ihre Höhen in m

Montblanc	4807	Gran Sasso	2914
Matterhorn	4478	Glittertind	2470
Großglockner	3797	Schneekoppe	1602
Pic de Aneto	3404	Feldberg	1493
Ätna	3350	Ben Nevis	1343
Zugspitze	2963	Vesuv	1277
Olymp	2917	Keilberg	1244

1. Benenne große europäische Gebirge, und beschreibe ihre Lage im Kontinent.
2. Veranschauliche die Länge der in der Tabelle genannten Flüsse in Strecken (100 km = 0,5 cm).
3. Beschreibe den Verlauf einiger großer Flüsse Europas.
4. Wie sind in Europa die Gebirge und die Tiefländer verteilt?

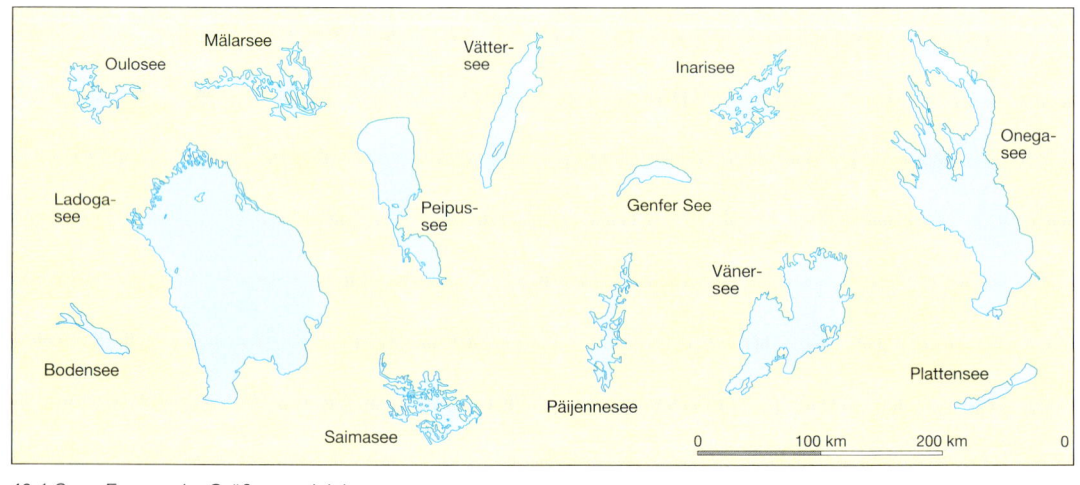

40.1 Seen Europas im Größenvergleich

1 ... 35 Hauptstädte   A ... H Meere
A ... H Gebirge   a ... l Flüsse

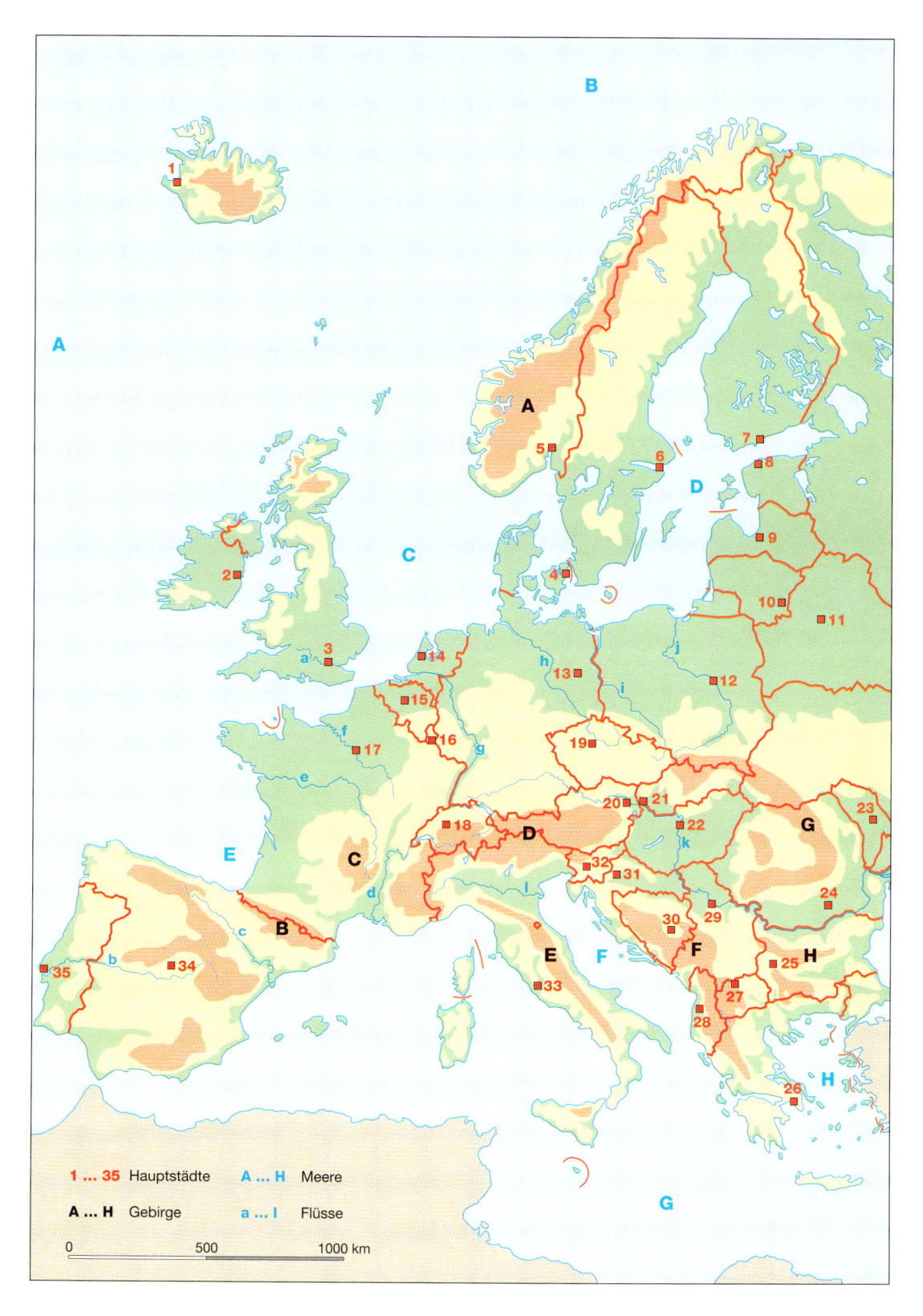

0   500   1000 km

41

Landnutzung: klimatische Gunst- und Ungunstfaktoren

Maria und Jan Szukalski bewirtschaften einen Betrieb nördlich von Warschau. Das Klima ermöglicht es, Ackerbau zu betreiben. Für Weideland hingegen reichen die Niederschläge im Sommer nicht aus. Deshalb halten die Szukalskis das Vieh, einige Milchkühe und Schafe sowie zwei Pferde als Zugtiere, das ganze Jahr über im Stall. Auf den sandigen Böden baut Szukalski vorwiegend Kartoffeln, Roggen und Hafer an. Den Hafer benötigt er als Futter für die Pferde. Mit den Feldarbeiten kann er häufig erst im späten Frühjahr beginnen. Er muß so lange warten, bis der Boden nach dem Frost abgetrocknet und erwärmt ist. Im Oktober kann ein frühzeitiger Kälteeinbruch die Kartoffelernte gefährden und die Aussaat des Wintergetreides behindern.

Der Betrieb von David Reynolds liegt nördlich von Shannon. Reynolds züchtet vor allem Vieh. Auf seinen Weiden ist die Grasnarbe das ganze Jahr über dicht und grün. Während der Wintermonate läßt er die Schafe und Rinder auf der Weide stehen, nur bei starkem Frost kommen die Rinder in den Stall.
Mit der Bestellung seiner wenigen Felder mit Hafer, Flachs und Kartoffeln kann Reynolds schon früh im Jahr beginnen. Häufiger Regen während des Sommers verzögert und erschwert jedoch die Ernte.

Für Oleg Scholochow stellen sich in jedem Jahr die gleichen Fragen: Reicht der Niederschlag in den Sommermonaten aus? Komme ich im Frühjahr rechtzeitig zur Feldbestellung? Schaffe ich im Herbst die Erntearbeiten vor dem Wintereinbruch? Scholochow leitet einen Ackerbaubetrieb südlich von Samara. Auf den großen Feldern werden vorwiegend Weizen, aber auch Sonnenblumen angebaut.

Bodennutzung in Prozent der Staatsfläche

Staat	Ackerland	Dauergrünland	Wald	Sonstiges
Irland	14	68	5	13
Polen	49	13	29	9
europäischer Teil Rußlands	38	8	42	12

1. Informiere dich mit Hilfe des Atlasses über die Lage der drei landwirtschaftlichen Betriebe.
2. Beschreibe anhand der Texte, Diagramme und Bilder die Unterschiede in der Landnutzung.
3. Erläutere klimatische Gunst- und Ungunstfaktoren der Landnutzung in West-, Mittel- und Osteuropa.

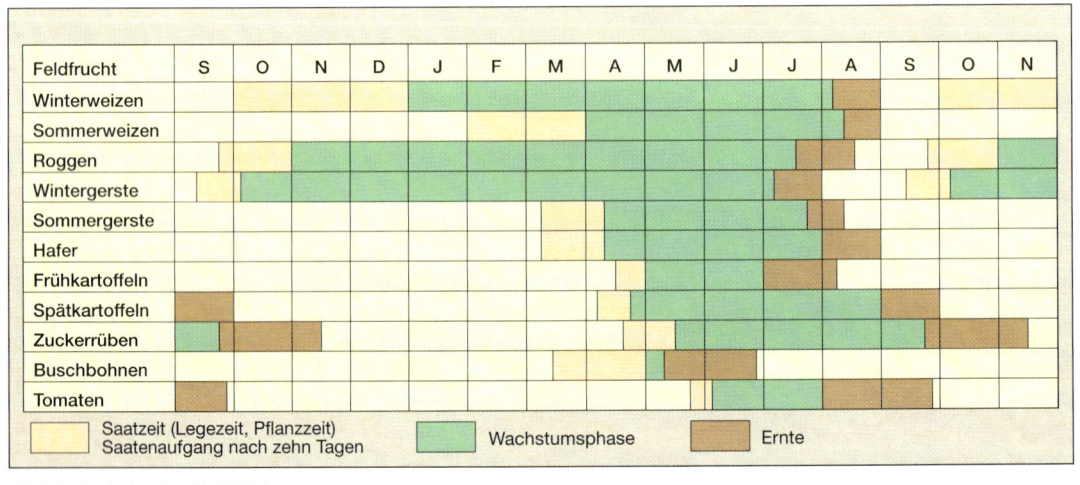

42.1 Anbaukalender für Mitteleuropa

Shannon (Irland) 53° N/9° W
T 10,2 °C   2 m   N 929 mm

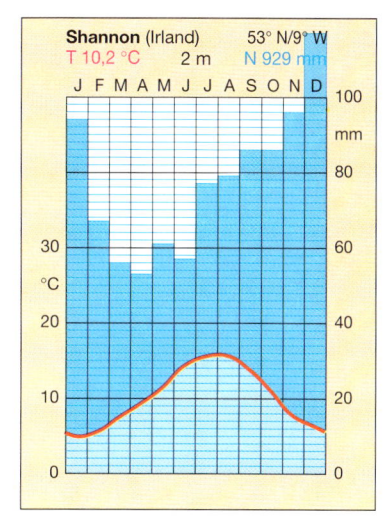

In Irland

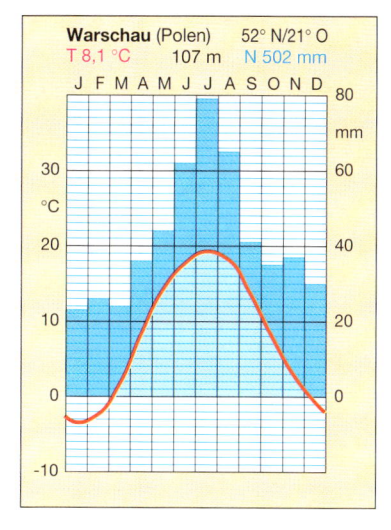

Warschau (Polen) 52° N/21° O
T 8,1 °C   107 m   N 502 mm

In Polen

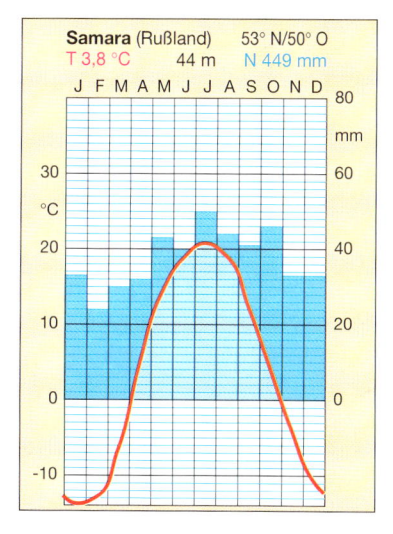

Samara (Rußland) 53° N/50° O
T 3,8 °C   44 m   N 449 mm

In Rußland

Temperatur und Niederschlag messen

Jeder kann das Wettergeschehen überall beobachten – in der Stadt und auf dem Land. Für Fotografen ist es besonders reizvoll, bestimmte Wettererscheinungen im Bild festzuhalten. Jeder kann seine Beobachtungen durch Messungen der Temperatur und des Niederschlags ergänzen.

Die Temperatur wird gewöhnlich mit einem Ausdehnungsthermometer gemessen. Galileo Galilei konstruierte 1611 das erste Flüssigkeitsthermometer. Er füllte Alkohol in ein geschlossenes Glasrohr.

Für die Temperaturmessung ist ein Minimum-Maximum-Termometer besonders geeignet (Abb. 42.1). Es zeigt die aktuelle Temperatur an und hält die tiefste Temperatur (Minimum) und die höchste Temperatur (Maximum) eines festgelegten Zeitraums, in der Regel 24 Stunden, fest.

Der Regenmesser besteht aus einem trichterförmigen Auffanggefäß im oberen Teil und der Sammelkanne im unteren Teil. Dazu gehört ein Meßglas zur Bestimmung der Niederschlagsmenge.

Zur Wetterbeobachtung gehört aber auch Ausdauer, denn nur regelmäßige Messungen über einen Zeitraum von mindestens einem Monat bringen Ergebnisse zur Beschreibung des Wetterablaufs. Die gemessenen Temperatur- und Niederschlagswerte trägt man täglich in einen Beobachtungsbogen ein und wertet diesen später aus.

Bau einer einfachen Wetterstation

Als einfachen Regenmesser kannst du ein Einmachglas benutzen. Damit kannst du aber nur eine größere Niederschlagsmenge einigermaßen genau messen. Besser ist es, wenn du aus Blech einen Trichter bastelst, der in das Glas genau hineinpaßt. So wird die Verdunstung des Niederschlags verhindert. Mit dem Lineal kannst du die Niederschlagshöhe im Weckglas messen.

Den Niederschlagsmesser befestigst du an einem einen Meter hohen Pfahl, den du auf einem freien Platz aufstellst. Die Öffnung des Regenmessers soll den Pfahl überragen.

Das Thermometer hängst du, möglichst gegen Regen geschützt, an der Nordseite eines Gebäudes in einer Höhe zwischen 150 und 200 cm auf.

Wetterbeobachtungsbogen

Ort: Goslar		Monat und Jahr: Mai 1995		
		Temperatur °C		Niederschlag
Uhrzeit	Tag	Min.	Max.	in mm
7.30	1. 5.	5	15	0
7.45	2. 5.	7	16	24
	3. 5.			
	4. 5.			

Das Wort Wetter stammt von dem sehr alten indischen Wort *vetor* ab. Es bedeutet Wind.

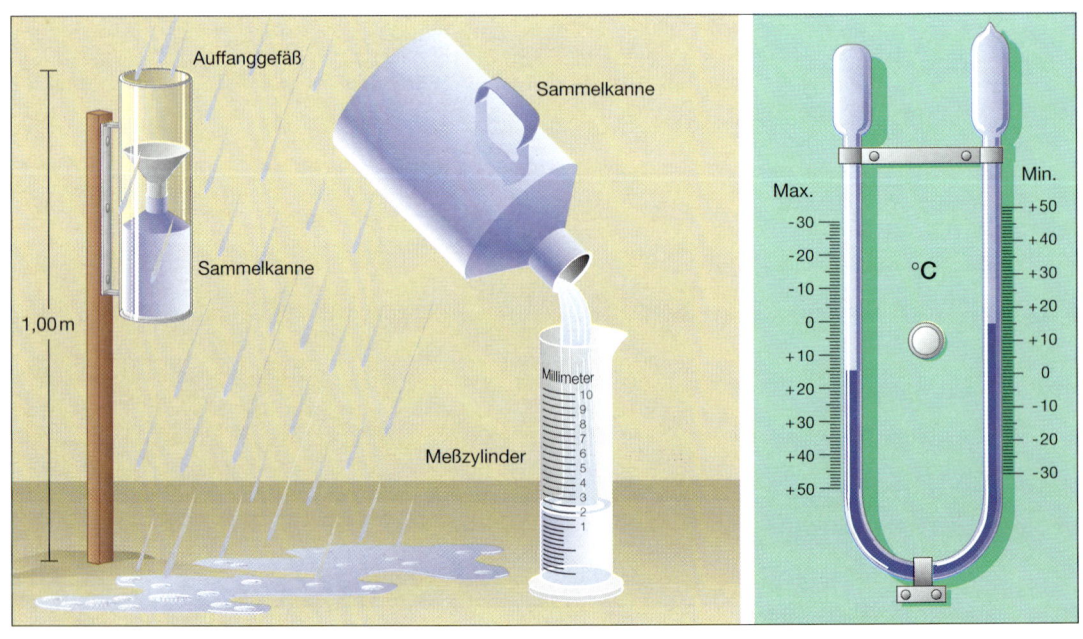

44.1 Niederschlagsmesser und Thermometer

Temperatur

Die wichtigste Wärmequelle der Erde ist die Sonne. Erst an der Erdoberfläche wird die ankommende Strahlung in Wärme umgesetzt. Die Lufthülle wird daher von unten her erwärmt.

An jedem Ort der Erde verändert sich die Temperatur ständig. Statt der vielen Temperaturwerte eines Ortes, die alle richtig sind, ist jeweils eine Angabe für jeden Tag, jeden Monat und für ein Jahr zweckmäßig. Dazu eignen sich Mittelwerte. Sie werden aus jahrzehntelangen Temperaturmessungen errechnet.

Die tägliche Temperaturschwankung ist der Unterschied zwischen der höchsten und der tiefsten Temperatur an einem Tag. Am wärmsten ist es meist ein bis zwei Stunden nach dem höchsten Stand der Sonne. Kurz vor Sonnenaufgang ist es am kältesten.

Die Meteorologen haben sich aus praktischen Gründen auf drei Messungen pro Tag geeinigt, weil man so den Werte von 7, 14 und dem doppelten Werte von 21 Uhr das Tagesmittel recht genau berechnen kann. Das Monatsmittel läßt sich aus den Tagesmitteltemperaturen und das Jahresmittel aus den Monatsmitteln errechnen.

Niederschlag

Regen und Schnee sind die häufigsten Niederschlagsarten. Schnee und Hagel werden vor dem Messen geschmolzen. Die Niederschläge werden in Millimeter Wasserhöhe angegeben. 10 mm Niederschlag bedeuten, daß das Wasser den waagerechten Erdboden 10 mm hoch bedecken würden, wenn nichts abgeflossen, versickert oder verdunstet wäre.

Von der Angabe der Niederschlagshöhe läßt sich die Niederschlagsmenge, die je m² gefallen ist, leicht ableiten.

Ein Beispiel:

Hannover, N = 661 mm (= 66,1 cm) bedeutet, daß das Wasser 66,1 cm hoch stünde, wenn es ein Jahr lang weder verdunsten, abfließen oder versickern würde. Das wären 661 l Wasser je m² in Hannover.

1. Miß die Temperatur morgens, mittags und abends über mindestens eine Woche.
2. Wie errechnet man die Tagesmitteltemperatur?
3. Wie mißt und berechnet man den Niederschlag?
4. Worin unterscheidet sich die Berechnung eines Monatsniederschlags von der Berechnung der Monatstemperatur?
5. Die gemessene Niederschlagshöhe beträgt 18 mm. Berechne die Litermenge, die je m² gefallen ist. Beachte 1 mm N = 1 l je m².

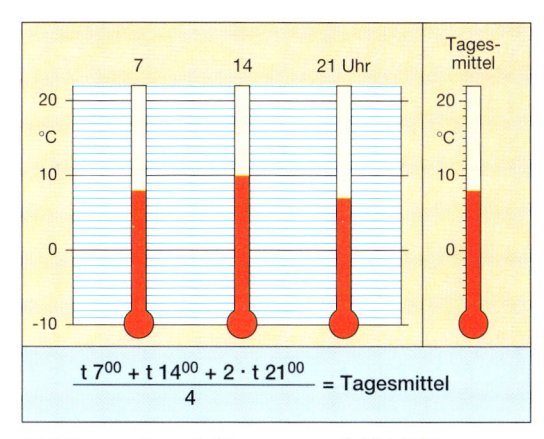

$$\frac{t\,7^{00} + t\,14^{00} + 2 \cdot t\,21^{00}}{4} = \text{Tagesmittel}$$

45.1 Temperaturen in Hannover am 1. Mai 1990

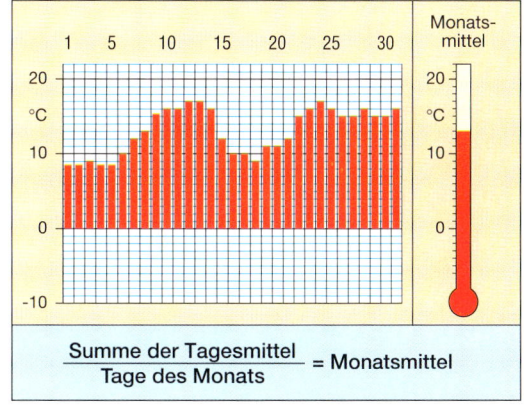

$$\frac{\text{Summe der Tagesmittel}}{\text{Tage des Monats}} = \text{Monatsmittel}$$

45.2 Temperaturen in Hannover im Mai 1990

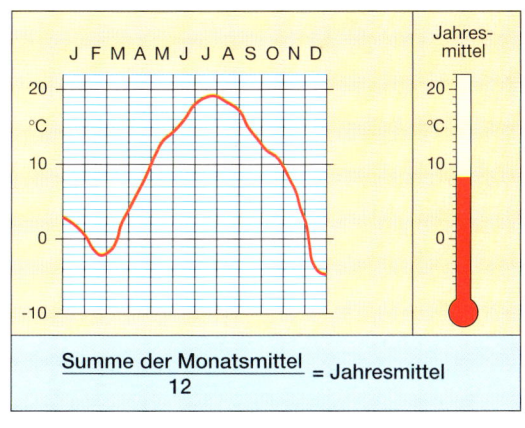

$$\frac{\text{Summe der Monatsmittel}}{12} = \text{Jahresmittel}$$

45.3 Temperaturen in Hannover 1990

Summe der Tagesniederschläge = Monatsniederschlag
Summe der Monatsniederschläge = Jahresniederschlag

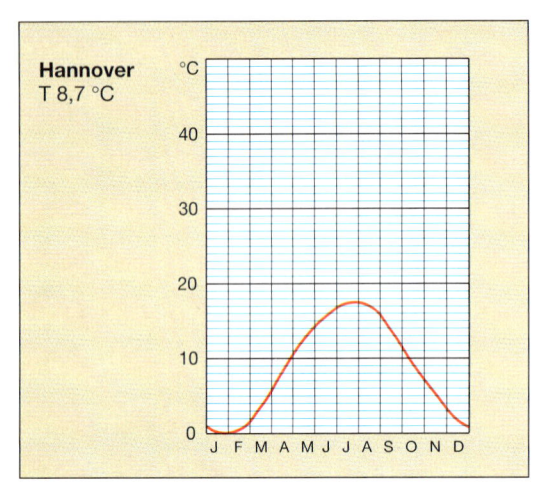

46.1 Temperaturdiagramm von Hannover

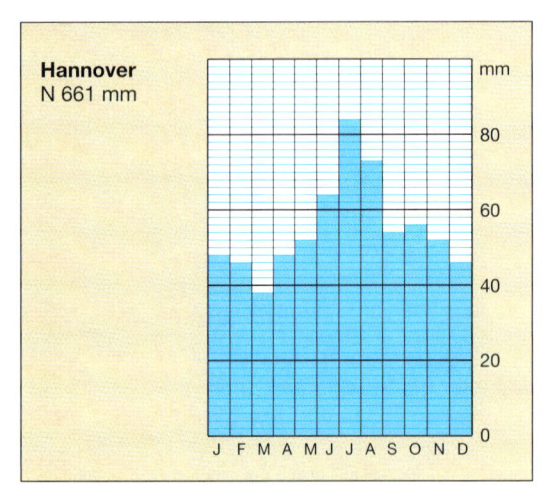

46.2 Niederschlagsdiagramm von Hannover

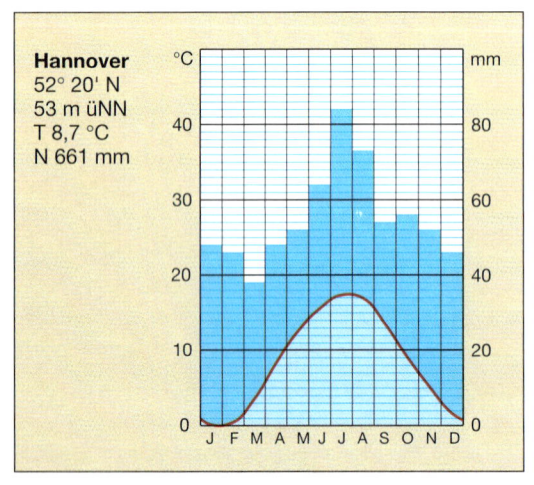

46.3 Klimadiagramm von Hannover

Klima grafisch darstellen

Jeder weiß, daß das Klima etwas mit dem Wetter zu tun hat. Wetter und Klima stehen in einem engen Zusammenhang. Wetter bezeichnet die jeweilige Temperatur und den Niederschlag von gestern, von heute oder in der nächsten Woche. Es ändert sich ständig. Das Klima eines Gebietes sind dagegen die durchschnittlichen Temperatur- und Niederschlagsverhältnisse während eines längeren Zeitraums.

Das Klima eines Gebietes läßt sich am einfachsten durch ein Klimadiagramm veranschaulichen. Dieses zeigt neben dem durchschnittlichen Temperaturverlauf auch die durchschnittliche Menge und Verteilung der Niederschläge während des Jahres. Die für den Ort gültigen Temperatur- und Niederschlagsangaben sind Durchschnittswerte, die auf jahrzehntelangen Messungen und Berechnungen beruhen. In der Regel sind es Durchschnittswerte von 30 Jahren.

Anleitung zum Zeichnen eines Klimadiagramms

Das Klimadiagramm steht in einem Rechteckgitter.
a. Auf der Rechtswertachse werden die Monate Januar (J) bis Dezember (D) angetragen.
b. Auf der linken Hochwertachse werden die Temperaturwerte aufgetragen: 10 mm entsprechen 10 °C. Die Monatsmittel werden durch kleine Kreuze in der Mitte des Monatsstreifens gekennzeichnet und durch eine rote Linie miteinander verbunden.
c. Auf der rechten Hochwertachse wird die Niederschlagsmenge aufgetragen: 10 mm entsprechen 20 mm Niederschlag. Für Niederschläge über 100 mm ist der Maßstab nochmals verkleinert: 10 mm im Diagramm entsprechen 200 mm Niederschlag. Die Monatssummen werden durch blaue Säulen gekennzeichnet.
d. Das Klimadiagramm wird beschriftet: Name der Klimastation, in ( ) das Land, in dem die Klimastation liegt, Angaben der geographischen Länge und Breite, Höhe der Station über dem Meeresspiegel, Jahresmittel der Temperatur (T) und durchschnittlichen Menge der Jahresniederschläge (N).

1. Unterscheide Wetter und Klima.
2. Zeichne das Klimadiagramm von Barrow.

Barrow (Alaska) 71° N/156° W (7 m)

	J	F	M	A	M	J	J	A	S	O	N	D	Jahr
t	−26,8	−27,9	−25,9	−17,7	−7,6	0,6	3,9	3,3	0,8	−8,6	−18,2	−24,0	12,4°C
n	5	4	3	3	3	9	20	23	16	13	6	4	110 mm

Auswerten eines Klimadiagramms

1. Den Jahresgang der Temperatur beschreiben:
1.1 Die Temperaturstufe des wärmsten (Maximum) und des kältesten Monats (Minimum) angeben.
1.2 Jahreszeiten kennzeichnen.
1.3 Die jährliche Temperaturschwankung (Jahresamplitude) aus der Differenz von Maximum und Minimum berechnen und mit gering, mäßig oder hoch kennzeichnen.
1.4 Das Jahresmittel der Temperatur angeben.
2. Die Verteilung der Niederschläge beschreiben:
2.1 Die Verteilung der niederschlagsreichen und der niederschlagsarmen Monate beschreiben.
2.2 Jahreszeiten kennzeichnen.
2.3 Die jährliche Niederschlagsschwankung angeben.
2.4 Den Jahresniederschlag nach Niederschlagsstufen kennzeichnen.
3. Das Klima kennzeichnen:
3.1 Den Namen des Klimas angeben.
3.2 Das Klima einer Klimazone zuordnen.
3.3 Die kennzeichnenden Merkmale des Klimas in Stichworten zusammenfassen.

Klimatabellen

Barrow (Alaska) 71° N/156° W (7 m)

	J	F	M	A	M	J	J	A	S	O	N	D	Jahr
t	−26,8	−27,9	−25,9	−17,7	−7,6	0,6	3,9	3,3	0,8	−8,6	−18,2	−24,0	12,4°C
n	5	4	3	3	3	9	20	23	16	13	6	4	110 mm

Omaha (Nebraska) 41° N/95° W (337 m)

	J	F	M	A	M	J	J	A	S	O	N	D	Jahr
t	−5,4	−3,1	2,7	10,9	17,2	22,8	25,8	24,6	19,4	13,2	3,8	−2,1	10,8°C
n	21	24	37	65	88	115	86	101	67	44	32	20	700 mm

Birmingham (Alabama) 33° N/86° W (186 m)

	J	F	M	A	M	J	J	A	S	O	N	D	Jahr
t	7,5	8,7	11,9	16,7	21,3	25,5	26,7	26,4	23,5	17,6	11,0	7,7	17,1°C
n	128	134	152	114	87	102	131	123	85	75	30	128	1347 mm

Miami (Florida) 26° N/80° W (2 m)

	J	F	M	A	M	J	J	A	S	O	N	D	Jahr
t	19,4	19,9	21,4	23,4	25,3	27,1	27,7	27,9	27,4	25,4	22,9	20,1	23,9°C
n	52	48	58	94	164	187	171	177	241	203	72	42	1520 mm

47.2 Stufen der Monatsmitteltemperaturen

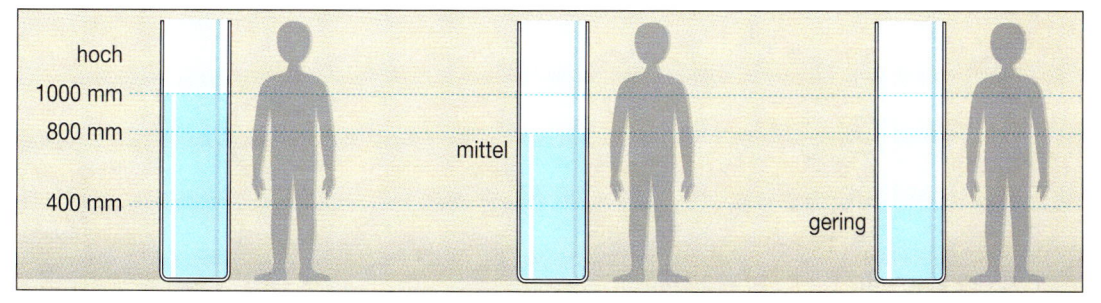

47.1 Stufen des Jahresniederschlags

Maritimes und kontinentales Klima

Beobachtungen am Badesee

Vom Baden in einem See ist dir bekannt, daß die Lufttemperatur und die Wassertemperatur nicht übereinstimmen. An einem sonnigen Sommertag kann die Lufttemperatur nachmittags auf über 30 °C ansteigen. Dagegen erwärmt sich das Wasser nicht über 22 °C, und das auch nur, wenn ähnlich heiße Tage vorausgegangen sind.

Das Wasser erwärmt sich bei gleicher Sonneneinstrahlung nicht so sehr wie die Luft oder der Sand am Seeufer. Das spürst du deutlich, wenn du aus dem Wasser kommst und barfuß über den Sandstrand läufst. Nachts dagegen kühlen sich die Luft und der Sand stärker ab als das Wasser. Frühmorgens kannst du barfuß über den Strand gehen, ohne daß dir die Füße schmerzen.

Noch einige Tage nach einer Hitzeperiode ist das Wasser im See zum Baden warm genug.

Die Erwärmung der Luft

1. Die Sonnenstrahlen durchdringen die Lufthülle der Erde, ohne sie zu erwärmen.
2. Ein beträchtlicher Teil der Strahlung wird auf dem Weg durch die Lufthülle von den Wolken verschluckt, an ihren Oberflächen und an Luftteilchen in den Weltraum zurückgeworfen.
3. Erst beim Auftreffen auf die Erdoberfläche entsteht im Wasser, im Boden, im Straßenbelag wie an allen Gegenständen Wärme.
4. Diese gespeicherte Wärme geben die Gegenstände an die aufliegende Luft ab. Die erwärmte Luft dehnt sich aus.
5. Die leichtere Warmluft steigt auf. Kältere Luft kann absinken. Infolge der vertikalen Umschichtung entsteht allmählich eine warme Luftmasse.
6. Weil die Erdoberfläche wie eine Heizplatte die darüberliegende Luft erwärmt, nimmt die Temperatur von unten her zu, d. h. sie nimmt mit zunehmender Höhe ab.

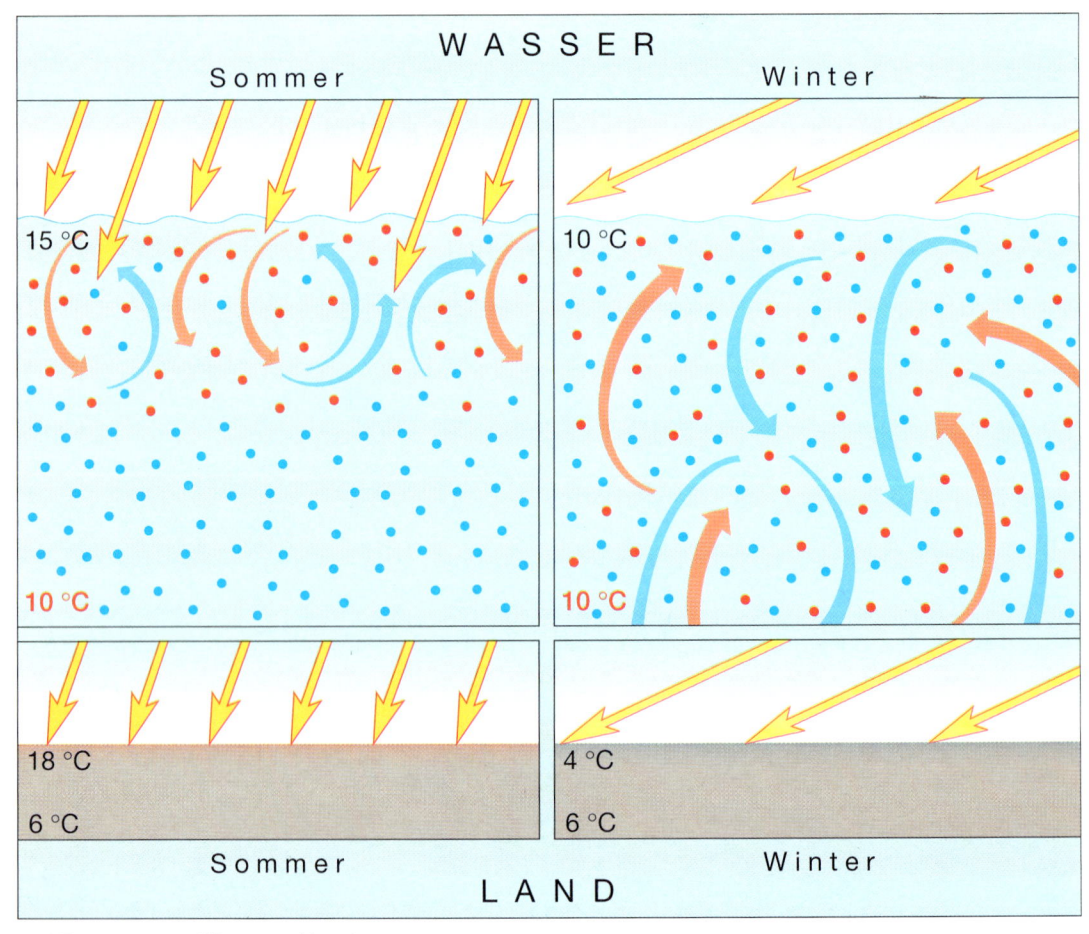

48.1 Erwärmung von Wasser und Land

Seeklima – Landklima

Das Klima eines Ortes wird von drei Faktoren bestimmt: seiner geographischen Breite, seiner Entfernung vom Meer und seiner Höhenlage. Shannon, Hannover, Warschau und Samara liegen annähernd auf einer geographischen Breite und nicht hoch über dem Meer. Sie unterscheiden sich in ihrer Entfernung vom Atlantischen Ozean.

Ein Klima, das überwiegend von Einflüssen des Meeres geprägt wird, heißt Seeklima (maritimes Klima). Ein Klima, dessen Einflüsse vorwiegend vom Festland kommen, heißt Landklima (kontinentales Klima).

Das Seeklima in Westeuropa ist ausgeglichen, denn die Temperaturunterschiede zwischen Sommer und Winter sind gering. Es hat kühle Sommer, milde Winter und das ganze Jahr über viel Niederschlag. Das Landklima in Osteuropa kennzeichnen große Temperaturunterschiede zwischen Sommer und Winter. Es hat sehr warme Sommer und sehr kalte Winter. Die Niederschläge sind gering. Verschärft wird die Niederschlagsarmut dort, wo Gebirge das Eindringen feuchter Luftmassen erschweren.

Seeklima und Landklima haben thermische Jahreszeiten (griech. *thermos* = Wärme). Deutlich ist eine wärmere Jahreszeit, der Sommer, von einer kälteren Jahreszeit, dem Winter, zu unterscheiden.

1. Versuche, die fünf Schritte der Erwärmung der Lufthülle durch einfache Schaubilder darzustellen.
2. Erkläre anhand Abb. 48.1 die Unterschiede bei der Erwärmung von Wasser und Land. Benutze auch die Wendung „Das Meer schluckt Sonnenstrahlen" und den Begriff „Wärmespeicher".
3. Erläutere das Klimaprofil durch die gemäßigte Zone von Shannon bis Samara. Beachte die Temperatur- und Niederschlagsstufen sowie die Monatsmittel der Temperatur.

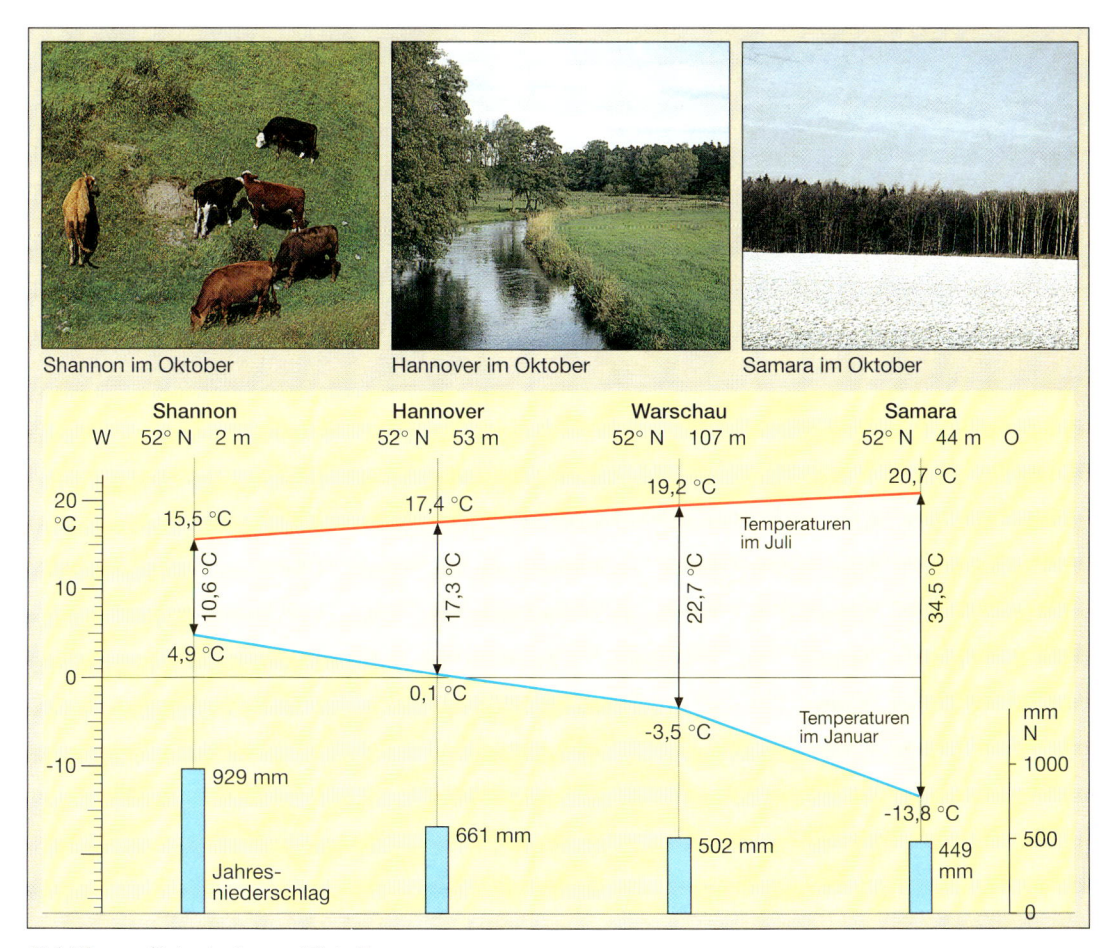

Shannon im Oktober — Hannover im Oktober — Samara im Oktober

49.1 Klimaprofil durch die gemäßigte Zone

Luftdruck und Wind

Luft hat ein Gewicht

Die Lufthülle der Erde (Atmosphäre, griech. *atmos* = Dunst, *sphaira* = Kugel) besteht aus einem Gemisch von Stickstoff, Sauerstoff, Kohlendioxid und anderen Gasen. Sie bilden eine unvorstellbar große Zahl von Teilchen. Diese Luftteilchen können wir zwar nicht sehen, aber man kann sie bei Wind auf der Haut spüren, denn jedes Teilchen hat eine Masse und damit auch ein Gewicht.

Infolge der Erdanziehung üben die Luftteilchen eine Gewichtskraft aus und drücken auf die Erdoberfläche. So entsteht der Luftdruck.

An der Erdoberfläche ist der Luftdruck am höchsten, weil hier die Gewichtskraft aller darüberliegenden Luftteilchen wirkt. In größerer Höhe drücken weniger Luftteilchen. Deshalb nimmt der Luftdruck mit zunehmender Höhe ab.

Luftdruck messen und darstellen

Der Luftdruck wird mit dem Barometer gemessen. Die Maßzahl für den Luftdruck ist das Hektopascal (hPa). In Meereshöhe entspricht der mittlere Luftdruck dem Druck einer 1013 cm hohen Wassersäule. Er wird als Normaldruck mit 1013 hPa angegeben. Für den tatsächlichen Luftdruck ist neben der Höhenlage die Wetterlage ausschlaggebend.

Auf der Wetterkarte werden alle Orte gleichen Luftdrucks durch Verbindungslinien, die Isobaren (griech. *isos* = gleich groß, *baros* = Gewicht), gekennzeichnet. Die Ab- oder Zunahme des Luftdrucks zwischen zwei Orten bezeichnet man als Druckgefälle. Wo die Isobaren dicht beieinander liegen, ist das Druckgefälle groß, bei großen Abständen zwischen den Isobaren ist das Druckgefälle gering.

Horizontale und vertikale Luftbewegungen

Die Lufttemperatur verändert sich mit der Erwärmung und der Abkühlung der Erdoberfläche. Wird die bodennahe Luft bei Sonneneinstrahlung erwärmt, so dehnen sich die Luftteilchen aus. Die Luft wird leichter und steigt auf. In der Höhe fließen die Luftteilchen nach den Seiten ab. Weniger Luftteilchen bedeuten geringere Gewichtskraft, es herrscht Tiefdruck. Strömt in der Höhe Luft zu, so nimmt die Zahl der Luftteilchen zu und damit die Gewichtskraft an der Erdoberfläche. Es entsteht ein hoher Luftdruck.

Die Unterschiede im Luftdruck verursachen auch an der Erdoberfläche Winde. Aus dem Hochdruckgebiet strömen Luftteilchen zum Gebiet mit tiefem Luftdruck. Je größer das Druckgefälle ist, desto kräftiger weht der Wind. Die Windstärke wird in Meter je Sekunde oder Kilometer je Stunde angegeben. Der Wind wird nach der Himmelsrichtung benannt, aus der er weht.

1. Führe einen Versuch aus. Fertige ein Protokoll deiner Beobachtungen an, und erläutere den Vorgang: Entfalte ein Zeitungsblatt auf einem Tisch, schiebe eine Holzleiste (etwa 500 x 50 x 5 mm) bis zur Hälfte darunter. Schlage mit der Handkante auf das überstehende Ende.
2. Erläutere mit Hilfe von Abb. 51.1 die Entstehung von Luftdruck. Verwende die Bezeichnungen Massenabnahme, Massenzunahme, Verminderung und Erhöhung der Gewichtskraft, Tiefdruck, Hochdruck.
3. Erkläre die Entstehung von Wind. Verwende die Bezeichnungen Druckgefälle, Windstärke und Windrichtung.
4. Bestimme Windrichtungen und Windgeschwindigkeiten auf der Wetterkarte (Abb. 51.2).

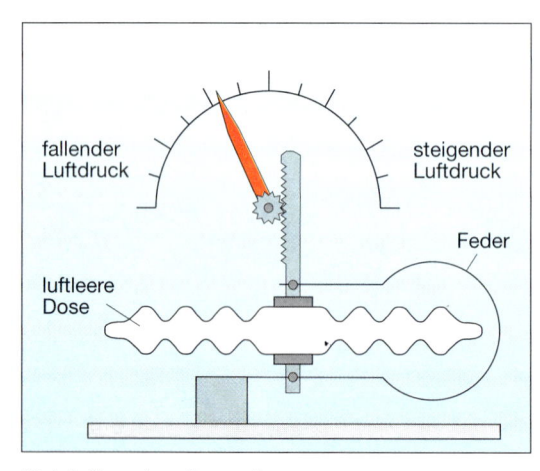

50.1 Aufbau eines Barometers

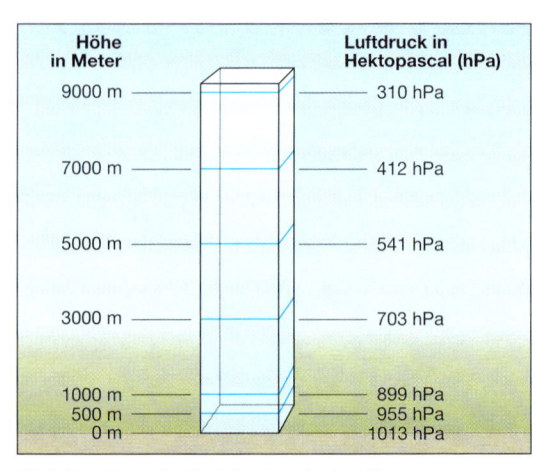

50.2 Abnahme des Luftdrucks mit der Höhe

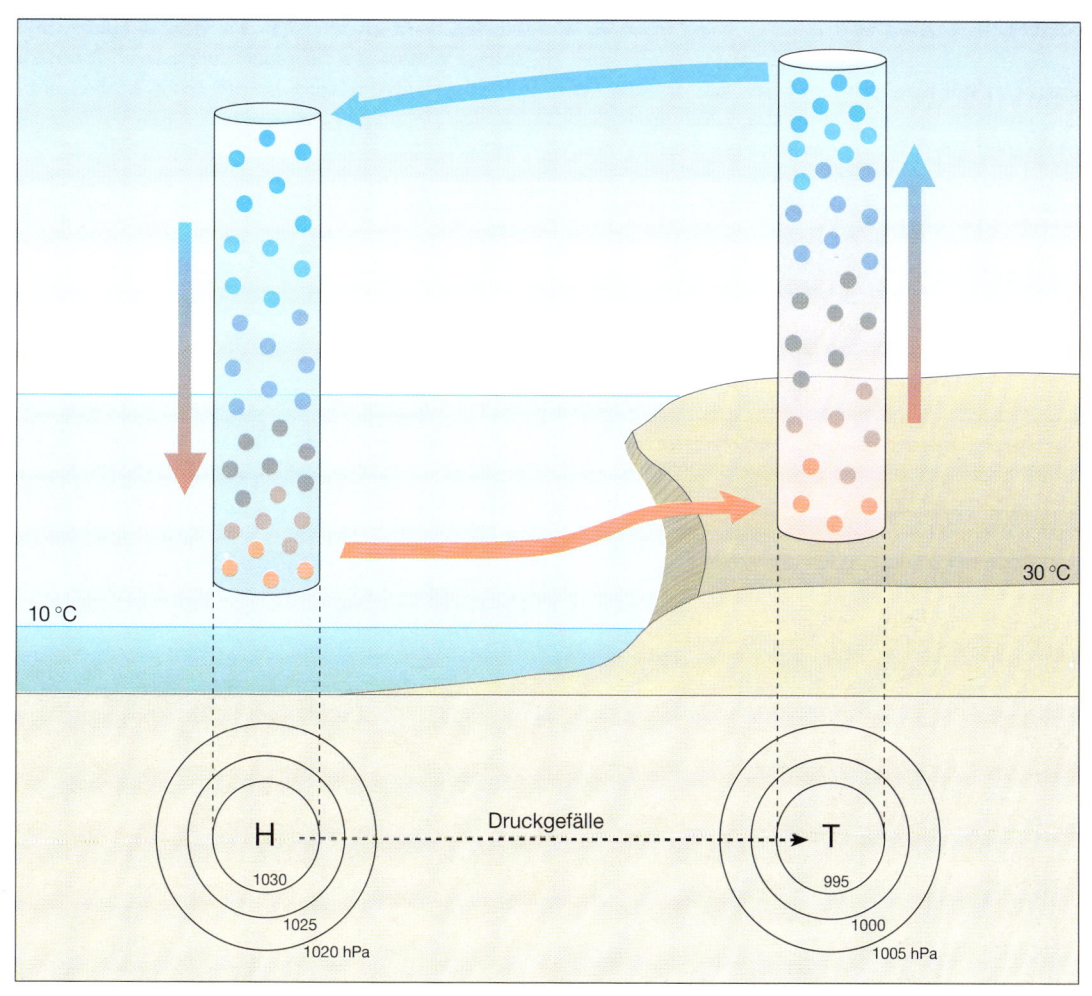

51.1 Hochdruck und Tiefdruck

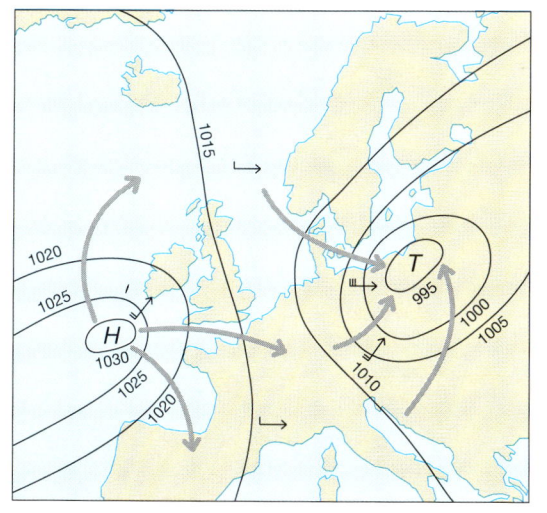

51.2 Darstellung des Luftdrucks in der Wetterkarte

Wind-stärke	Zeichen	Bedeutung	Wir beobachten
0		Windstille	Rauch steigt gerade empor
2	↱	leichter Wind Südwind	eben fühlbar, bewegt Blätter
4	←	mäßiger Wind Ostwind	bewegt Zweige, hebt Papier hoch
6	↙	starker Wind Südwestwind	heult, bewegt Äste und dünne Bäume
8	↙	Sturm Nordwestwind	bewegt starke Bäume, bricht Äste

Wetterlagen

Liegt Luft bei Windstille mehrere Tage über einem Gebiet, so gleicht sie sich der Temperatur der Erdoberfläche an und nimmt Feuchtigkeit auf, die dort verdunstet. So entstehen Luftmassen mit verhältnismäßig einheitlichen Eigenschaften. Sie unterscheiden sich von anderen hinsichtlich Temperatur, Feuchtigkeitsgehalt, Luftdruck und Bewölkung.

Die Meteorologen unterscheiden für Mitteleuropa 30 Wetterlagen. Vier von ihnen bestimmen die Hälfte unseres Wetters. Nach dem Herkunftsgebiet, das vor allem für die Temperatur ausschlaggebend ist, unterscheidet man Polarluft von Tropikluft. Dem Feuchtigkeitsgehalt entsprechend grenzt man Meeresluft (maritime Luft) von Festlandsluft (kontinentale Luft) ab. Daraus ergeben sich, grob gegliedert, vier Luftmassen: maritime Polarluft, maritime Tropikluft, kontinentale Polarluft und kontinentale Tropikluft.

Wetterlagen ergeben sich aus der Verteilung von Druckgebieten. Sie bewegen Luftmassen über Mitteleuropa hinweg. Das geschieht nicht regellos, sondern in Abhängigkeit von der jeweiligen Wetterlage. Dementsprechend ändert sich unser Wetter.

1. Betrachte die Darstellungen in Abb. 52.1. Beschreibe a) den Inhalt des Begriffs Luftmasse, b) die Entstehung der vier Luftmassen.

2. Erkläre nach Abb. 53.1 häufige Wetterlagen in Mitteleuropa.
  a) Bestimme die Lage des wetterbestimmenden Druckgebiets.
  b) Ordne den Wetterlagen die richtigen Bezeichnungen zu: Ost- bis Südostlagen, Südwest- bis Westlagen, Nordwest- bis Nordlagen, Nordost- bis Ostlagen.
  c) Welches Wetter bringen uns die Wetterlagen? Benutze auch Abb. 53.2.

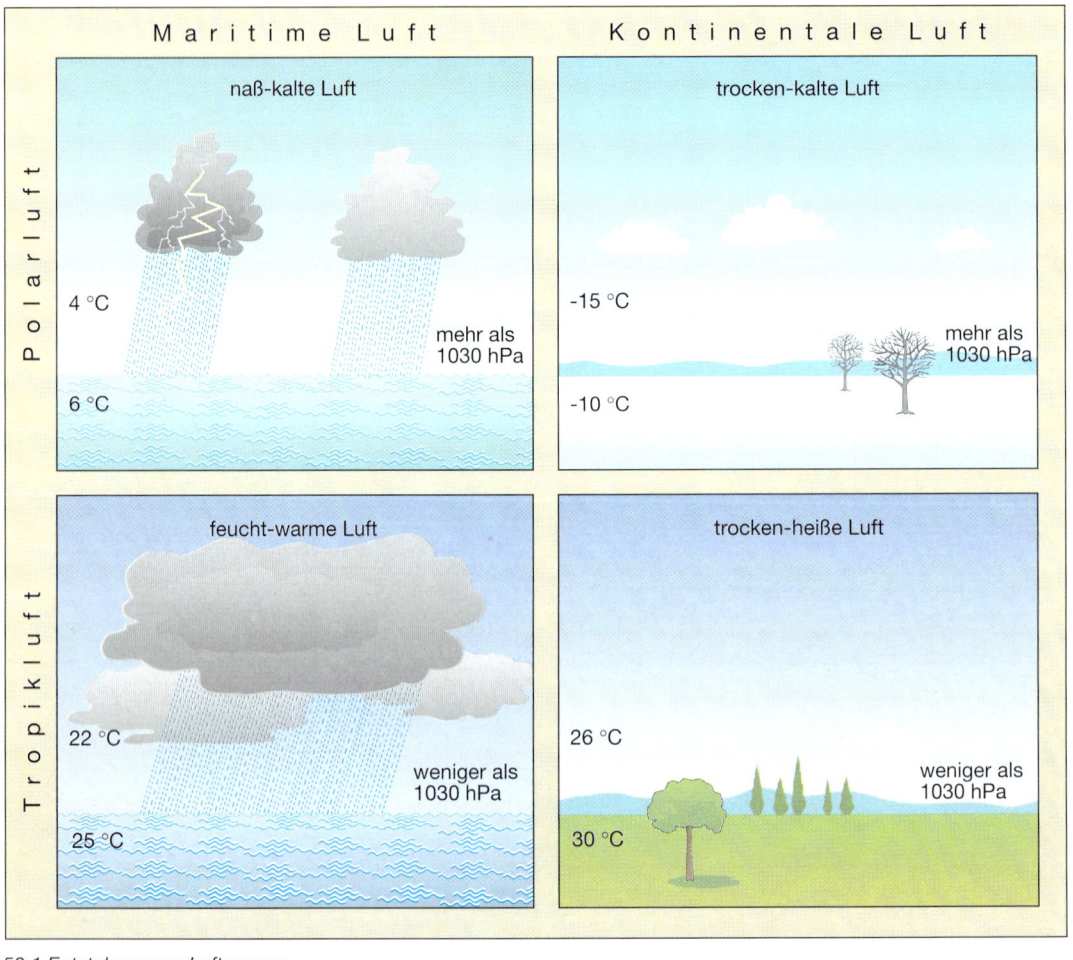

52.1 Entstehung von Luftmassen

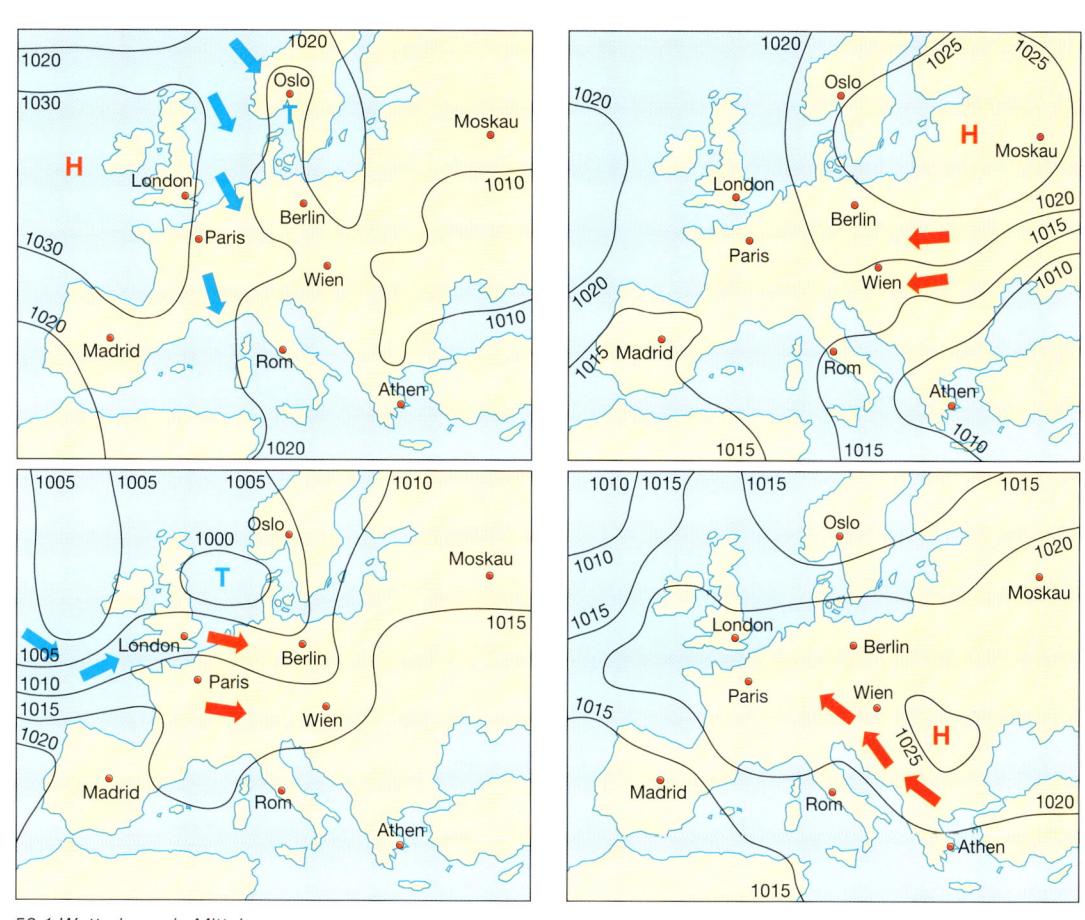

53.1 Wetterlagen in Mitteleuropa

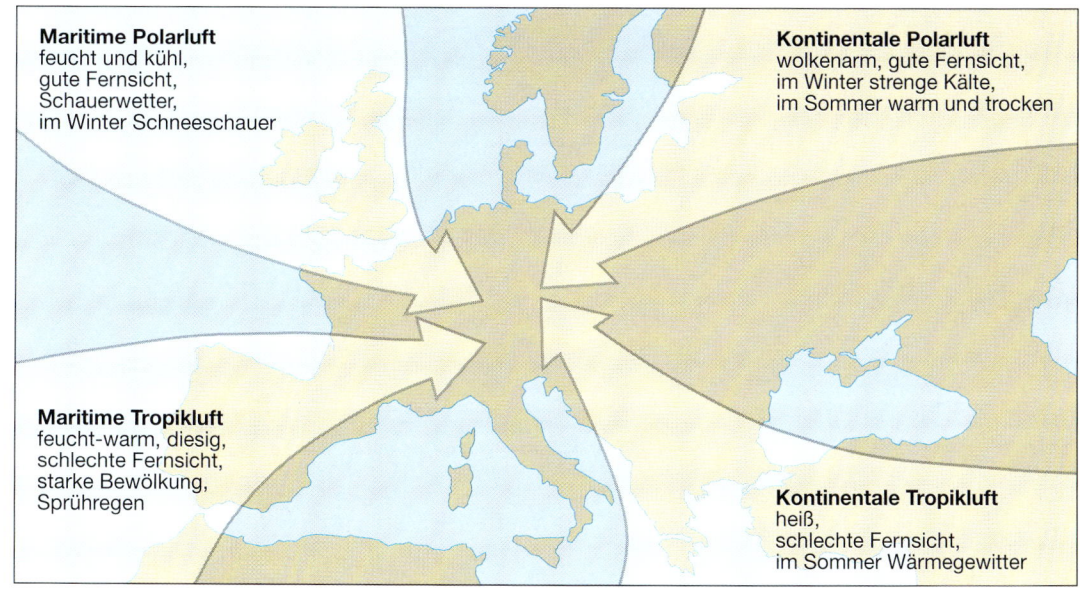

Maritime Polarluft
feucht und kühl,
gute Fernsicht,
Schauerwetter,
im Winter Schneeschauer

Kontinentale Polarluft
wolkenarm, gute Fernsicht,
im Winter strenge Kälte,
im Sommer warm und trocken

Maritime Tropikluft
feucht-warm, diesig,
schlechte Fernsicht,
starke Bewölkung,
Sprühregen

Kontinentale Tropikluft
heiß,
schlechte Fernsicht,
im Sommer Wärmegewitter

53.2 Luftmassen in Mitteleuropa

Wiederkehrende Wetterlagen

Witterung

Den Wetterablauf mehrerer Tage, eines Monats oder eines noch längeren Zeitraums bezeichnet man als **Witterung**. Die Witterung eines Monats an einem bestimmten Ort wird sich kaum jemals in allen Einzelheiten wiederholen. Mit großer Regelmäßigkeit treten aber zu bestimmten Zeiten typische Witterungsabläufe auf. Sie werden *Witterungsregelfälle* genannt.

1. Unterscheide Wetter, Witterung und Klima. Verwende Formulierungen wie „augenblickliches Zusammenspiel der Wetterelemente", „Wetterablauf über einen längeren Zeitraum", „durchschnittlicher Zustand der Wetterelemente".
2. Erläutere mit Hilfe der Tabelle Witterungsregelfälle anhand der Luftmassen, die das Wetter in Mitteleuropa bestimmen.
3. Sammle Wetterregeln, und versuche, sie Witterungsregelfällen zuzuordnen.

Altweibersommer: Der Altweibersommer ist einer der schönsten Witterungsabschnitte in Mitteleuropa. Der Name kommt von den vielen Spinnfäden, die während dieser Zeit durch die Luft schweben. Früher glaubte man, daß Elfen, Zwerge oder Frau Holle die Fäden spännen.

Weihnachtstauwetter: Eine weiße Weihnacht ist im Tiefland ein seltenes Ereignis. Von 1901 bis 1970 sind in Höhenlagen unter 500 Meter die Hälfte aller Weihnachtsfeiertage ohne Schnee geblieben. Unterhalb von 200 Metern blieb Schnee noch seltener liegen.

Häufig wiederkehrende Witterungsabläufe (Witterungsregelfälle) in Mitteleuropa

Jahreszeit	Regelfall	Wetterlage	Luftmasse	Wettergeschehen
November	Spätherbst Vorwinter	Nordost- bis Ostlagen	kontinentale Polarluft	Abkühlung in Bodennähe, dichte Nebelfelder, Bodenfrost, erster Schneefall
Anfang Dezember	Tauwetter	Südwest- bis Westlagen	maritime Tropikluft	wechselhaftes Westwetter, mild, Regenwetter und sonnige Abschnitte
Mitte Dezember	Frühwinter	Nordost- bis Ostlagen	kontinentale Polarluft	trocken und kalt, Schnee in den Gebirgen
Ende Dezember	Weihnachtstauwetter	Südwest- bis Westlagen	maritime Tropikluft	wechselhaftes Westwetter, mild, Regenwetter und sonnige Abschnitte
Januar/ Februar	Hochwinter Nachwinter	Nordost- bis Ostlagen	kontinentale Polarluft	kalt, im Tiefland Ende Februar größte Wahrscheinlichkeit einer Schneedecke
März/ April	Aprilwetter	Nordwest- bis Nordlagen	maritime Polarluft	sprunghaft wechselndes Wetter, Regen-, Graupel-, Schneeschauer, Gewitter, sonnige Abschnitte
Mai/ Juni	Spätfrühling Frühsommer	Nordost- bis Südostlagen	kontinentale Polar- und Tropikluft	sommerlicher Schönwetterabschnitt mit ersten Wärmegewittern
Anfang Mai	Eisheilige	Nordwest- bis Nordlagen	maritime Polarluft	Kaltlufteinbruch mit Nachtfrösten bei wolkenlosem Himmel
Juni	Schafskälte	Nordwest- bis Nordlagen	maritime Polarluft	Kaltlufteinbruch
Juli/ August	Hochsommer	Südwest- bis Westlagen	maritime Tropikluft	warm bis mäßig warm, Wechsel von Schönwetterabschnitten und Regenwetter mit Gewittern
August/ September	Altweibersommer	Ost- bis Südostlagen	maritime Tropikluft	anfangs heiß und gewittrig (Hundstage), später ruhiges, sonniges Wetter mit Frühnebel
		Nordost- bis Ostlagen	kontinetale Polarluft	ruhiges sonniges Wetter mit Frühnebel und ersten Nachtfrösten
Oktober	Mittherbst	Südwest- bis Westlagen	maritime Tropikluft	wechselhaftes Wetter, mild, Regenwetter und sonnige Abschnitte

Wetterkarte und Wetterbericht

Da sich das Wetter in einer Gegend häufig ändert, sind Wettervorhersagen für viele Zweige der Wirtschaft und im privaten Leben nützlich. Der tägliche Wetterbericht und die dazugehörenden Wetterkarten sind das Ergebnis der Zusammenarbeit von Meteorologen (Wetterkundlern) in vielen Ländern.

Wetterfronten

Die Grenzflächen von Luftmassen verschiedener Eigenschaften werden Fronten genannt. Rückt die Kaltluft gegen die warme Luftmasse vor, so heißt die Grenzfläche Kaltfront. Die schwere Kaltluft bildet eine steil aufgerichtete Front.

Kommt Warmluft an eine kalte Luftmasse heran, so spricht man von Warmfront. Die leichte Warmluft gleitet flach an der Kaltluft auf. An den Fronten kommt es zur Wolkenbildung und zu Niederschlägen.

1. Welches Wetter herrscht nach Abb. 55.1 über Island, welches über Norditalien?
2. Um wieviel Kilometer hat sich der Kern des Tiefdruckgebietes in Abb. 55.1 nach 24 Stunden verlagert? Schätze ab, wie sich der Luftdruck in deinem Heimatort verändert hat.
3. Fertigt eine Wandzeitung zum Thema „Die Arbeit der Meteorologen und ihr Arbeitsplatz" an.

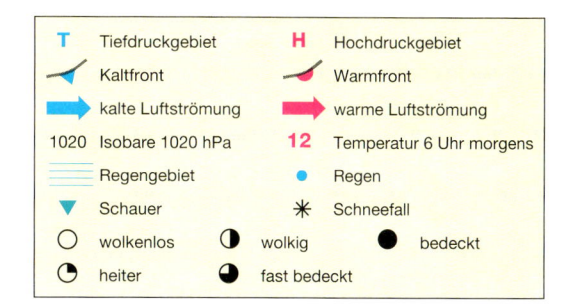

T	Tiefdruckgebiet	H	Hochdruckgebiet
	Kaltfront		Warmfront
	kalte Luftströmung		warme Luftströmung
1020	Isobare 1020 hPa	12	Temperatur 6 Uhr morgens
	Regengebiet		Regen
	Schauer		Schneefall
	wolkenlos		wolkig		bedeckt
	heiter		fast bedeckt

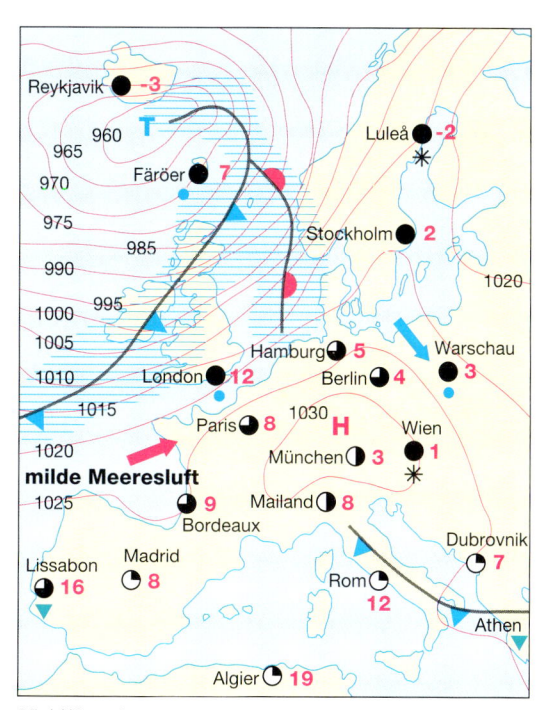

55.1 Wetterkarte vom 17. 12. 1994 (Sonnabend)

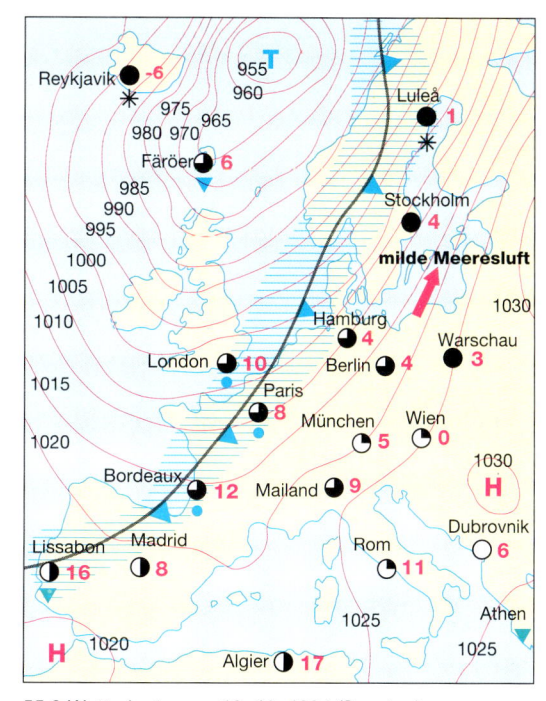

55.2 Wetterkarte vom 18. 12. 1994 (Sonntag)

Über West- und Mitteleuropa ziehen atlantische Tiefausläufer. Auf ihrer Südseite fließt meist mäßig warme Atlantikluft nach Deutschland, während sie an ihrer Nordflanke winterliche Meeresluft polaren Ursprungs nach Süden führen. Der Niederschlag wird meist als Schnee fallen. Nur im Rheintal und im Norddeutschen Tiefland kommt es bei Tageswerten von nur wenig über 0 Grad zu Regen oder Schneeregen, wobei bei dem überall auftretenden Nachtfrost mit allgemeiner Glättegefahr zu rechnen ist. Die einfließende Meeresluft kommt am Sonntag unter Hochdruckeinfluß.

Vorhersage bis Sonntag für Norddeutschland: Heiter bis wolkig und trocken. Am Sonntag stark bewölkt und von Westen Regen. Höchstwerte 4 bis 7, nachts um 0 Grad. Auflebender Südwestwind.

Arbeiten mit Karte und Atlas

Erster Arbeitsschritt:
Einlesen in die Karte

1. ⇒ *Thema. Worüber sagt die Karte etwas aus? Worum geht es?* Häufig gibt die Überschrift schon Hinweise.
2. ⇒ *Raum und Zeit. Welcher Raum ist dargestellt? Welcher Zeitpunkt bzw. welche Zeitspanne wird erfaßt?* Bei der Einordnung hilft oft die Gradnetzangabe, sonst im Atlasregister nachschlagen, auf einer topographischen Karte einordnen.
3. ⇒ *Legende. Was ist dargestellt? Welche Informationen gibt die Legende? Wie ist es dargestellt?* Es gibt viele Darstellungsformen wie Flächenfarben, Raster, Diagramme, flächige und dreidimensionale Signaturen.
4. ⇒ *Maßstab. Welchen Maßstab hat die Karte? Ist eine Meßleiste vorhanden?*

Zweiter Arbeitsschritt:
Beschreiben der Karteninhalte

1. ⇒ *Lage. Wo liegt der Raum?* Lage im Gradnetz bestimmen, Ausdehnung nach Himmelsrichtungen und Entfernungen angeben.
2. ⇒ *räumliche Verteilung. Sind auffällige Verteilungen und regelhafte Anordnungen erkennbar? Wo häufen sich Signaturen? Welche Messungen, z. B. Entfernungen, Auszählungen und Berechnungen lassen sich vornehmen?* Verteilung der Signaturen bestimmen, Einzelerscheinungen und Schwerpunkte festlegen; falls erforderlich, auszählen, messen, berechnen (Anzahl, Flächen, Größen, Dichte, Entfernungen).
3. ⇒ *räumliche Entwicklungen und zeitliche Einordnung. Welche Entwicklungen lassen sich aufzeigen?*

Dritter Arbeitsschritt:
Erklären der Karteninhalte

1. ⇒ *Erklärungsansätze aus der Karte. Welche Anhaltspunkte für die Erklärung gibt die Karte selbst?* Welche möglichen Beziehungen bestehen zwischen verschiedenen Inhalten der Karte? Gründe angeben, warum ein Raum sich so entwickelt hat.
2. ⇒ *eigene Kenntnisse. Welche anderen Erklärungen lassen sich heranziehen?* Voraussetzungen und Folgen der Raumentwicklung aufzeigen (durch Naturfaktoren, aus wirtschaftlichen oder anderen Gründen).
3. ⇒ *ergänzende Informationen. Welche Zusatzinformationen sind nötig? Welche Hilfsmittel gibt es?* Andere Karte, Schulbücher, Lexika, Fachbücher.

Landschaftswandel
① Wesseloh 1900

Karte aus Cornelsen Weltatlas, Ausgabe 1995, Seite 30

Beispiel für eine Kartenauswertung:
Landschaftswandel in der Lüneburger Heide

Erster Arbeitsschritt:
Einlesen in die Karte

1. ⇒ *Thema. Worüber sagt die Karte etwas aus? Worum geht es?* Zwei Karten zeigen den Landschaftswandel in der Lüneburger Heide. Gradnetzangaben fehlen. Es sind auch keine Grenzen eingezeichnet.
2. ⇒ *Raum und Zeit. Welcher Raum ist dargestellt? Welcher Zeitpunkt bzw. welche Zeitspanne wird erfaßt?* Karte ① zeigt das Dorf Wesseloh mit der Gemarkungsfläche im Jahr 1900, Karte ② gibt den selben Ausschnitt im Jahr 1990 wieder.
3. ⇒ *Legende. Was ist dargestellt? Welche Informationen gibt die Legende? Wie ist es dargestellt?* Die Landnutzung ist in Flächenfarben angegeben für Heide, Moor, Wald, Ackerland, Grünland (Wiesen und Weiden), Siedlungsfläche und Gärten.
4. ⇒ *Maßstab. Welchen Maßstab hat die Karte? Ist eine Meßleiste vorhanden?* Der Maßstab beträgt 1 : 25 000. Eine Meßleiste ist vorhanden. Auf ihr ist eine Entfernung von 2 cm, d. h. von 2 x 250 m eingetragen.

Zweiter Arbeitsschritt:
Beschreiben der Karteninhalte

1. ⇒ *Lage. Wo liegt der Raum?* Längen- und Breitengrade sind nicht eingetragen, auch keine Grenzen. In der Überschrift steht der Hinweis, daß es sich um einen Ort in der Lüneburger Heide handelt. Im Atlasregister ist Wesseloh als eigenständiger Ort nicht zu finden.

Lüneburger Heide
② Wesseloh 1990

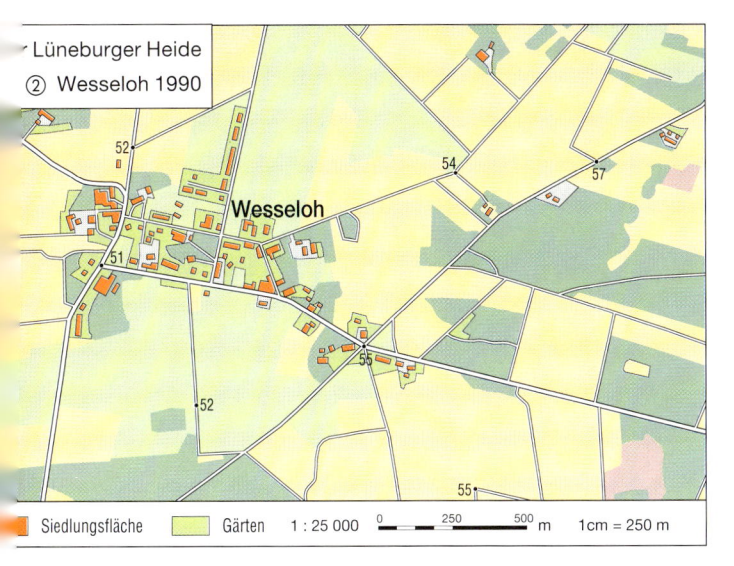

Siedlungsfläche   Gärten   1 : 25 000   0 — 250 — 500 m   1 cm = 250 m

2. ⇒ räumliche Verteilung (Auffälligkeiten). *Sind auffällige Verteilungen und regelhafte Anordnungen des Karteninhalts erkennbar? An welcher Stelle häufen sich bestimmte Signaturen? Welche Messungen, Entfernungen, welche Auszählungen und welche Berechnungen lassen sich vornehmen?* Auffallend ist in Karte ① die Flächenfarbe für „Heide". In Karte ② erscheint die Flächenfarbe für „Heide" fast überhaupt nicht mehr. Dafür nehmen die Flächenfarben für Grünland und für Ackerland sehr viel Raum ein.

3. ⇒ räumliche Entwicklung und zeitliche Einordnung. *Welche Entwicklungen lassen sich aufzeigen?* In Karte ① fällt der hohe Anteil von Heide auf. Im Norden gibt es eine kleine Moorfläche, die einen See umschließt. Im Süden des Ortes erstrecken sich einige Wiesen und Weiden. Ackerland nimmt neben der Heide den größten Raum ein. Einzelne Acker- und Grünlandflächen schieben sich in die Heide vor. Einige Wege erschließen die Heideflächen. Die Häuser von Wesseloh liegen in einem Waldgebiet. Einzelne größere Waldstücke sind im Nordwesten, im Süden und im Osten zu erkennen.

Bei Karte ② fällt auf, daß die Landschaft sich sehr verändert hat. Die Heidegebiete sind nahezu verschwunden. Die Flächen mit Grünland im Norden und im Süden von Wesseloh haben stark zugenommen. Sie bilden jetzt größere zusammenhängende Flächen. Das Moorgebiet und der See wurden in Grünland umgewandelt. Auch die Ackerfläche wurde ausgeweitet. Insgesamt sind größere Flurstücke entstanden. Im Süden und im Osten stehen jetzt Wälder auf ehemaligen Heideflächen. Der Ort selbst ist größer geworden. Zugenommen haben auch die Grünflächen in der Ortschaft. Einige Einzelhöfe sind außerhalb von Wesseloh hinzugekommen. Alte Wege wurden zum Teil begradigt, neue Wege und Straßen angelegt. Sie verbinden die großen Flurstücke mit dem Ort.

4. ⇒ Maßstab. *Welchen Maßstab hat die Karte? Ist eine Meßleiste vorhanden?* Der Kartenausschnitt beträgt 10 x 6,5 cm. Der Maßstab ist 1 : 25 000. 1 cm auf den Karten entsprechen 250 m in der Natur. In der Breite sind 2500 m erfaßt, in der Höhe 1625 m. Die gesamte erfaßte Fläche beträgt rund 4 km².

Dritter Arbeitsschritt: Erläutern der Karteninhalte

1. ⇒ Erklärungsansätze aus der Karte. *Welche Anhaltspunkte für eine Erklärung gibt die Karte selbst?* Der Vergleich beider Karten zeigt die Veränderung der Landschaft innerhalb von 90 Jahren. Die großen Heideflächen um 1900 weisen auf Sandboden hin. Sie lassen vermuten, daß die landwirtschaftliche Nutzung sich auf Schafhaltung (Heidschnucken) beschränkte. Es scheint auch genügend Niederschläge zu geben, wie das Moor und der kleine See auf Karte ① sowie die großen Wiesen und Weideflächen auf Karte ② belegen. Ehemalige Heideflächen wurden aufgeforstet. Auf dem Sandboden wachsen Kiefern besonders gut. Bei den alten Wegen handelt es sich vermutlich noch um Sandwege.

2. ⇒ eigene Kenntnisse. *Welche anderen Erklärungen lassen sich heranziehen?* Der Sandboden wird durch die Niederschläge ausgewaschen. In einer Tiefe von etwa 50 cm bildet sich eine undurchlässige Schicht (Ortstein). Regenwasser kann nicht tiefer versickern, aber auch die Wurzeln der Pflanzen kommen nicht durch diese Schicht hindurch. Mit den Pferdepflügen konnten die Bauern die Schicht nicht aufbrechen. Das gelang erst mit Motorpflügen. Mit dem Einsatz von Mineraldünger verbesserten die Landwirte die Bodenfruchtbarkeit. Die Heidelandschaft wurde zurückgedrängt.

3. ⇒ ergänzende Informationen. *Welche Zusatzinformationen sind nötig? Aus welchen Hilfsmitteln sind sie zu entnehmen?* Wesseloh ist heute ein Gemeindeteil von Schneverdingen im Norden der Wümmeniederung. Rinderhaltung und Schweinemast haben sehr an Bedeutung gewonnen. Heute ist man bemüht, die Restbestände der Heidelandschaft zu erhalten.

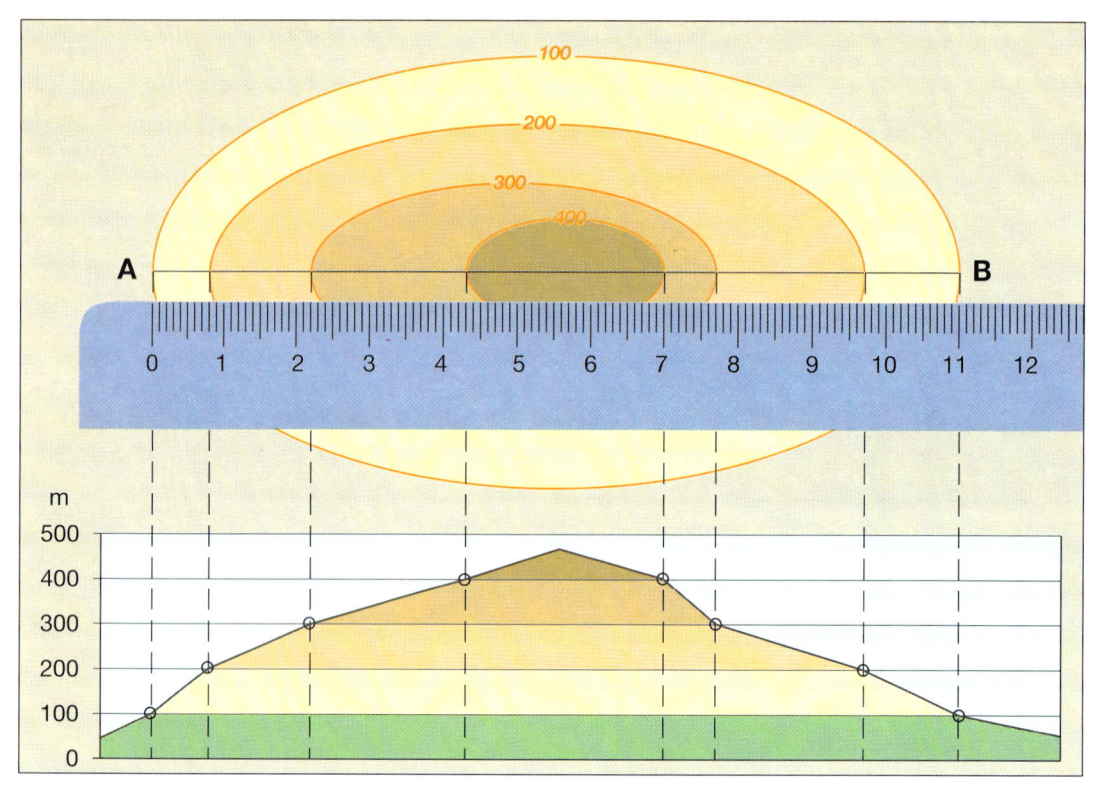

58.1 Höhenlinien und Höhenschichten

Höhenlinien und Höhenschichten

Ein Bergwanderer sieht vor sich ein Schild: Höhe üNN 500 m. Er steht jetzt 500 Meter über dem Meeresspiegel. NN bedeutet Normalnull und bezeichnet den mittleren Wasserspiegel des Meeres.

Karten sind eben. Deshalb lassen sich die Oberflächenformen und die Höhen nicht direkt auf der Karte darstellen. Die Kartographen verbinden deshalb alle Punkte in gleicher Höhe über dem Meeresspiegel mit einer Linie. Sie fangen zum Beispiel mit 10 m üNN an. So erhalten sie eine **Höhenlinie.** Dann fahren sie mit allen Punkten fort, die 20 m üNN liegen. Als nächstes zeichnen sie die 30-m-Höhenlinie ein. Je enger die Höhenlinien beieinander liegen, desto steiler ist das Gelände. Die Flächen zwischen den Höhenlinien können eingefärbt werden. Das Tiefland hat meist eine grüne Farbe, und Gebirge sind in Brauntönen dargestellt. Je höher ein Gebirge ist, desto dunkler wird die Farbe. Die Fläche zwischen zwei Höhenlinien ist die **Höhenschicht.**

Eine Karte mit Höhenlinien und Höhenschichten zeigt uns einen Erdausschnitt aus der Vogelperspektive. Betrachten wir einen Berg von der Seite, so erkennen wir den Querschnitt oder das Profil.

Anleitung zum Zeichnen eines Höhenprofils

1. Lege Millimeterpapier, Bleistift und Lineal bereit.
2. Zeichne unten auf dem Blatt eine waagerechte Linie. Das ist die Rechtsachse (x-Achse).
3. Zeichne links die Hochachse (y-Achse) in einer Höhe von 5 cm. Beschrifte sie mit m (Meter).
4. Markiere die Abstände auf der y-Achse im Abstand von 1 cm und ziehe Parallelen zur x-Achse.
5. Trage auf der y-Achse die Höhenangaben ein. Beginne mit dem Schnittpunkt von x-Achse und y-Achse mit 0, dann weiter mit 100, 200 bis 500.
6. Fälle ein Lot (gestrichelt) von A auf die x-Achse.
7. Miß auf der Karte mit Höhenlinien die Strecke von A bis zur nächsten Höhenlinie ab.
8. Übertrage die Strecke auf die x-Achse.
9. Fahre fort mit dem Abstand zwischen den nächsten Höhenlinien, bis du nach B kommst.
10. Vergiß nicht, jeweils das Lot von der A–B-Linie auf die x-Achse zu fällen.
11. Orientiere dich nun an der y-Achse. Markiere die Schnittpunkte der gestrichelten Linien mit den entsprechenden Höhenstufen mit einem Kreis.
12. Verbinde die Kreise mit Linien.
13. Male die Höhenstufen farbig aus. Das Höhenprofil ist nun fertig.

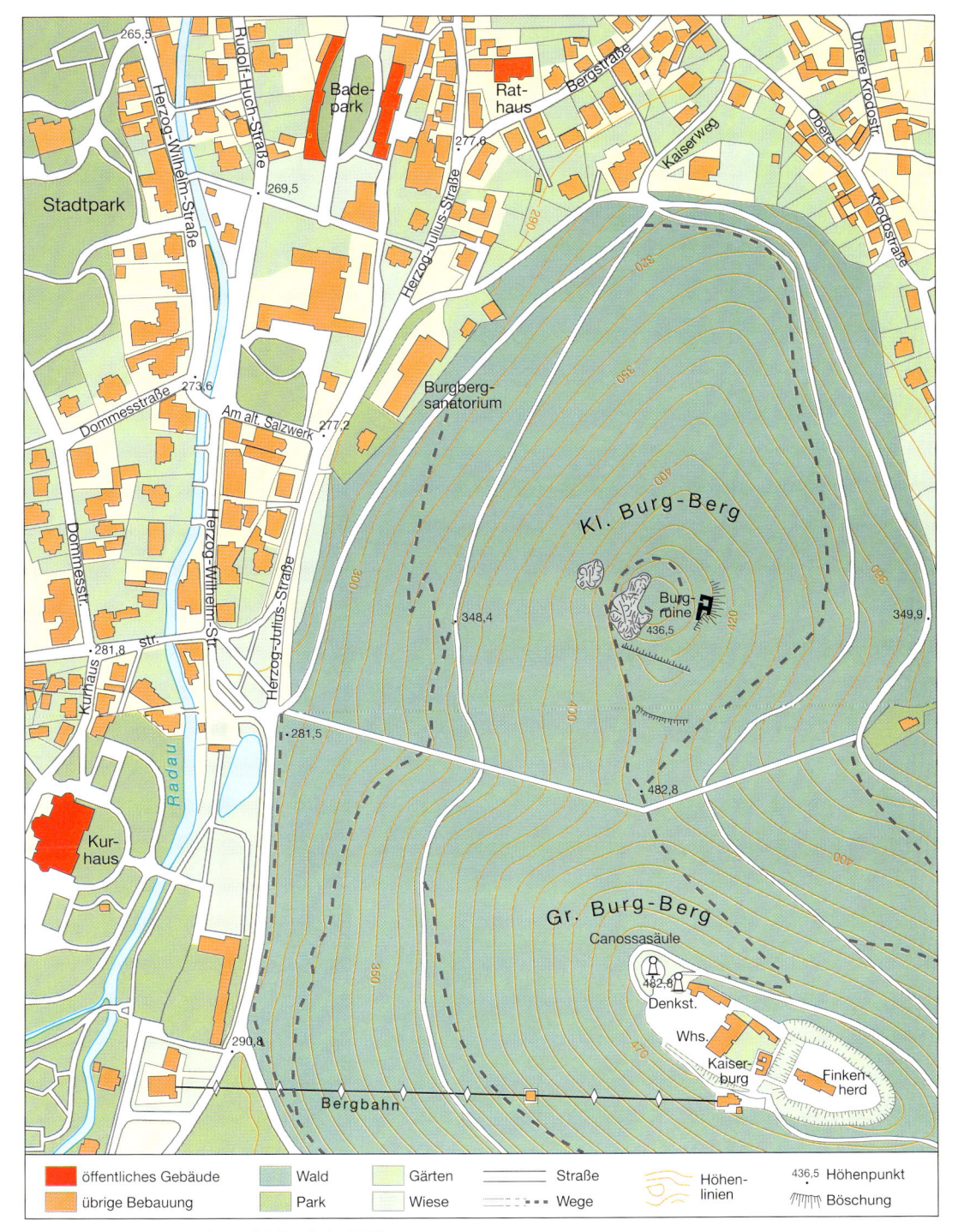

59.1 Karte von Bad Harzburg, Maßstab 1 : 5000

1. Du bereitest den nächsten Wandertag vor. Ausgangspunkt ist das Kurhaus, Endpunkt der Gipfel. Die Klasse wird sich in Gruppen teilen. Gruppe A liebt steile Wege, Gruppe B wandert lieber nicht so anstrengend. Suche für jede Gruppe den richtigen Weg aus.

Übersichtskarte von Niedersachsen
Maßstab 1 : 1,5 Millionen

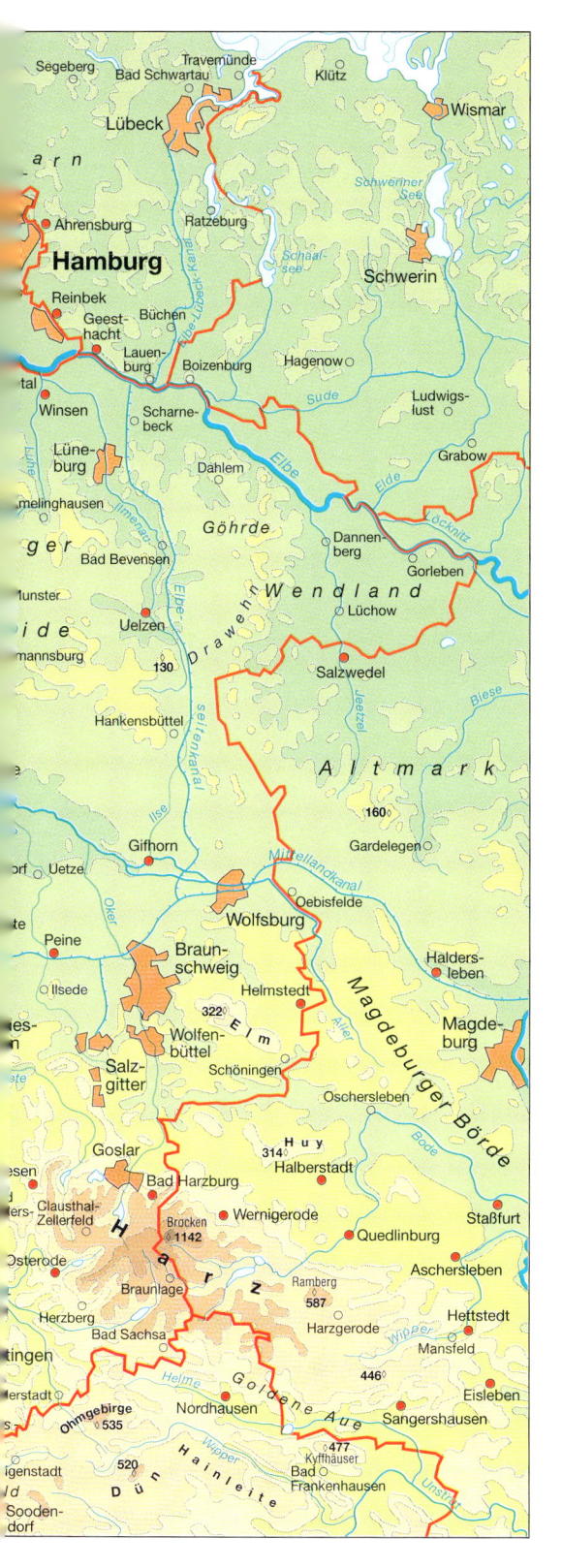

Höhenstufen erfahren

Mit den Fahrrad von Cuxhaven in den Harz

Wir wollen eine Klassenfahrt machen. Zuerst besorgen wir uns Radwanderkarten. Unsere Lehrerin meint, wir werden nur bis Goslar mit dem Rad fahren. Das dauert ein paar Tage und ist schon anstrengend genug. Goslar liegt 300 m hoch. Hier in der Harzrandstadt wollen wir in der Jugendherberge übernachten. Dann geht es mit dem Bus weiter. Wir fahren über Oker nach Süden in dem engen Okertal bis nach Altenau. Wenn das Wetter schön ist, wollen wir etwas wandern. Unser nächstes Ziel ist Torfhaus. Der Fremdenverkehrsort liegt 811 m hoch. Die 320 m Höhenunterschied von Altenau bis Torfhaus würden wir mit dem Fahrrad wohl kaum schaffen. Wir möchten, daß der Busfahrer die Harz-Hochstraße und dann die Harz-Heide-Straße fährt und nicht den direkten Weg nach Torfhaus. Unsere Lehrerin hat uns Dias vom Harz gezeigt. Wir hoffen, daß wir auch so einen schönen Blick von Torfhaus zum Brocken haben werden. Der Gipfel 1142 m hoch. Einige von uns möchten am liebsten dort hinaufwandern, obwohl ab 1000 m Höhe die Fichten immer kleiner werden und auf dem Brockengipfel keine Bäume mehr wachsen. Aber vom Brocken hat man bei schönem Wetter eine herrliche Fernsicht auf den Ober- und den Unterharz sowie in das Harzvorland.

1. Zeichne ein Höhenprofil von Cuxhaven bis Goslar. Die Anleitung dazu steht auf S. 58.
2. Beschreibe das Profil. Denke dabei an die Klassenfahrt mit dem Fahrrad.
3. Überlege, was geschieht, wenn der Meeresspiegel um 50 m steigt. Zeichne eine Skizze von Niedersachsen. Welche Städte blieben übrig?
4. Stelle dir nun vor, der Meeresspiegel würde um 300 m steigen, und du bist im Harz. 14 Städte am Harzrand liegen in einer Höhe. Das Silbenrätsel hilft, diese Harzrandstädte zu finden.

bad–bad–bad–bal–berg–blan–burg–de–de–feld–ge–gels–gers–gos–harz–hau–hau–heim–herz–ken–lan–lar–lau–len–mans–ni–nord–o–ro–ro–sa–sach–san–see–sen–sen–sen–ste–stedt–ter–wer

Gehe entgegengesetzt dem Uhrzeigersinn vor. Schreibe die Städte untereinander und numeriere sie durch. Beginne mit Bad Harzburg. Suche nun ein Wort aus einzelnen Buchstaben der Orte. Die erste Zahl gibt den Ort an, die zweite den Buchstaben.

11. Mansfeld - 1. Buchstabe, 14-5, 5-3, 7-4, 4-2, 13-2, 2-1, 9-9, 12-1, 3-10, 1-2, 10-4, 6-2, Nr. 8 fehlt.

Markus hat beim Abschreiben nicht richtig aufgepaßt. Jetzt fehlen ihm einige Wörter. Hilf ihm, die Wörter aus dem Sinnzusammenhang zu erschließen.

In der gemäßigten Zone

☺ = 1 Buchstabe

1. Die gemäßigte Zone nimmt rund ein Fünftel der gesamten Landfläche der Erde ein. In West-, Mittel- und Osteuropa ist das Klima immerfeucht. Das ganze Jahr hindurch fällt Niederschlag, weil die ☺☺☺☺☺☺☺☺ feuchte Luft vom Atlantik mitbringen.

2. Wenn die feuchte Luft an einem Gebirge aufsteigt und sich abkühlt, kommt es zu ☺☺☺☺☺☺☺☺☺☺☺☺ .

3. Die windabgekehrte Seite liegt im ☺☺☺☺☺☺☺☺☺☺☺ .

4. Im Westen Europas ist es im Sommer nicht so heiß und im Winter nicht so ☺☺☺☺ wie in Osteuropa.

5. Bei dem ☺☺☺☺☺☺☺ wachsen die Gräser auf den Weiden und Wiesen besonders gut. Deshalb ist hier die Rinderhaltung stark verbreitet.

6. In Mittelasien, in der Mitte von Nordamerika und auch im südlichen Südamerika fällt weniger ☺☺☺☺☺☺☺☺☺☺☺ als in der feuchtgemäßigten Zone.

7. Klimaforscher sprechen von ☺☺☺☺☺☺☺☺ .

8. Laub- und ☺☺☺☺☺☺☺☺ kommen nicht vor.

9. Hier ist die Zone für ☺☺☺☺☺☺☺☺. Das ist die Steppenzone.

10. Die Landwirte haben die ☺☺☺☺☺☺ umgepflügt und bauen Getreide an. Wo früher in den USA riesige Büffelherden grasten, halten die Farmer heute Rinder.

11. In der gemäßigten Zone gibt es auch ☺☺☺☺☺☺. Das ganze Jahr hindurch ist es trocken mit heißen Sommern und kalten Wintern. Solche Gebiete kennen wir in Mitteleuropa nicht, wohl aber in Usbekistan und in der Mongolei.

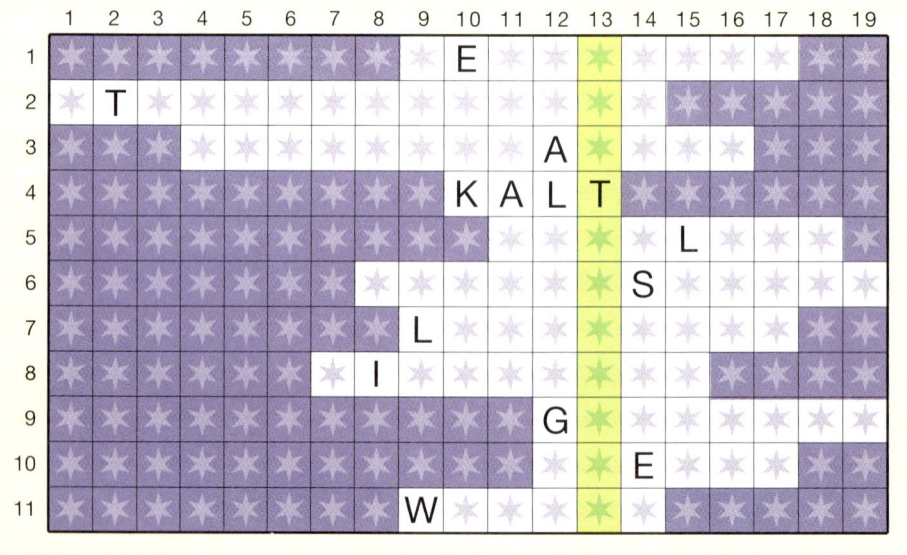

	1	2	3	4	5	6	7	8	9	10	11	12	13	14	15	16	17	18	19
1										E									
2		T																	
3													A						
4										K	A	L	T						
5															L				
6														S					
7										L									
8									I										
9													G						
10													E						
11									W										

Jetzt kannst du mit den Wörtern das Rätsel lösen. Übertrage den Kasten auf Karopapier. In dem hervorgehobenen Feld erhältst du (von oben nach unten gelesen) einen wichtigen Begriff.

Ä
Ü = 1 Buchstabe

Triff die richtige Entscheidung!

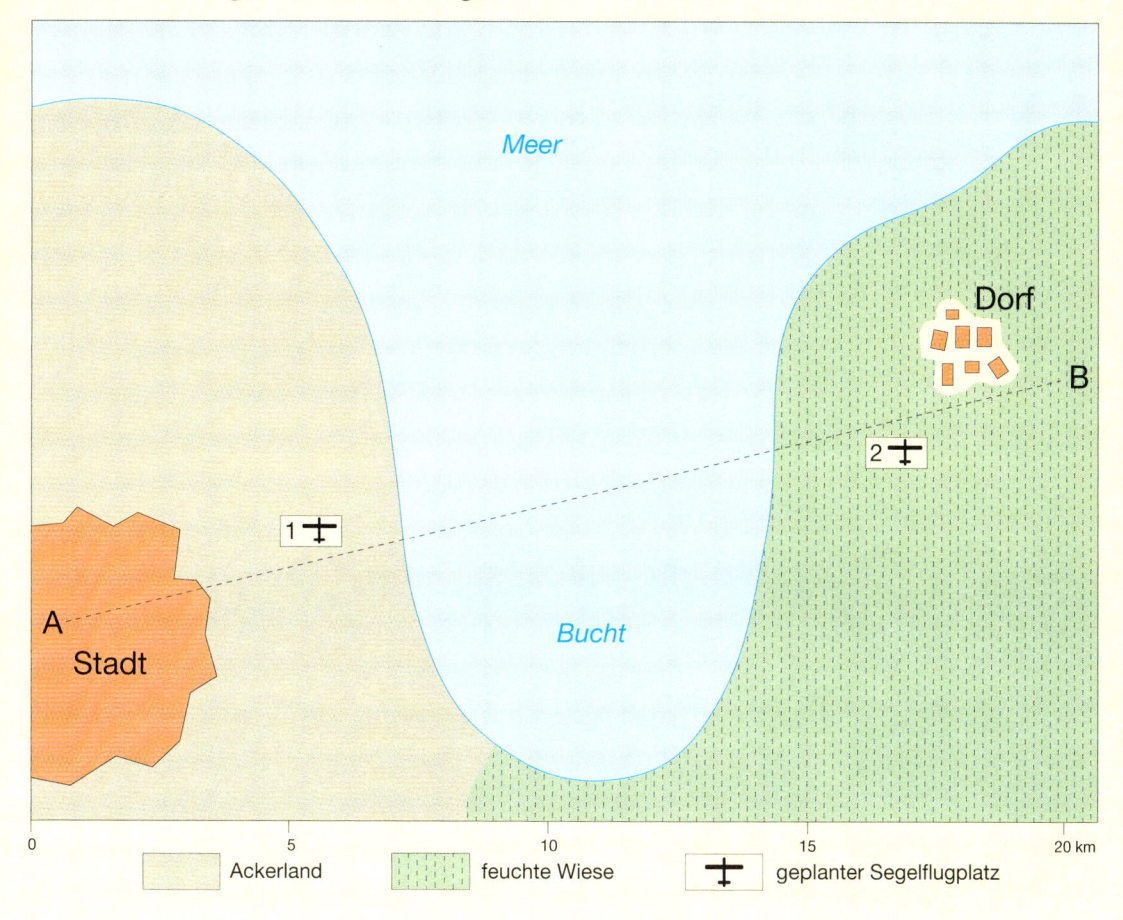

Meer

Dorf

B

2

1

A
Stadt

Bucht

0 5 10 15 20 km

Ackerland | feuchte Wiese | geplanter Segelflugplatz

Ein Segelflugverein möchte einen Sportplatz bauen. Eine Stadt und ein Dorf bieten je eine günstige Fläche an. Du bist Mitglied im Verein und suchst den Platz mit den besten Flugbedingungen.

Lege einen Querschnitt von A nach B und zeichne die Luftbewegungen ein. Es ist mittags, und die Sonne scheint.

Entscheide und begründe deine Wahl für den Standort 1 oder 2. Folgende Begriffe helfen dir dabei: Sonneneinstrahlung, Erwärmung der Oberfläche, aufsteigende Luft, absteigende Luft, Landwind, Seewind, Hoch, Tief.

Ein Versuch:

Fülle ein Glas randvoll mit Wasser. Decke das Glas mit einer Postkarte oder einem Stück Pappe ab. Halte die Pappe fest. Drehe das Glas mit Schwung nach unten. Lasse jetzt die Pappe los.

Was geschieht?
Welche Erklärung findest du dafür?

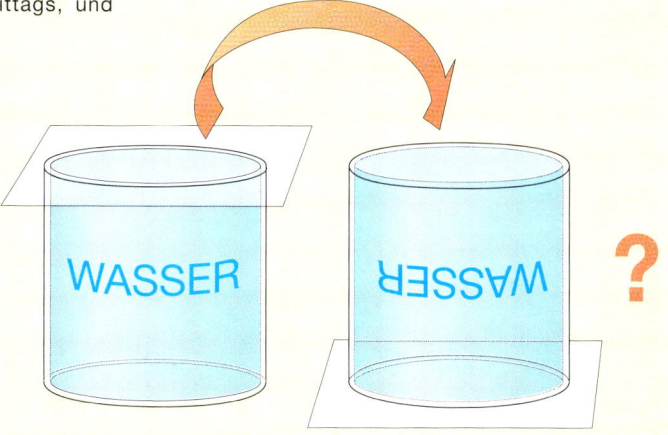

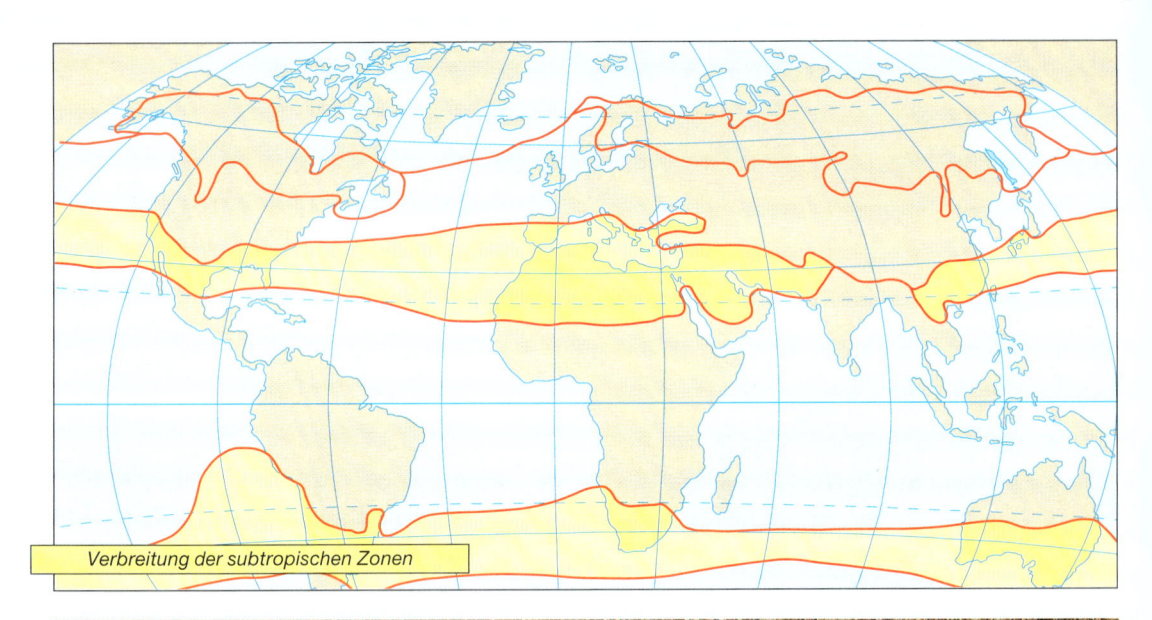

Verbreitung der subtropischen Zonen

Das Zentrum des antiken Roms

In der subtropischen Zone

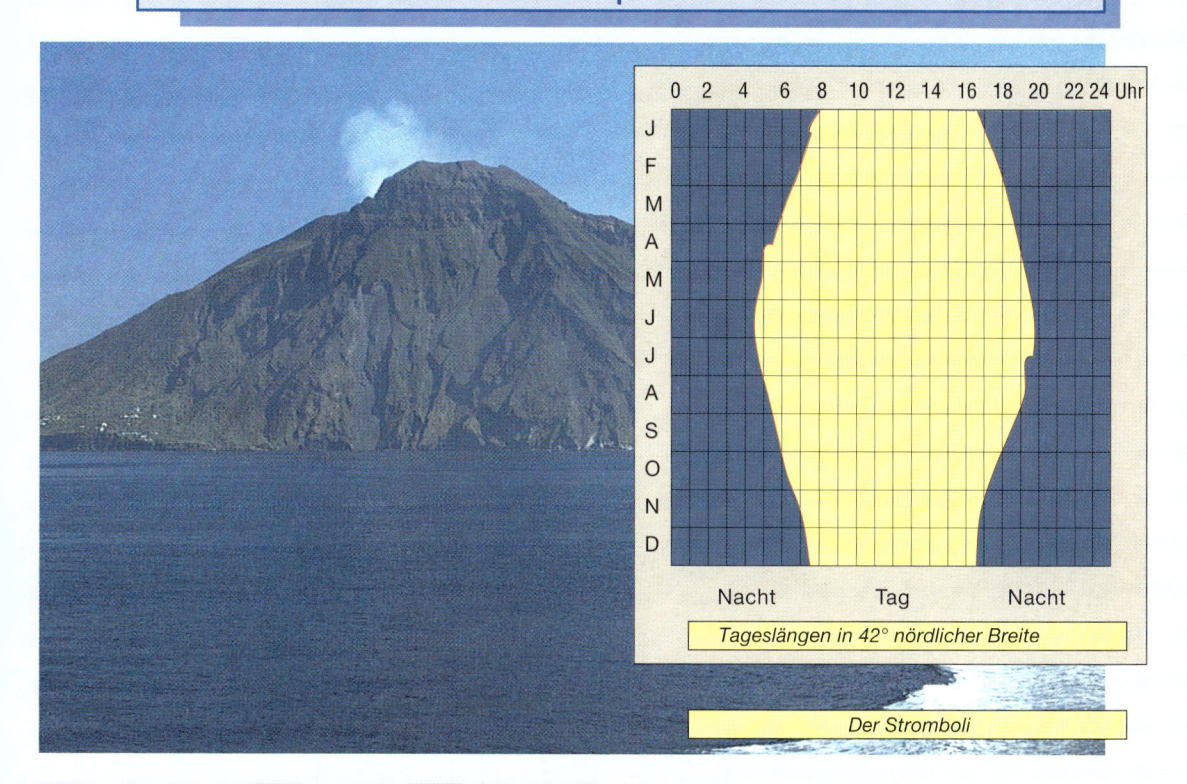

Tageslängen in 42° nördlicher Breite

Der Stromboli

*Tonhügellandschaft der Toskana
Anbau von Mais und Hirse*

Orientierung im Raum

Stadt – Land – Fluß im Mittelmeerraum

Das Mittelmeer trennt und verbindet zugleich drei Kontinente: Europa, Afrika und Asien.

Die Binnenlage zwischen Europa und Afrika mit buchtenreichen und oft stark gegliederten Küsten sowie mit vielen Halbinseln und Inseln machte das Mittelmeer schon vor Jahrtausenden zu einem Raum mit lebhaftem Handel und Verkehr.

Der Landverkehr war damals noch besonders zeitraubend und mühsam. Die Schiffahrt war da besser für den Handel und für das Reisen geeignet. Allerdings waren die Schiffe noch klein, und Instrumente für die Navigation fehlten. Daher segelte man nur bei Tageslicht und in Sichtweite der Küste. Die ersten tüchtigen Seefahrer waren vermutlich die Phönizier, die in Städten an der Küste des heutigen Libanon lebten. Sie gründeten an vielen Küsten Handelsniederlassungen wie später auch die Griechen. Einige Wissenschaftler vermuten, daß die Phönizier vom Roten Meer aus Afrika umrundeten und durch die Straße von Gibraltar und das Mittelmeer in ihre Heimat zurückkehrten.

Das Römische Reich umschloß das gesamte Mittelmeer. Dies erleichterte die Verbreitung der griechisch-römischen Kultur. Gegen Ende des Römischen Reiches breitete sich das Christentum von Palästina aus über Vorderasien (Türkei) und Griechenland über ganz Europa sowie über Ägypten nach Nordafrika und über den Sudan bis nach Äthiopien aus.

Im 7. und 8. Jahrhundert verbreitete sich der Islam zunächst in Arabien, dann über Nordafrika bis

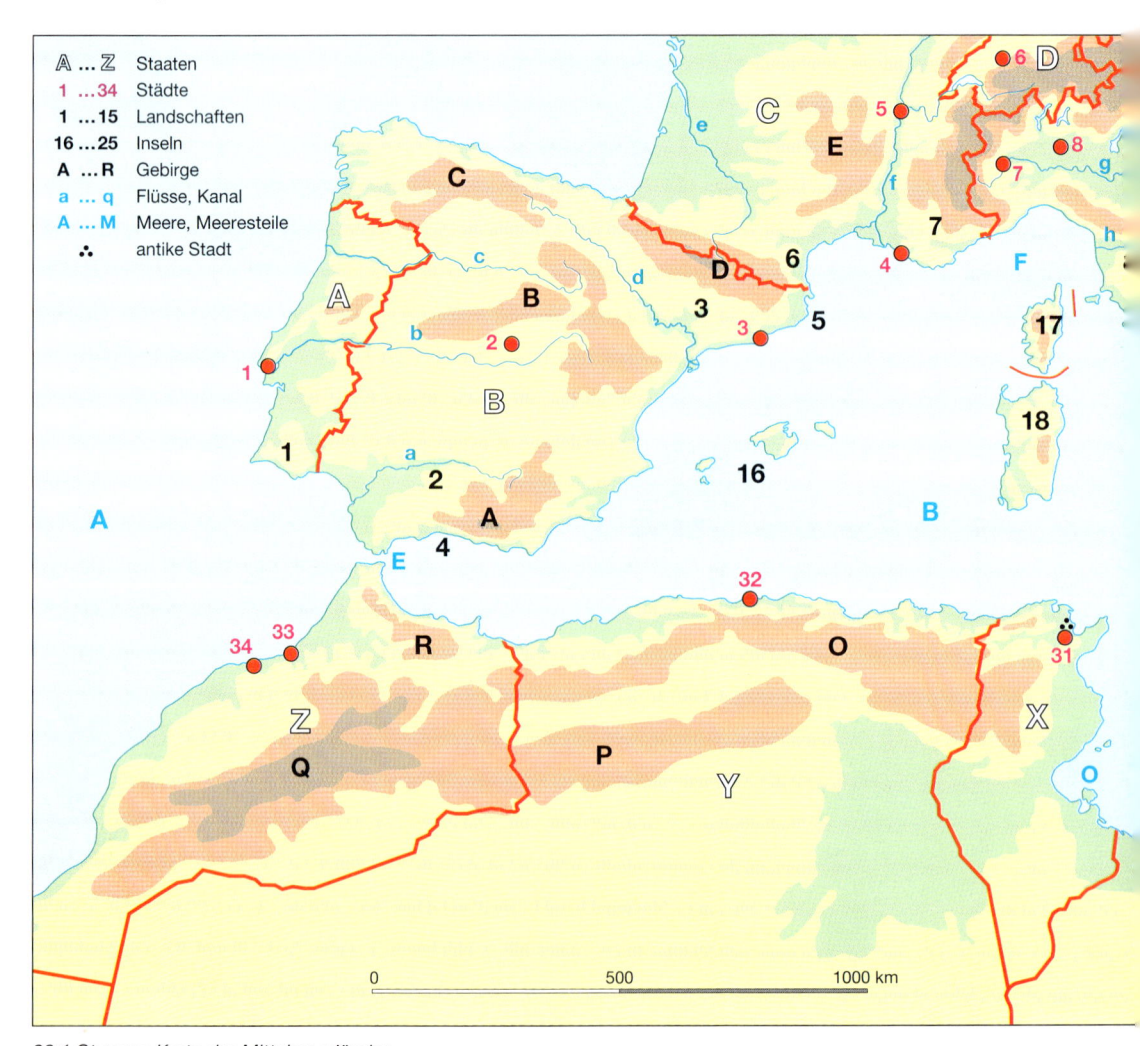

66.1 Stumme Karte der Mittelmeerländer

nach Spanien und über den Vorderen Orient und die heutige Türkei bis auf die Balkanhalbinsel aus.

Im Mittelmeerraum konnten sich viele Kulturen, Religionen, Ideen und Vorstellungen ausbreiten, einander bekämpfen und verdrängen, aber auch ergänzen und beflügeln.

Die Idee der Demokratie stammt aus den griechischen Stadtstaaten der Antike. Das Recht des Römischen Reichs wirkt bis heute fort. Alphabet und Algebra stammen aus dem Arabischen, ebenso unsere Zahlen. Die Terrassen- und Bewässerungsanlagen auf Mallorca und in Südspanien gehen auf maurischen (arabischen) Ursprung zurück.

Das Erbe aus dem Jahrtausende alten Kulturraum rund um das Mittelmeer prägt bis heute das Leben in Europa und in der gesamten modernen Welt.

1. Benenne zwei Meerengen und eine künstliche Wasserstraße, die das Mittelmeer mit anderen Meeren verbinden.
2. Erläutere die besondere Eignung des Mittelmeeres für die einfache Küstenschifffahrt mit kleinen Booten.
3. Besuche einen Wochenmarkt oder Obst- und Gemüseladen. Stelle fest, welche Produkte aus dem Mittelmeerraum stammen. Oft verraten die Schilder zur Preisauszeichnung und die Verpackungen das Herkunftsland.
4. Nenne einige Spezialitäten in unserer Ernährung, die aus Mittelmeerländern stammen bzw. in ausländischen Restaurants oder Spezialitätenläden angeboten werden.
5. Informiere dich in einem Lexikon über die Sieben Weltwunder der Antike.

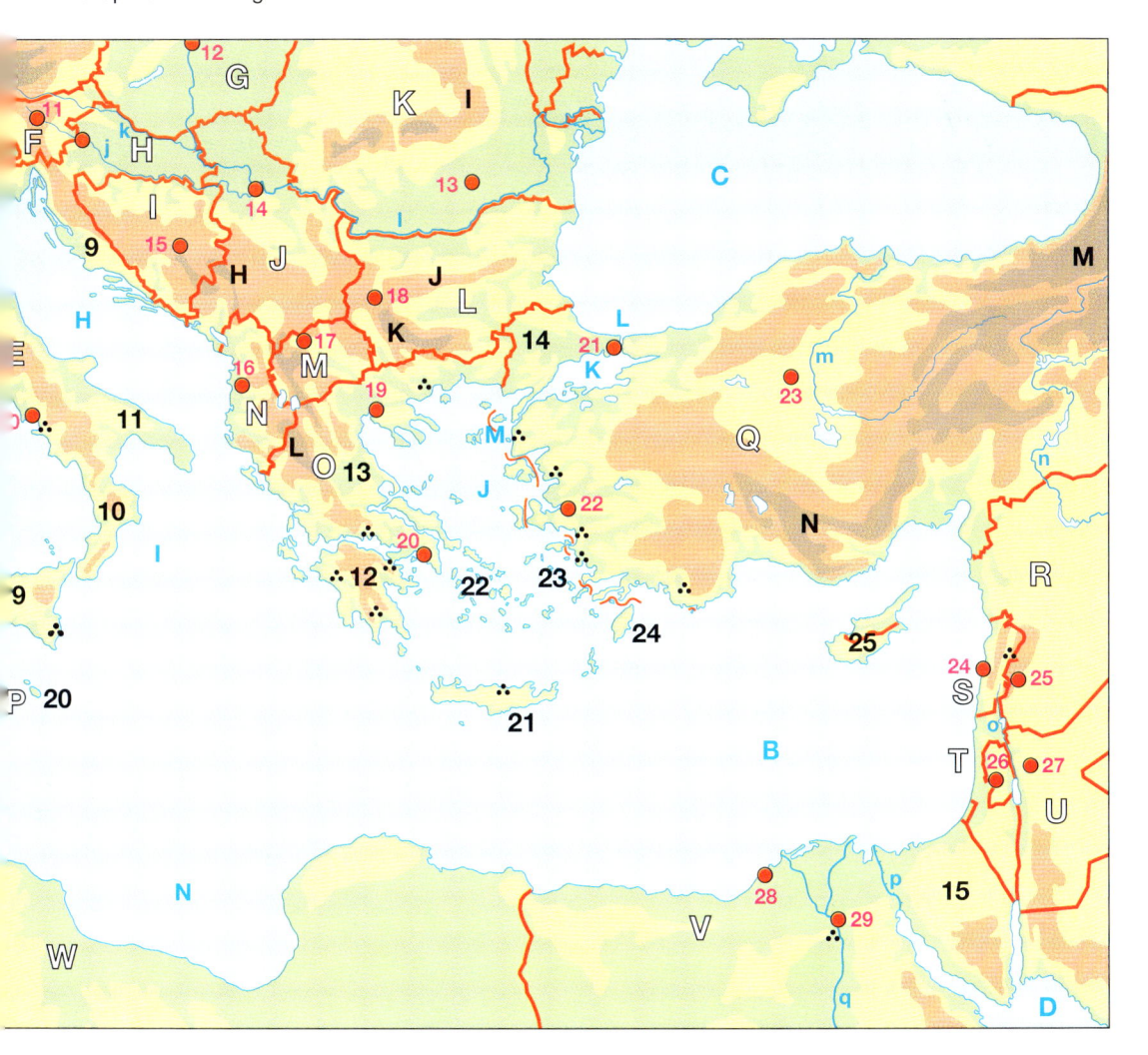

67

Am schiefen Turm zu **Pisa** überprüfte Galileo die Fallgesetze der Physik.

Viermal Ferien in den Subtropen

Siena, am Südrand des Chianti-Anbaugebiets gelegen, ist berühmt durch die Kathedrale, die zu Ehren der Hl. Katharina gebaut wurde, und durch seinen ziegelfarbenen Campo, einen muschelförmig angelegten Platz vor dem Palazzo Publico. Im August kann man dort den „Palio", eine wilde Wettreiterei der einzelnen Stadtteile, erleben.

Florenz hat viele Gesichter. Es ist die Stadt des jungen Michelangelo und die Stadt des alten Medici-Clans. Es ist die Stadt der Touristenströme, die durch die Uffizien, den gotischen Dom und das Baptisterium ziehen. Es ist aber auch die Stadt, die den einmaligen Blick vom Ponte Vecchio auf den Arno, vom Piazza Michelangelo und von San Miniato auf ihre charmanteste Ansicht, die Totale, bietet. Und es ist die Stadt mit dem schönsten Wetter, den faszinierendsten Gärten, den raffiniertesten Kleidern, den prachtvollsten Palästen, den gewaltigsten Kirchen und dem besten Eis.

Kultur in der Toskana

Die Toskana ist eine Landschaft für Menschen, die sich sattgesehen haben an den Farben des naßkalten Winters und eintauchen wollen in die bunten Frühlingsfarben der vorgezogenen Vegetation. Sie ist einer der schönsten Landstriche Europas und berühmt für warme, kräftige Farben und ein einzigartiges, diffuses Licht, das schon viele Maler und Fotografen in diese Region gezogen hat. Michelangelo brachte die Wärme und Farben der Toskana in der Malerei der Sixtinischen Kapelle einzigartig zum Ausdruck. Olivenhaine, Zypressen- und Pinienalleen, Weinberge, Rapsfelder, kleine Dörfchen auf den Hügeln – unzählig und klassisch sind die Bilder von der Toskana.

Wandern auf Korsika
Hüttentour auf dem Fernwanderweg GR 20

Geübte Wanderer mit guter Bergausrüstung können von Calvi im Nordwesten bis Porto Vecchio im Südosten die ganze Insel durchqueren. Diese alpine Wanderroute führt durch die schönsten Hochgebirgslandschaften im Parc Naturel Regional de la Corse. Im nördlichen Teil dieses Naturparks liegt das Niolo, ein Hochtal zwischen 800 und 1200 m Höhe, von mächtigen Zweitausendern umgeben. Stundenlang wandert man hier durch Laubwälder mit Buchen, Eichen und Kastanien, in denen zahlreiche verwilderte Schweine nach Futter suchen. In der nächsten Höhenstufe durchstreift man stark duftende Nadelwälder mit mächtigen Schwarzkiefern. Der Fernwanderweg führt auf vielen Strecken durch hochalpine Matten- und Felsregionen mit immer wieder neuen und beeindruckenden Ausblicken auf die schroffe Felslandschaft des Granitgebirges.

Tagesausflug vom Strand ins Hochgebirge

Urlauber, die ihre Ferienunterkunft an den herrlichen Stränden und Buchten gewählt haben, können auf Tagestouren die alpine Hochgebirgswelt erwandern und erleben. Selbst das Niolo im Inselinneren, früher nur über Maultierpfade erreichbar, ist heute durch Straßen, die sich durch wilde, enge Schluchten winden, mit der Küste verbunden. Schon die Anfahrt von der östlichen Küstenebene ist ein Erlebnis. Wanderwege mit unterschiedlichem Schwierigkeitsgrad führen bis hinauf über die Baumgrenze, in alpine Regionen der Matten und Bergweiden und wilde Felslandschaften. Vermoorte Hochgebirgsmulden mit glasklaren Seen sind Zeugen der Eiszeiten und der Vergletscherung auch auf Korsika.

1. Vergleiche die hier vorgestellten Urlaubsmöglichkeiten.
2. Erläutere, welche Urlauber bzw. Urlaubsgruppen durch die verschiedenen Angebote angesprochen werden sollen.
3. Erkläre, warum gerade die Mittelmeerländer mit Sonne, Strand, Landschaft und Kultur werben können.
4. Erarbeite mit Atlas und Reiseprospekten weitere Touristenziele im Mittelmeerraum. Ordne sie den Begriffen Bade-, Erlebnis- und Kulturtourismus zu.

*Gruppenfahrt
für junge Leute*
Die Casa Moricci, ein Selbstversorgerhaus für Gruppen, ist ein ehemaliges Bauernhaus, das, wie viele in der Toskana, als Folge der Landflucht von der ehemaligen Bauernfamilie verlassen worden ist und vom Verfall bedroht war. Erst die neue Nutzung als Ferienhaus machte es möglich, das Gebäude zu erhalten und so ein Stück der alten Kulturlandschaft der Toskana zu bewahren.

Die Casa Moricci

Aus dem Angebot eines deutschen Reiseunternehmens:

Casa Moricci
Das Landhaus Casa Moricci bietet eine traumhafte Einzellage mit Blick in die weitläufige toskanische Landschaft. Der Landhauscharakter der Casa Moricci ist bei der Renovierung völlig erhalten geblieben. Im Innern ist ein modernes, stilvolles Gebäude entstanden. Die Fattoria „San Antonio", zu der die Casa Moricci gehört, liegt 400 m entfernt. Nach Montaione ist es ein Spaziergang von nur 15 Minuten.

Komfort
Platz für max. 32 Pers. • 8 Schlafräume • 5 Badezimmer mit Dusche bzw. Badewannen • 2 Gemeinschaftsräume • Küche mit offenem Kamin
Separatwohnung für Mitarbeiter (Hausmeister, Busfahrer)

Badeurlaub an der spanischen Küste

Wasser- und Lufttemperaturen (°C)

	J	F	M	A	M	J	J	A	S	O	N	D
Luft	11	12	13	16	18	22	25	25	23	19	15	12
Wasser	15	14	14	15	17	19	21	24	21	20	17	16

Bergwald des Niolo auf Korsika

70.1 Pinie   70.2 Zypresse   70.3 Feigenbaum   70.4 Kermeseiche

Charakterpflanzen

Die Pinie mit ihrer weit ausladenden Krone und die säulenförmige Zypresse gelten für viele als besonders charakteristische Bäume des Mittelmeergebiets. Obwohl die Wuchsformen sehr unterschiedlich, ja gegensätzlich sind, kann man sie beide als gute Anpassung an das Klima am Mittelmeer deuten.

Die Pinie mit ihren wachsbeschichteten Nadeln bildet in und unter der schirmförmigen Krone, die den eigenen Wurzelraum stets beschattet, ein verdunstungsärmeres Kleinklima als außerhalb des Kronendaches.

Die Zypresse erreicht den notwendigen Verdunstungsschutz durch ausgeprägte Kleinblättrigkeit und einen sehr schlanken, pyramidenförmigen und dichten Wuchs.

Mehrjährige, ausdauernde Pflanzen zeigen oft eine typische Kleinblättrigkeit, oder sie haben dornige Blätter wie manche Eichenarten. Andere schützen die Blätter durch eine Wachsschicht wie der Lorbeer oder den Stamm durch eine Korkschicht wie die Korkeiche. Auch ein dichter Haarfilz wie beim Lavendel dient als guter Verdunstungsschutz.

Weinrebe und Ölbaum bilden sehr große und weitverzweigte Wurzelsysteme, um auch in der sommerlichen Trockenzeit nicht zu verdorren.

Viele einjährige Blütenpflanzen und Gräser verdorren im Sommer und Herbst. Sie überdauern die Trocken- und die Winterruhe durch lagerfähige Samen. Aus den Wildformen solcher Gräser sind einige unserer Getreidearten gezüchtet worden.

Hartlaubwälder

Die vielfältigen Formen des Verdunstungsschutzes beweisen, daß die Pflanzen sich vor allem gegen den Wassermangel in der heißen und trockenen Jahreszeit schützen müssen. Wer nur die Eichen aus den sommergrünen Wäldern der gemäßigten Zone kennt, wird die verschiedenen Eichenarten des Mittelmeerraums wegen der kleinen Blätter zunächst nicht erkennen.

Das charakteristische Merkmal kleiner, harter oder lediger Blätter hat zu dem Namen Hartlaubwälder geführt.

Ein weiteres auffälliges Merkmal ist, daß viele Laubgehölze immergrün sind. Die immergrünen Blätter können bei den milden Wintertemperaturen assimilieren, sobald ausreichend Feuchtigkeit vorhanden ist.

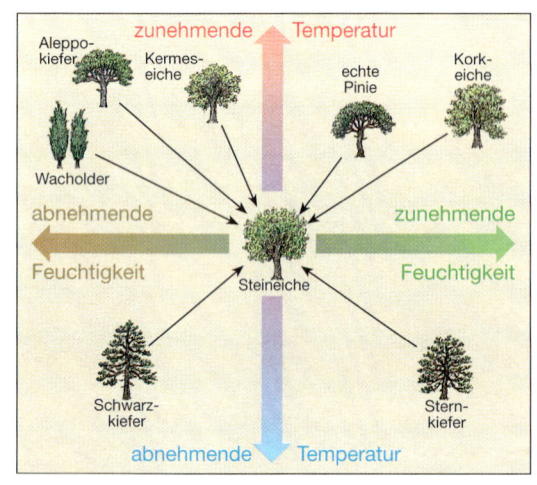

70.5 Wachstumskonkurrenten der Steineiche

Herbes de Provence – Kräuter der Provence

Gewürzmischungen aus Kräutern der Provence verfeinern viele Gerichte.

Thymian, Salbei, Rosmarin, Lavendel, Bergminze, Ysop, Lauch und Raute sind duftende Kräuter der Garigue. Seit alters her sind die Pflanzen als Gewürzkräuter in der Küche bekannt und im Kräutergarten beliebt.

Früher wurden sie auch für allerlei Medizin verwendet, heute dienen sie zur Salbenherstellung und als Rohstoffe für kosmetische Artikel.

Diese sehr unterschiedlichen Pflanzen haben einige ähnliche Eigenschaften: Sie haben meist einen sehr niedrigen Wuchs, sehr kleine Blätter und oft leuchtende Blütenfarben. Eine wichtige Eigenschaft ist, daß die Blätter als Verdunstungsschutz einen feinen Ölfilm bilden können. Wenn dieses Öl verdunstet, verströmt es einen intensiven Duft.

Nicht nur Küchenkräuter, auch viele unserer Gartenblumen stammen aus dem Mittelmeergebiet. Im Frühjahr, wenn noch genügend Feuchtigkeit im Boden ist, verwandeln viele Zwiebelgewächse und Orchideen die Garigue in ein Blütenmeer.

Zuchtsorten dieser Blumen, besonders Tulpen und Narzissen, werden heute auf leichten Sandböden, besonders in Holland, gezüchtet und an Gartenfreunde in alle Welt versandt.

Die Blütenpracht der Garigue geht mit einsetzender Trockenheit des Sommers schnell zu Ende. Die meisten Besucher kennen die Garigue nur aus der sommerlichen Trockenzeit. Dann wirkt sie mit den vorherrschenden braunen Farbtönen eintönig und trostlos.

Seit Jahrhunderten wird die Garigue als Schaf- und Ziegenweide genutzt. Die Beweidung führt zu einem starken Viehverbiß. Dadurch können sich besonders solche Pflanzen ausbreiten, die wegen ihrer Dornen oder wegen eines bitteren Geschmacks von den Tieren gemieden werden.

72.1 – 3 Weinrebe, Granatapfel, Ölbaumzweig

> Ein Land, darin Weizen, Gerste, Weinstöcke,
> Feigen, Bäume und Granatäpfel sind, ein Land,
> darin Ölbäume und Honig wachsen.
> 5. Buch Mose, Kap. 9, Vers 20, geschrieben um 1000 v. Chr.

Kulturpflanzen

Der *Ölbaum,* der *Weinstock,* der *Feigenbaum* und die *Getreidearten* sind, wie Schriften des Altertums und die Bibel häufig bezeugen, uralte Kulturpflanzen des Mittelmeerraums. Offenbar sind diese mehrjährigen und einjährigen Pflanzen den Wachstumsbedingungen des sommertrockenen subtropischen Klimas gut angepaßt.

Die **Getreidearten** Weizen und Gerste liefern das Grundnahrungsmittel für Mensch und Vieh. Im Frühjahr wächst das Getreide bei zunehmender Wärme und ausreichender Feuchtigkeit schnell heran. Es reift bereits zu Beginn des trockenen Sommers, in dem es gut geerntet und im Freien gedroschen werden kann.

Der **Weinstock** ist eine mehrjährige Pflanze mit einem knorrigen Stamm, aus dem jährlich neue Triebe treiben, an denen die Trauben wachsen. Der Weinstock hat ein tiefreichendes und weitverzweigtes Wurzelsystem. Damit kann er die Feuchtigkeitsvorräte im Boden und das Grundwasser gut nutzen.

Der **Ölbaum,** heute meist *Olive* genannt, wird bis sechs Meter hoch und kann mehr als tausend Jahre alt werden. Die buschige Krone über dem dicken knorrigen Stamm ist immergrün. Die Blätter sind klein, oben grau-grün behaart und unten silbergrau glänzend. So sind sie in der Hitze des Sommers gut gegen Verdunstung geschützt. Der Baum trägt viele kleine Früchte, die einen stark ölhaltigen Saft enthalten. Im Herbst werden die noch unreifen grünen Früchte von den Ästen geschlagen, im Winter die reifen blauen Früchte geerntet.

Auf Korsika hat der **Kastanienwald** dem Gebirgsland an der nördlichen Ostküste den Namen gegeben: Die Castagniccia war einst ein dichtbesiedeltes Bauernland, in dem die **Eßkastanie** als Brotbaum das Mehl als Grundnahrungsmittel lieferte.

In der Höhenstufe von 400 bis 800 Meter bildeten die Kastanien einst ausgedehnte Wälder, die sorgsam gepflegt wurden und die auch der Mast der zahlreichen Schweine dienten. In der Nahrung wurde das Kastanienmehl durch Mehl aus Getreide verdrängt. Heute werden Kastanien nur noch in Restaurants als Beilage zu Spezialitäten gereicht oder im Freien geröstet und an der Straße den Passanten und Touristen angeboten.

Die **Korkeiche** hat eine merkwürdige Eigenschaft: Man kann die dicke Borke vom Baum ablösen, ohne daß der Baum abstirbt. Der geschälte, glatte und rote Stamm bildet eine neue Borke, die nach sieben bis zehn Jahren erneut abgeschält werden kann. Die Borke wird zu vielerlei Korkprodukten verarbeitet.

Im westlichen Mittelmeerraum – in Spanien und in Portugal – gab es noch vor wenigen Jahren große Korkeichenhaine, die außerdem als Weideland dienten. Im Zeitalter der Kunststoffe geht die Nachfrage nach Kork zurück, obgleich er ein hervorragender Dämm- und Isolierstoff ist. Viele Korkeichenbestände wurden gerodet, um schnellwachsende Eukalyptusbäume für die Zelluloseindustrie anzupflanzen.

Die Apfelsine

Die Orange, die bekannteste Frucht unter den Zitrusfrüchten (Agrumen), wird in antiken Quellen des Mittelmeerraums nicht erwähnt.

Der Orangenbaum hat immergrüne, große, dunkelgrüne, nur mäßig ledrigglatte, mattglänzende Blätter. Die großen Früchte haben unter einer wachsüberzogenen Schale, die Öle enthält, sehr saftiges Fruchtfleisch mit einem hohen Wasseranteil.

Nach Europa kam die Orange erst im 16. Jahrhundert, und ihr landläufiger Name verrät die Herkunft: *sinischer (chinesischer) Apfel* bzw. niederländisch *appelsien,* Apfel aus China.

Die Apfelsine stammt aus dem subtropisch warmen Klima Südchinas. Dort sind die Sommer aber feucht und nicht trocken wie am Mittelmeer. Die Orange ist deshalb mit ihren fleischigen Blättern und den sehr saftigen Früchten nicht ideal an das sommertrockene Mittelmeerklima angepaßt und muß in den meisten Anbaugebieten bewässert werden. Die Bewässerung muß sehr sorgfältig überwacht werden und benötigt viel Wasser, damit sich kein Salz im Boden anreichert. Bei zu viel Salz im Boden verlieren die Bäume zunächst die Blätter an den Astenden. Allmählich sterben sie ab.

Die chinesische Stachelbeere

Um 1970 kannte sie bei uns noch fast niemand – die chinesische Stachelbeere, mit botanischem Namen *actinida sinensis*. 1980 importierte Deutschland erst 6000 t. Die Welternte stieg bis 1990 auf 120 000 t im Jahr. Heute kennt sie jeder: die Kiwi.

Die ersten Samen kamen Anfang dieses Jahrhunderts aus Südchina nach Neuseeland. Man bestaunte die schnellwachsende, weißblühende Pflanze in Gärten, aber niemand aß die pelzige Frucht.

Erst um 1940 entdeckte man eher zufällig, daß die kartoffelfarbene Frucht doppelt soviel Vitamin C enthält wie Orangen, viel Vitamin E und Ballaststoffe, aber kaum Kalorien.

In den 60er Jahren begann auf der Nordinsel Neuseelands der gewerbsmäßige Anbau. In den 70er Jahren eroberte dann die Frucht Neuseeland und dann auch unaufhaltsam Europa. Aus Werbegründen wurde die Frucht umbenannt und erhielt den verkaufsfördernden Namen des neuseeländischen Wappentiers, des Kiwis.

Die rasch wachsende Nachfrage in den 80er Jahren auf dem Weltmarkt veranlaßte viele Farmer in Neuseeland, aber auch in Südfrankreich, Kalifornien, Chile und Italien, neue Kiwiplantagen anzulegen. Kiwipflanzen benötigen aber bis zu sieben Jahre, bis die ersten Früchte reifen. So kam es um 1990 zur ersten

73.1 Orangenplantage

Überproduktion. 1990 konnte Neuseeland 8 Millionen von 82 Millionen Kisten nicht verkaufen. 1992 landeten 25 Millionen Kisten auf dem Müll, trotzdem kam es wegen des Überangebots zu einem Preisverfall. Die Konkurrenz in den neuen Anbaugebieten mit Mittelmeerklima hatte das Anbau- und Exportmonopol Neuseelands gebrochen. Die Kiwi ist zu einer sehr preiswerten Massenfrucht der europäischen Supermärkte geworden.

1. Nenne und beschreibe weitere Zitrusfrüchte, die bei uns in Obstläden angeboten werden.
2. Vergleiche die Eigenschaften der Kulturpflanzen mit denen der Charakterpflanzen in den Hartlaubwäldern und in der Garigue (s. S. 70/71).
3. Vergleiche die Anpassung der neuen und der alten Kulturpflanzen an das Mittelmeerklima.

73.2 Reife Kiwi am Strauch

Lillehammer (Norw.) 61° N/10° O
T 3,3 °C   226 m   N 691 mm

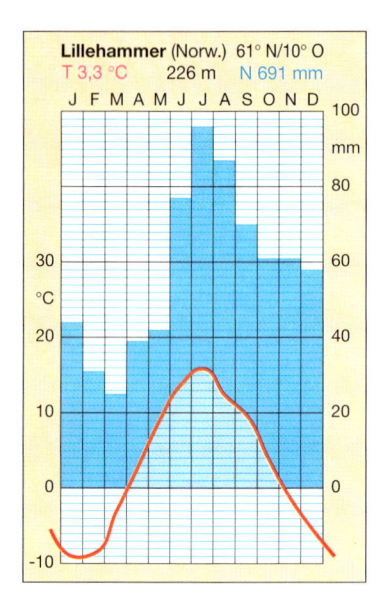

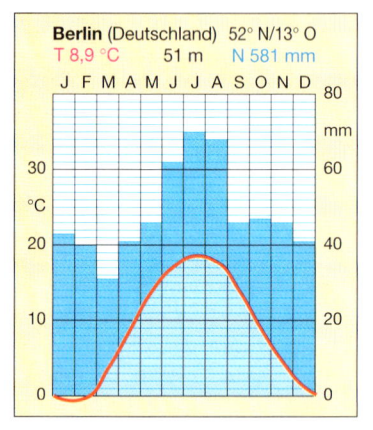

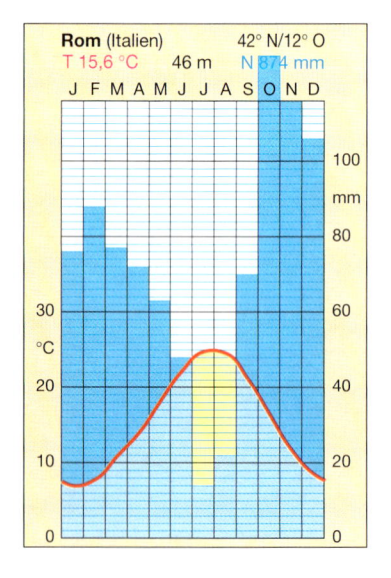

Berlin (Deutschland) 52° N/13° O
T 8,9 °C   51 m   N 581 mm

Rom (Italien)   42° N/12° O
T 15,6 °C   46 m   N 874 mm

Klimadiagramme

Vom Inhalt eines Klimadiagramms

Pflanzen brauchen zum Wachsen Wärme, Wasser und Nährstoffe. Die Nährstoffe liefert überwiegend der Boden. Sonne und Regen liefern Wärme und Wasser. Temperatur und Niederschlag sind daher die wichtigsten klimatischen Wachstumsfaktoren.

Das Wetter ist an den meisten Orten der Erde Schwankungen unterworfen. Die Pflanzen sind an diese standortüblichen Schwankungen angepaßt. Deshalb reicht es meist aus, den durchschnittlichen Verlauf der klimatischen Wachstumsfaktoren zu kennen.

Die Extreme, die nicht über- oder unterschritten werden dürfen, sind je nach Pflanzenart verschieden. Die Lärche z. B. gedeiht bei warmen Sommern und noch bei Wintertemperaturen von -40 °C. Orangen vertragen keinen Frost. Kakteen überdauern lange Trockenperioden, benötigen jedoch gelegentlich Regen.

Auch wir Menschen passen uns den durchschnittlichen, den langfristigen Klimabedingungen an, z. B. mit der Kleidung und durch den Hausbau. Unsere normale Kleidung ist weder für sehr warme Sommertage noch für bitter kalte Wintertage geeignet. In der kalten Zone werden die Häuser sehr stark isoliert. Im milden Meeresklima können Wasserleitungen ohne Isolierung an den Außenwänden verlegt werden. In feuchten Regionen herrscht das Spitzdach vor, unter dem es im Sommer sehr heiß werden kann. In Trockengebieten liebt man das Flachdach trotz gelegentlicher heftiger Regengüsse.

Es ist daher zweckmäßig, in einem Klimadiagramm die langjährigen Mittelwerte der Hauptklimafaktoren zu erfassen.

Vom Aufbau eines Klimadiagramms

Wiederhole den Inhalt der Seiten 44 und 45. Zeichne nach den Anweisungen von Seite 44 ein Klimadiagramm von Palermo:

| t (°C): | 10 | 11 | 12 | 15 | 18 | 22 | 25 | 25 | 23 | 19 | 15 | 12 |
| n (mm): | 71 | 43 | 50 | 49 | 19 | 9 | 2 | 18 | 41 | 77 | 71 | 62 |

– *Warum verbindet man die Temperaturwerte mit einer durchgezogenen Linie?*

Aus allen Tagesmitteltemperaturen eines Monats wird die Monatsmitteltemperatur berechnet. Aus den Monatsmitteln eines jeden Monats aus vielen Jahren ergibt sich dann das langjährige Monatsmittel. So hat man die sich ständig ändernde Temperatur der Luft zu einem durchschnittlichen Jahresgang geglättet, aus dem man an der Kurve auch Zwischenwerte ablesen kann.

– *Warum zeichnet man den Niederschlag als Säulen?*

Nirgendwo auf der Welt regnet es ständig. Die unregelmäßig fallenden Niederschläge werden für jeden Monat zu einer Monatssumme zusammengezählt. Aus den Monatssummen wird dann über viele Jahre die durchschnittliche Monatssumme berechnet. Über die Verteilung innerhalb der Monate erhält man keine Auskunft. Deshalb werden Säulen gezeichnet. Zwischenwerte können nicht abgelesen werden.

– *Warum entsprechen 10 °C jeweils 20 mm Niederschlag?*

Die Maßeinheiten für Temperatur (°C) und für Niederschlag (mm = l/m²) haben nichts miteinander zu tun. Aber für das Wachstum der Pflanzen ist mehr als nur die Menge der Niederschläge von Bedeutung. Die Pflanze kann nur das Wasser nutzen, das nicht verdunstet. Die Verdunstung hängt aber hauptsächlich von der Temperatur ab. Untersuchungen über viele Jahre hinweg haben gezeigt, daß bei je 10 °C der Lufttemperatur etwa 20 mm Wasser verdunsten. Die Temperaturkurve kann also ersatzweise als Verdunstungskurve angesehen werden.

Humide und aride Jahreszeiten

Verläuft die Temperaturkurve über den Niederschlagssäulen, so könnte mehr Wasser verdunsten als Regen fällt. Solche Klimaphasen sind arid (trocken). Sie werden als gelbe Fläche zwischen Temperaturkurve und Niederschlagssäulen gekennzeichnet. Läuft die Temperaturkurve durch die oder sogar unter den Niederschlagssäulen, so ist mehr Wasser vorhanden als verdunsten kann. Diese Klimaphasen sind humid (feucht). Sie werden im Klimadiagramm durch eine blaue Fläche oberhalb der Temperaturkurve gekennzeichnet.

Monatssummen über 100 mm werden aus Platzgründen verkürzt gezeichnet und dunkelblau eingefärbt. Diese Regenmengen fließen überwiegend oberirdisch ab, weil Boden und Pflanzen sie nicht mehr aufnehmen können.

Das „vollständige" Klimadiagramm informiert nicht nur über den thermischen Jahresgang, sondern auch über die Verteilung der Niederschläge im Jahr und über humide und aride Phasen. Man kann also auch den hygrischen Jahresgang des Klimas bestimmen.

Das Mittelmeerklima

Bearbeite die Klimadiagramme von Rom, Florenz, Neapel und Tunis:
– Beschreibe den thermischen Jahresgang und den Jahresgang der Niederschläge.
– Bestimme die aride und die humide Jahreszeit sowie die Anzahl der ariden Monate.
– Bestimme die günstigsten Wachstumszeiten.
– Vergleiche mit Diagrammen der kalten (Lillehammer) und der gemäßigten Zone (Berlin).
– Stelle die Lage der vier Klimastationen aus dem Mittelmeerraum im Gradnetz fest. Vergleiche sie, und formuliere Merksätze zum Jahresgang der Temperatur und des Niederschlags sowie zur Anzahl der ariden Monate.

Das Mittelmeerklima ist ein Klimatyp, der zwischen dem Klimatyp der trockenen Tropen (Nordafrika, Sahara) und der gemäßigten-immerfeuchten Klimazone unserer Breiten liegt.

Im Sommer, wenn der Sonnenstand hoch ist, herrscht trockenes tropisches Wetter vor. Im Winter verlagert sich die Zone mit vorherrschenden Westwinden nach Süden. Dann ist die Witterung bei niedrigem Sonnenstand mild und regenreich.

Das Mittelmeerklima heißt wegen der trockenen Sommer und der milden, niederschlagbringenden Winter auch Winterregenklima.

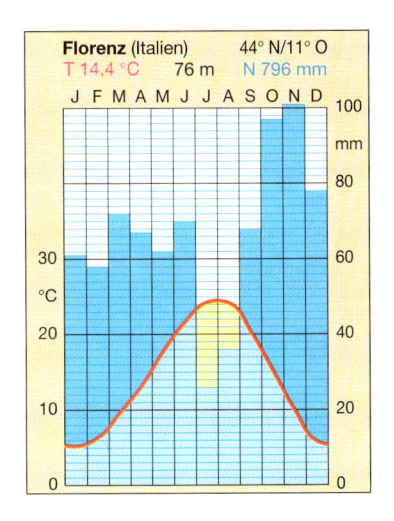

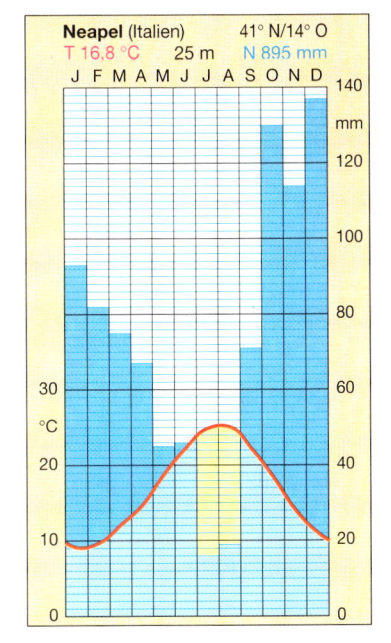

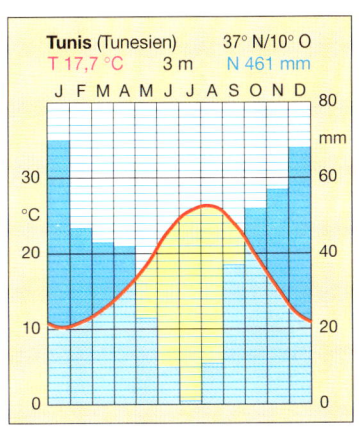

Die **Städte in der Toskana** mit ihren mächtigen Palästen und ihren prächtigen Kirchen zeugen von jahrhundertealtem Reichtum.

Meist wird nur der Handel als Ursache des Reichtums der toskanischen Städte wie Florenz und Siena angesehen. Die Kaufmannsfamilien waren aber gleichzeitig Grundbesitzer von Landgütern, deren Erträge sie sich mit den Pachtbauern teilten. Deshalb befinden sich in den Stadtpalästen große Kellergewölbe, in denen die Agraprodukte der eigenen Landgüter gelagert wurden. In den hallenartigen Räumen des Erdgeschosses befanden sich Warenlager für den Handel und Werkstätten zur Weiterverarbeitung von Handelsgütern und eigenen Ernten.

Coltura mista

Die schmalen Ackerstreifen der coltura mista werden regelmäßig von Reihen aus Olivenbäumen und Weinstöcken unterbrochen. Man pflügte nur die Parzellen für den Weizenanbau. Die Oliven und der Wein wachsen als Dauerkulturen auf ungepflügtem Land. Auf den schweren Tonböden spart der geringe Anteil an Pflugland Zeit und Zugkraft. Die regelmäßigen Baumreihen bieten Schutz gegen Bodenabtrag durch das Regenwasser – auch bei heftigen Gewittergüssen. Oliven und Wein erschließen im Gegensatz zum Weizen die tieferen Wasservorräte. Außerdem beschatten sie den Boden und erhalten dadurch die Bodenfeuchte. Die abfallenden Blätter reichern den Boden mit Humus an. So bildeten Getreide, Öl und Wein über Jahrhunderte die Grundlage der Ernährung und des Handels mit Agrarprodukten.

76.1 Coltura mista

Landnutzung in der Toskana

Regenfeldbau

Die Toskana in Mittelitalien ist ein liebliches, fruchtbares Hügelland mit berühmten Städten voller Kunst- und Kulturschätze. Landschaft, Kunst und Kultur haben seit Generationen Künstler, Gelehrte und Bildungsreisende angezogen und begeistert. Gerade auf Mittel- und Nordeuropäer übt die parkähnliche, sonnendurchflutete Toskana einen großen Reiz aus.

Aus dem Zusammenspiel verschiedener Faktoren entstand ein Gunstraum, in dem sich Landwirtschaft und Städtewesen zu reicher Kultur und bedeutender Wissenschaft entwickeln konnten.

Das Klima hat hier nur eine kurze sommerliche Trockenzeit. Vom Herbst bis zum Frühsommer fällt reichlich Regen, häufig gibt es Sommergewitter. So werden 700 bis 1000 mm Jahresniederschlag erreicht.

Die weit verbreiteten Tonböden können sehr viel Wasser speichern, aber es kann nur langsam in den Boden eindringen und versickern. Feucht bildet der tonige Boden eine zähe, weiche Masse. Trocknet er aus, so bilden sich tiefe Trockenrisse und steinharte Krusten. Wegen dieser Eigenschaften sind die schweren Tonböden sehr schwer zu bearbeiten.

Tonböden sind aber wegen des hohen natürlichen Nährstoffgehalts und wegen der guten Nährstoffspeicherfähigkeit sehr fruchtbar. Andererseits sind ungeschützte Tonböden im Hügelland bei heftigen Regenfällen stark erosionsgefährdet.

Das wintermilde subtropische Klima, die reichlichen Niederschläge und die guten Böden ermöglichen einen artenreichen und üppigen Pflanzenwuchs und damit den ertragreichen Anbau vieler verschiedener Kulturpflanzen.

1. Nenne und erläutere günstige und ungünstige Voraussetzungen für den Ackerbau in der Toskana.
2. Beschreibe das Landnutzungssystem der coltura mista.
3. Nenne Gründe für einen möglichst geringen Anteil an Pflugland in der Toskana bei der coltura mista.
4. Schreibe einen kurzen Bericht über die coltura mista als geschickte Anpassungsform des Ackerbaus an Klima, Boden und Relief.
5. Fertige eine Zeichnung an, die das System der coltura mista anschaulich darstellt.
6. Stelle einen Zusammenhang zwischen der Casa Moricci (s. S. 69) und den auf Seite 77 beschriebenen Vorgängen her.

Wandel der Landnutzung

Das Landnutzungssystem der coltura mista war die Anbauform einer nicht mechanisierten bäuerlichen Landwirtschaft. Die Bauernfamilien hatten ihre Höfe oft über Jahrhunderte in Erbpacht. Die Ernte, aber auch die Kosten für größere Anschaffungen, teilten sie sich mit dem Grundeigentümer, der meist in der Stadt wohnte.

Die Höfe lagen als Einzelgehöfte meist auf Bergkuppen mittem im Nutzland. Im Erdgeschoß der Casa colonica befanden sich Ställe für Pferde und Rinder sowie Lagerräume. Zum Obergeschoß mit den Wohnräumen führte eine steinerne Außentreppe direkt in die Küche mit offener Feuerstelle und Rauchabzug.

Bessere Verdienst- und Arbeitsbedingungen in der Stadt sowie die Mechanisierung der Landwirtschaft führten zu einer starken Landflucht. Die Pachthöfe wurden aufgeben, die Gehöfte verlassen und dem Verfall preisgegeben.

Heute steht das Äußere der alten Bauernhöfe unter Denkmalschutz. Neue Besitzer oder Mieter aus den Städten oder dem Ausland haben die Häuser zu Ferien- und Wochenendhäusern umgebaut.

Heute wird die Agrarlandschaft der Toskana nicht mehr durch die Baumreihen der coltura mista geprägt. Die Ackerflächen sind größer geworden. Alle Ackerfrüchte sowie Oliven und Weintrauben werden heute in Reinkultur angebaut. Zwischen- und Mischkulturen sind bis auf wenige Reste verschwunden.

Die schwere Pflugarbeit müssen nicht mehr Pferde verrichten. Schwere Raupenschlepper können sowohl auf nassem und glitschigem Boden fahren, als auch die trockene, harte Kruste umbrechen. Neben Weizen, dem traditionellen Getreide für Brot und Spaghetti, werden Mais und Hirse als Futtergetreide und Sonnenblumen zur Ölgewinnung angebaut.

Die Toskana war für die Bewirtschaftungsweise der coltura mista ein Gunstraum. Die hohe natürliche Fruchtbarkeit wurde durch die nährstoffreichen Tonböden und die reichlichen Niederschläge eines milden subtropischen Klimas ermöglicht. Die unveränderten Gunstfaktoren Klima und Boden erlauben auch eine sehr ertragreiche, technisierte Landwirtschaft. Reinkulturen auf großen, maschinengerechten Akkerflächen vergrößern allerdings in der Hügellandschaft die Gefahr der Bodenerosion.

7. Beschreibe und erläutere die Veränderungen in der Landnutzung, im Landschaftsbild und im Siedlungsbild der Toskana.

77.1 Heutiges Landschaftsbild der Toskana mit Weinbau in Reinkultur

Die Huerta von Valencia um 1960

Vom Glockenturm des Doms hat man einen unvergeßlichen Blick über die Stadt Valencia und die reiche Garten- und Fruchtlandschaft der Huerta. Die Türme der Kirchen ragen über die flachen Dächer der weißgetünchten Häuser empor. Weit schweift das Auge über kleine Weizenfelder, Gärten und Haine von Orangenbäumen. Viele weiße Häuschen leuchten aus dem Grün, hier einzeln, dort um eine mächtige Kirche gedrängt. Im Osten schimmert die stahlblaue Fläche des Mittelmeeres. Halbkreisförmig umschließen die kahlen Berge das Gesichtsfeld.

In der Huerta von Valencia leben mehr als 200 Menschen auf dem km². Das von Natur aus offene Steppenland hat der Mensch in einen herrlichen Garten umgewandelt. Sorgfältig wird das Wasser der vom Gebirge kommenden Bäche schon seit römischer Zeit auf die Felder und Gärten verteilt. Das wöchentlich tagende „Wassergericht" regelt und überwacht die Verteilung des lebenspendenden Nasses.

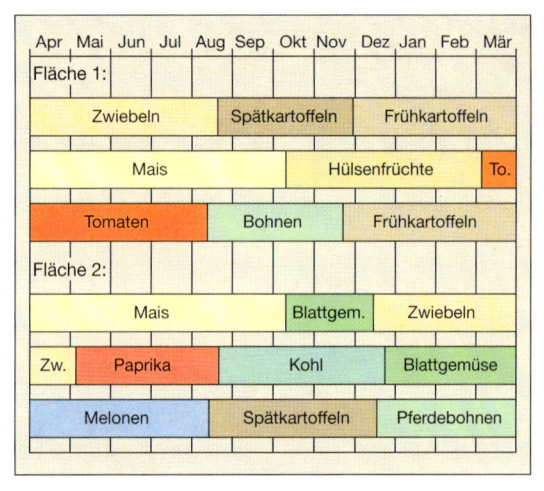

78.2 Traditionelle Fruchtfolgen im Huertaland

Bewässerungsfeldbau in Spanien

Der Gartenbau in der Huerta (lat. *horta* = Garten) hat viele Nutzungsformen hervorgebracht. Früher beherrschten Obstbäume das Landschaftsbild. Darunter wurden Getreide und Gemüse für die Selbstversorgung angebaut. Der bewässerte Gemüsebau wurde immer mehr intensiviert und zu vielfältigen Fruchtfolgen entwickelt. Bei geschickter Pflanzenwahl lassen die milden Winter bis zu vier Ernten zu.

Der Anbau zur Selbstversorgung wurde immer mehr durch den Marktanbau für den Export verdrängt. In der ersten Phase weitete sich der Anbau von Zitrusfrüchten stark aus. Bewässerte Orangenhaine liefern eine sehr begehrte und transportfähige Exportfrucht für die Industrieländer in Mittel- und Westeuropa.

Seit einigen Jahren breitet sich der Gemüsebau unter Kunststoffgewächshäusern aus. Die billigen Treibhäuser ermöglichen den intensiven Anbau von Tomaten, Paprika und Gurken bereits am Ende des Winters, wenn bei uns das Frühjahr noch weit ist und Gewächshäuser kostenintensiv beheizt werden müssen. Die milde Wintersonne Südspaniens liefert ausreichend Energie, Wasser ist noch aus den Winterregen vorhanden.

Der traditionelle Anbau der Sommerfrüchte Melonen, Paprika und Baumwolle wird mehr und mehr eingeschränkt, weil er sich wegen des hohen Wasserverbrauchs nicht mehr rentiert.

78.1 Anbau unter Folie in der Huerta von Almeria

79.1 Gemüse für Norddeutschland: Salatfeld in der Huerta von Murcia

Bewässerung

Als Bewässerungstechnik wird bis heute die Kanalbewässerung angewendet, die auf römische Zeit zurückgeht und in der 700jährigen Herrschaft der Araber verfeinert wurde. Das Bewässerungsfeld wird mit parallelen kleinen Gräben (Furchen) zwischen Dämmen überzogen, auf denen die Pflanzen stehen. Die Furchen sind durch Zu- und Ablaufgräben miteinander verbunden, so daß man den Wasserzufluß und den Wasserstand in den Furchen regulieren kann.

Winteranbau für Deutschland

Ein norddeutscher Gemüsebaubetrieb bewirtschaftet 600 ha in Niedersachsen und in Mecklenburg für den Anbau von Feldgemüse. Von der Betriebszentrale im Kreis Harburg werden die Großmärkte in Hamburg und Bremen sowie Handelsketten beliefert.

Während der Wintermonate läßt das Klima Norddeutschlands Freilandanbau nicht zu. Der Anbau in Gewächshäusern ist dann wegen der erforderlichen Heizung und wegen der geringen Lichteinstrahlung nicht rentabel. Im Gegensatz dazu erlauben die milden Wintertemperaturen Südspaniens bei Bewässerung den Anbau von Eissalat und anderen bei uns heimischen Gemüsesorten. Im Sommer können diese Früchte in Spanien nicht angebaut werden, da in der trockenen Luft die Salatblätter verbrennen würden. Wegen der hohen Verdunstung und des knappen Wassers wäre im Sommer die Bewässerung außerdem zu teuer.

1. Erkläre Abb. 79.2.
2. Erläutere die Vorteile des Anbaus in zwei Klimazonen für den Betrieb und den Verbraucher.

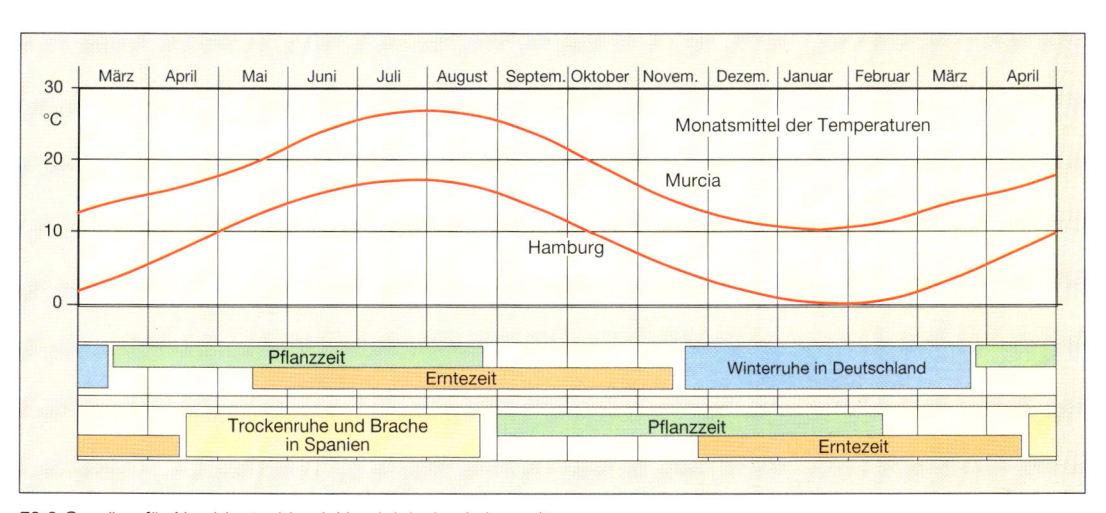

79.2 Gemüse für Norddeutschland: Vergleich der Anbauzeiten

80.1 Der Pont du Gard in Südfrankreich

Problem Wasser

Wasserversorgung im alten Rom

Der Wasserverbrauch im antiken Rom belief sich auf täglich 1 Mio m³ Frischwasser. Rom hatte bereits im 4. Jahrhundert v. Chr. eine erste Wasserleitung, die Aqua Appia, mit 16,5 km Länge. Im 4. Jahrhundert n. Chr. waren es 19 Wasserleitungen mit einer Gesamtlänge von 436 km. Die Römer kannten zwar schon Rohrleitungen, aber keine Pumpen. Druckleitungen und Rohrverbindungen bestanden aus Blei. Die Vergiftungsgefahr durch Blei war bekannt.

Wasseraufbereitung war in der Antike unbekannt. Wasser aus Flüssen und aus stehenden Gewässern war nicht sauber genug, und im warmen, subtropischen Klima vermehrten sich Krankheitserreger schnell. Deshalb verwendeten die Römer zum Trinken und für die großen Badeanlagen, die Thermen, ausschließlich frisches Quellwasser.

Dafür schufen die Römer Aquädukte – brückenähnliche Bauwerke, die von der Quelle bis zur Stadt unebenes Gelände querten und tiefe Täler überspannten. Ganz oben verlief eine mit Steinplatten gedeckte Rinne, in der das Wasser mit geringem Gefälle floß.

Aquädukte der Römerzeit sind heute in mehreren Ländern Europas berühmte Baudenkmäler, die wir wegen ihrer eleganten Architektur und der gewaltigen Bauleistung bewundern.

Wasserwirtschaft in Israel

Das Gebirge im Grenzgebiet von Libanon, Israel und Syrien erhält im Winter kräftige Steigungsregen. Sie speisen auch die wasserreichen Quellen des Jordans am Berg Hermon. Im Gegensatz dazu ist der trockene Süden Israels ein Wassermangelgebiet. Im Süden, besonders im Negev, sind aber fruchtbare Böden weit verbreitet, die bei Bewässerung einen ertragreichen Anbau ermöglichen.

Zur Versorgung des Südens ist ein das ganze Land durchziehendes Wasserleitungsnetz angelegt worden. Die Leitungen mit Durchmessern bis zu 3 m bestehen aus betonummantelten Stahlrohren. Pumpstationen überwinden die Höhenunterschiede.

Da das Wasser knapp und damit kostbar ist, wird es sorgfältig und sparsam verwendet: Einmal genutztes Frischwasser wird zur Weiterverwendung wiederaufbereitet. Brauch- und Abwasser aus den Siedlungen wird, wenn es der Verschmutzungsgrad zuläßt, für die Bewässerung verwendet. Bei der Bewässerung hat man Methoden entwickelt, die den Wasserbedarf deutlich verringern. In den Boden werden Kunststoffschläuche verlegt, die aus feinen Löchern das Wasser tropfenweise direkt an die Pflanzenwurzeln abgeben. Man kann dem Wasser auch die erforderlichen Nährstoffe zugeben. Den Verbrauch der Pflanzen und die notwendigen Wassergaben messen und steuern Sensoren.

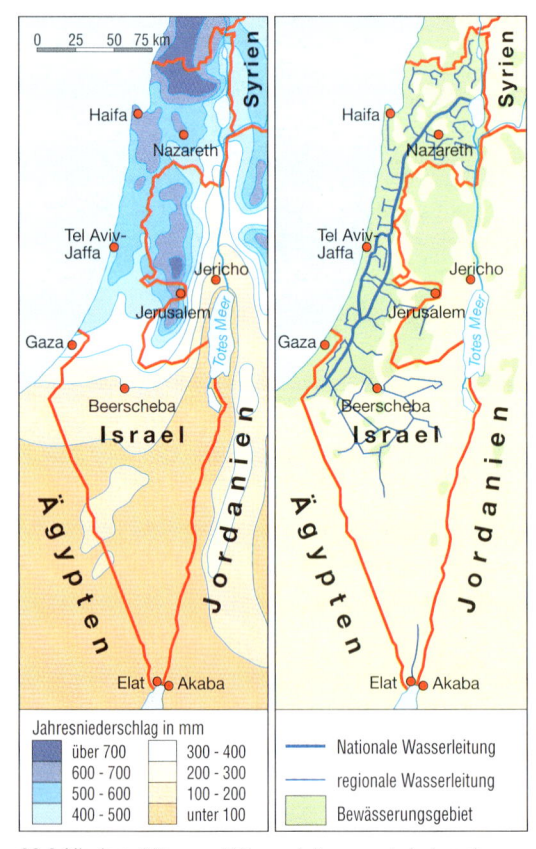

80.2 Niederschläge und Wasserleitungsnetz in Israel

Wasserwirtschaft in den Tourismusregionen

Wasser aus Flüssen und Seen ist zur Versorgung der Bevölkerung mit Wasser zum Trinken, Kochen, Waschen, Duschen und Spülen ebenso ungeeignet wie zur Zeit der Römer. Die Beschaffung von Trinkwasser erfolgt heute überwiegend aus Tiefbrunnen, die Grundwasser fördern.

Die wachsenden Städte und besonders die Touristenzentren haben einen sehr hohen Wasserverbrauch. Am höchsten ist er in der Hauptreisezeit in den trockenen Sommermonaten. Manche Orte müssen dann Tankschiffe einsetzen, um einen Notstand zu vermeiden.

Schwierig und teuer ist auch die Beseitigung der großen Abwassermengen. Früher wurde das Abwasser ungeklärt ins Meer geleitet. Dies hat das Mittelmeer schwer geschädigt. An manchen Küstenabschnitten mußte das Baden verboten werden.

Die natürliche Qualität des Mittelmeerwassers kann für die Lebewesen des Meeres und für ungetrübte Badefreuden nur zurückgewonnen werden, wenn Klärwerke dafür sorgen, daß kein ungeklärtes Schmutzwasser ins Meer geleitet wird. Es reicht nicht aus, das Abwasser durch große Rohrleitungen weit ins Meer hinauszuleiten. Auch bei Verdünnung reicht die Selbstreinigungskraft des Meeres nicht aus, um das Abwasser unschädlich zu verarbeiten.

Bodenversalzung

Bewässerungswasser aus Flüssen, Seen oder dem Grundwasser enthält in gelöster Form immer geringe Mengen an Salz. Aber nur das Wasser verdunstet, das Salz bleibt zurück. Bei ständiger Bewässerung und hoher Verdunstung werden dem Boden ständig Salze zugeführt, die sich langsam an der

81.2 Aufkleber im Bad eines Hotels

Oberfläche anreichern. Einige Salze sind in geringer Konzentration Pflanzennährstoffe, andere, besonders Kochsalz, schädigen mit zunehmendem Anteil die Pflanzen. Sie verhindern die Aufnahme von Wasser durch die Pflanzenwurzeln. Die Pflanze vertrocknet, obwohl Wasser ausreichend vorhanden ist.

Reicht das Grundwasser bis nahe unter die Bodenoberfläche, so kann es in den feinen Haarröhrchen des Bodens aufsteigen. An der Oberfläche verdunstet das Wasser, das Salz aber bleibt zurück. Langsam versalzt der Boden und wird für den Pflanzenbau unbrauchbar.

1. Nenne Klimabedingungen, unter denen Versalzung besonders leicht auftritt.
2. Nenne Maßnahmen, die der Bodenversalzung entgegenwirken.

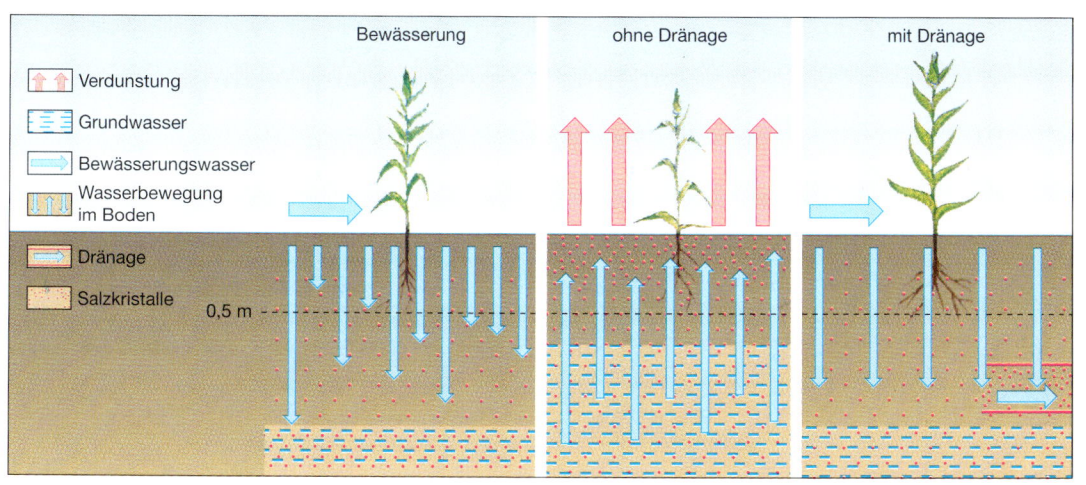

81.1 Schema der Bodenversalzung

Weintrauben aus aller Welt

Im Frühjahr werden auf unseren Wochenmärkten und in Obstläden Weintrauben aus Chile, aus Südafrika (Kap-Trauben) und aus Australien angeboten. Im Herbst kaufen wir Trauben aus dem Mittelmeergebiet und aus Kalifornien.
Eine Charakterpflanze des Mittelmeergebiets wurde in vier weiteren Anbaugebieten verbreitet.

Die sommertrockenen Subtropen

Das sommertrockene subtropische Klima, das wir nach dem Verbreitungsgebiet in Europa Mittelmeerklima nennen, tritt weltweit in fünf verschiedenen Regionen auf. Diese fünf Verbreitungsgebiete haben ein gemeinsames Lagemerkmal: Sie liegen um 35° nördlicher und südlicher Breite auf der Westseite der Kontinente.

1. Stelle auf einer Weltkarte die Lage der Klimastationen dieser Seite fest. Vergleiche ihre Breitenlagen.
2. Beschreibe nach den Temperatur- und Niederschlagsverhältnissen das Klima und die Wachstumsbedingungen.
3. Erkläre, warum diese Gebiete die Hauptanbaugebiete für Wein geworden sind.
4. Erkläre die jahreszeitlich unterschiedlichen Herkunftsländer des Traubenangebots auf den Wochenmärkten im Frühjahr und im Herbst.
5. Ermittle, welche anderen Früchte und Obstarten aus subtropischen Ländern bei uns angeboten werden.

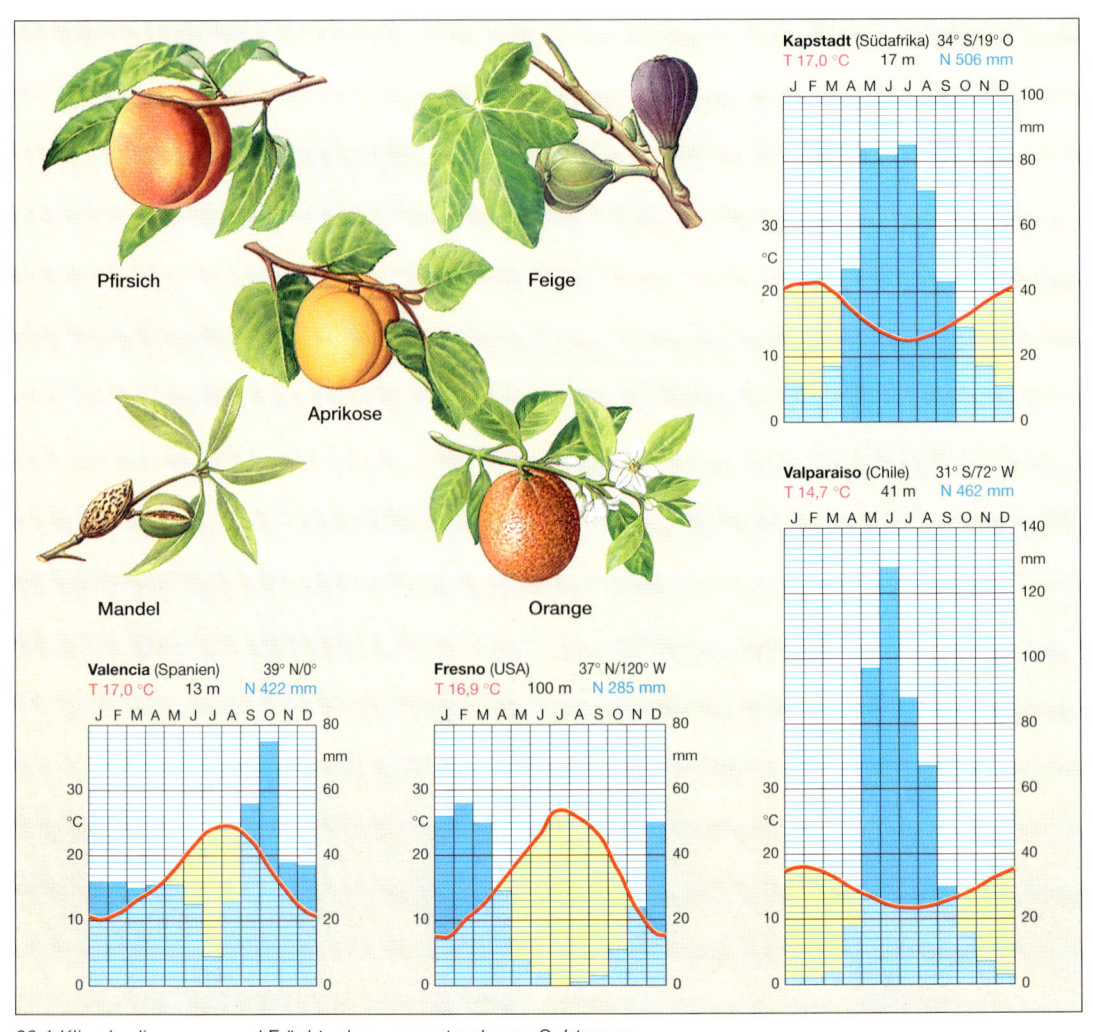

82.1 Klimabedingungen und Früchte der sommertrockenen Subtropen

Die Ursachen für die Entstehung dieses besonderen Klimatyps liegen im Wechsel der Jahreszeiten mit dem Sonnenstand und der Nähe zu den Ozeanen.

Im Sommerhalbjahr der Nordhalbkugel wandert der senkrechte Sonnenstand bis zum nördlichen Wendekreis. Die heißen und trockenen Luftmassen dringen weit nach Norden vor. Das Mittelmeer gerät im Sommer in ihren Einflußbereich; d. h., es liegt am Nordrand der tropischen Luftmassen. Im Winterhalbjahr dringen die kühlgemäßigten Luftmassen der gemäßigten Zone äquatorwärts vor. Das Mittelmeergebiet liegt dann am Südrand der gemäßigten Zone. Mit den häufigen Westwinden und Tiefdruckgebieten bringen Luftmassen vom Ozean her Niederschläge. Deshalb liegen die Gebiete mit Winterregen an den Westseiten der Kontinente. Auf beiden Halbkugeln der Erde herrschen nämlich in den außertropischen Klimazonen Westwinde vor.

Die sehr unterschiedliche Größe der Winterregengebiete ist eine Folge der Verteilung von Land und Meer sowie der unterschiedlichen Oberflächengestalt, des Reliefs:

Zwischen Südeuropa und Afrika öffnet das Mittelmeer den regenbringenden Westwinden den Weg bis nach Nordägypten und in den Vorderen Orient.

In Amerika versperren mächtige von Norden nach Süden verlaufende Hochgebirge den Westwinden den Weg ins Landesinnere. So kann das Winterregengebiet jeweils nur einen schmalen Küstenstreifen einnehmen.

Die Südspitzen von Afrika und von Australien reichen nicht weit genug nach Süden. Für größere Gebiete mit Winterregen fehlen hier die Landmassen.

Das sommertrockene subtropische Klima hat nicht nur eine charakteristische Pflanzenwelt hervorgebracht und den Anbau besonderer Kulturpflanzen ermöglicht. Es kommt in unserer Zeit dem Tourismus und der Freizeitindustrie entgegen, weil es ganzjährig viele Aktivitäten im Freien zuläßt.

Das beständige und sonnenscheinreiche Wetter hat aber auch andere Wirtschaftszweige angelockt. Kalifornien ist wegen seiner Klimabedingungen zu einem Zentrum der Film- und der Luftfahrtindustrie geworden. Das Wetter erlaubt während der größten Zeit des Jahres das Üben und Arbeiten bei günstigen Sicht- und Lichtverhältnissen unter freiem Himmel.

6. Wiederhole die Entstehung der Jahreszeiten.
7. Beschreibe die Hauptmerkmale des Mittelmeerklimas.
8. Erkläre das Mittelmeerklima als Folge der Stellung der Erdachse zur Umlaufbahn.
9. Begründe die Zunahme der Temperaturen im Mittelmeergebiet von Norden nach Süden sowie die Abnahme der Niederschläge von Westen nach Osten.
10. Erläutere die Zunahme der Aridität von Norden nach Süden und von Westen nach Osten.
11. Erläutere die Gründe für die Verbreitung des Mittelmeerklimas auf der Südhalbkugel der Erde.

83.1 Ocean Front Walk in Los Angeles – Freizeitaktivitäten zwölf Monate im Jahr

84.1 Wandern in der Heide

Naherholung in der Heide

Wassersport auf Heideflüssen

Auf dem Mittellauf der Örtze und auf der Lachte, zwei typischen Heideflüssen, herrscht im Sommer reger Wassersportbetrieb. Motorisierte Touristen bringen auf dem Dachgepäckträger ihre Boote von weit her mit, um hier die herrlichen Paddelreviere zu erleben.

Auf dem Unterlauf der Örtze und auf der Lutter, einem Nebenfluß der Lachte, fahren seit einigen Jahren keine Boote mehr, obgleich es sich um sehr attraktive Flußstrecken handelt.

In dem sehr dünn besiedelten und fast industriefreien Einzugsgebiet von Lutter und Lachte im nordöstlichen Kreis Celle haben sich naturnahe Fließgewässer erhalten, die unter Naturschutz gestellt wurden. Nur so kann der naturnahe Zustand mit dem kalten, klaren und nährstoffarmen Wasser bewahrt bleiben. Dann kann auch die heimische Flora und Fauna mit seltenen Arten wie Eisvogel und Flußperlmuschel überleben.

Ein absoluter Naturschutz würde den für die Region wirtschaftlich wichtigen Fremdenverkehr sehr behindern. Andererseits verlieren die Gewässer ohne Naturschutz ihren naturnahen Charakter, das Hauptmerkmal ihrer Attraktivität.

Nur ein Kompromiß kann die verschiedenen Interessen berücksichtigen: Besonders wertvolle und empfindliche Fließgewässer wie die Lutter werden ganz unter Schutz gestellt. Einige Flußabschnitte werden jahreszeitlich begrenzt und andere ganz für den Wassersport mit Kajak, Kanu und Schlauchboot freigegeben.

Wandern im Naturpark Lüneburger Heide

Der Naturpark um den Wilseder Berg ist zu allen Jahreszeiten ein lohnendes Ziel für Wanderer und Radfahrer. In der herben weiten Landschaft können sie Einsamkeit und Ruhe genießen. Nur in den wenigen Wochen der Heideblüte im August herrscht Hochbetrieb. Dann bevölkern große und kleine Wandergruppen die angelegten Wege, und die Pferdefuhrwerke und Kutschen sind ständig damit beschäftigt, die Gäste durch die Heide und in das kleine Dorf Wilsede zu fahren. Autoverkehr ist hier für Gäste verboten. Busse und Pkw bleiben auf riesigen Parkplätzen unter Birken und Kiefern am Rande des Parks.

Die Lüneburger Heide war in den vergangenen Jahrhunderten ein armes Bauernland. Die sandigen Ackerböden gaben nur kleine Ernten. Zur Düngung dienten Heideplaggen und der Mist der Heidschnucken. Die Schafe hielten die Heide durch Verbiß kurz und sorgten so für eine gute Blüte mit einem reichen Honigertrag der Bienen.

Die Bauern haben die Heide längst in Kiefernwälder umgewandelt. Nur im Naturpark wird die alte Heidebauernlandschaft mit den weiten Heideflächen und Wacholder aus Naturschutzgründen und für den Fremdenverkehr erhalten. Heidschnucken sind keine Nuztiere mehr. Sie werden zur Erhaltung der Heide und für den Fremdenverkehr gehalten.

1. Vergleiche die verschiedenen Möglichkeiten der Urlaubsgestaltung in der Lüneburger Heide.
2. Welche Gäste werden von den unterschiedlichen Möglichkeiten angesprochen. Diskutiere Vor- und Nachteile für verschiedene Gruppen.
3. Vergleiche und beurteile die Belastungen der Natur durch die genannten Tourismusformen.

Freizeit- und Erlebnisparks

Im Erlebnispark: Täglich bringen viele Busse aus fast ganz Deutschland Besucher zu dem nahe der Autobahn gelegenen Heide Park Soltau, der aktive Unterhaltung und vielfältige Gastronomie bietet.

Der Besucher erlebt hier auf engstem Raum viele künstliche und technische Attraktionen wie Looping- und Wildwasserbahnen, die ihn zu aktiver Teilnahme einladen. Besonders in kleinen und größeren Gruppen bringt es viel Spaß und Freude, die verschiedenen Angebote gemeinsam zu nutzen.

Durch ständigen Ausbau und Neubau technischer Anlagen soll die Anziehungskraft des Unternehmens der Freizeitindustrie erhalten werden.

Im Vogelpark: Auch der Vogelpark in Walsrode lockt vom Frühjahr bis in den Herbst täglich große Besucherscharen an. Beim Spaziergang durch die sorgfältig gestaltete Garten- und Parklandschaft lernt man die Vogelwelt der eigenen Heimat sowie vieler fremder Länder und exotischer Lebensräume kennen. Die Vögel werden in einer Umwelt gehalten, die ihrem natürlichen Lebensraum möglichst ähnlich ist. Die artgerechte Haltung wird dadurch belegt, daß der Vogelpark in der Nach- und Aufzucht vieler Vogelarten weltweit Anerkennung gefunden hat.

Das ganze Jahr über kommen viele Besucher. Mit ihren Eintrittsgeldern finanzieren sie die sehr aufwendige Pflege des Parks und das erfolgreiche Zuchtprogramm seltener und vom Aussterben bedrohter Arten.

Im Center Park: Ein Freizeitpark neuer Dimension entsteht bei Bispingen, der Center Park. Das Kernstück dieser Urlaubssiedlung aus Hotels und Ferienhäusern ist eine künstliche subtropische Bade- und Freizeitlandschaft unter einer riesigen Glaskuppel. In der norddeutschen Landschaft wird ein ganzjähriger, wetterunabhängiger Urlaubsbetrieb möglich.

Das 225-Millionen-Großprojekt auf 83 Hektar Fläche hat 1995 mit 611 Ferienwohnungen den Betrieb eröffnet. Wenn die Hotelkapazität voll ausgebaut ist, rechnen die Betreiber mit 1,1 Mio Übernachtungen im Jahr. Der Betrieb soll 350 Mitarbeiter in Vollzeit und 300 in Teilzeit beschäftigen.

Das Land Niedersachsen, Anlieger und eine Jagdgenossenschaft hatten das Großprojekt aus Naturschutzgründen zunächst gestoppt. Erst die Planung von Ausgleichs- und Ersatzmaßnahmen in der Natur führten 1994 zu einem Vergleich und damit zur Bau- und Betriebsgenehmigung. Die Bewohner der umliegenden Heidedörfer, besonders Inhaber kleiner Pensionen und Gasthöfe, lehnen das Projekt weiterhin ab. Sie fürchten um die Ruhe in den Dörfern, durch die der An- und Abreiseverkehr der Parkbesucher fließen wird. Dann könnten Heidebesucher, die wegen der Stille und Einsamkeit in die Heide kommen, wegbleiben und so die Einnahmen aus dem gewachsenen Fremdenverkehr schmälern.

4. Nennt und beurteilt Vor- und Nachteile, die sich für verschiedene Gruppen durch den Center Park ergeben.

85.1 Der Center Park

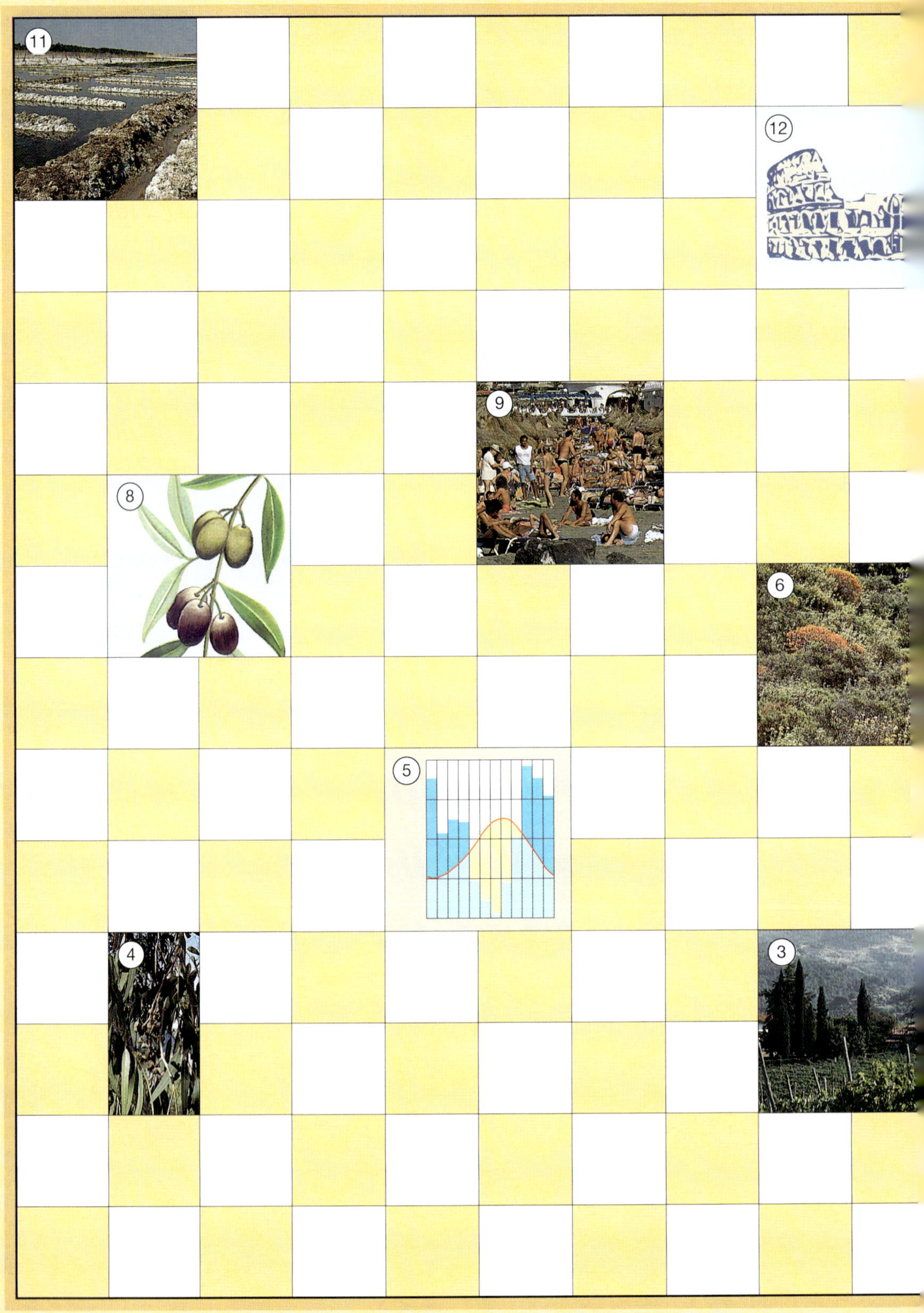
11
12
9
8
6
5
4
3

Die subtropische Zone

Sammle Punkte!

Auf dem Spielfeld darfst du 2 vor und 1 zur Seite oder 1 vor und 2 zur Seite rücken. Zulässig sind alle vier Richtungen:

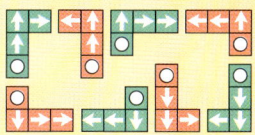

Das Ereignisfeld ist *ein* Feld. Die Stationen müssen nacheinander angelaufen werden. Auf dem Ereignisfeld mußt du die Aufgaben lösen. Dazu hast du fünf Sekunden Zeit. Wenn du es nicht schaffst oder dein Mitspieler oder deine Mitspielerin mit der Antwort nicht einverstanden ist, darfst du dir die Punkte nicht anschreiben.

Aufgabe	Punkte
1. Nenne weitere Früchte, die zu dieser Art gehören.	5
2. Wie heißt diese Landbearbeitung?	5
3. Was zeichnet diese Landschaft in Italien aus?	10
4. Wofür wird dieser Baum verwendet?	5
5. Nenne die Merkmale der Klimastation.	10
6. Wie schreibst du die Ansammlung von Hartlaubgewächsen?	10
7. Wer baute solche Anlagen?	10
8. Wofür verwendet man diese Frucht?	5
9. Nenne drei Urlaubsgebiete rund um das Mittelmeer.	10
10. Wie heißt die Insel?	10
11. Wodurch entsteht dieser Vorgang?	10
12. Wie heißt die Stadt? Nenne drei weitere Hauptstädte von Mittelmeerländern.	10

Die Verbreitung der tropischen Zone

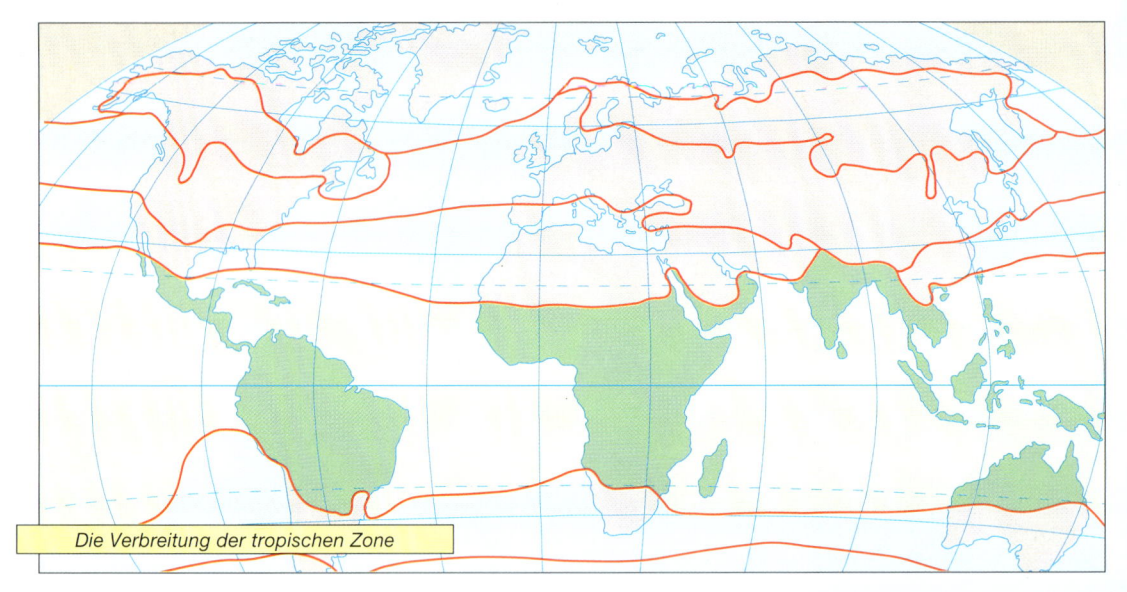

Lehmarchitektur in Bamako (Mali)

Straßenszene in Ibadan (Nigeria

Die tropische Zone

Ein Tag in den Tropen

Anfertigen von Adobe (luftgetrocknete Lehmziegel) in Nigeria

90.1 Afrika im Satellitenbild

Afrika im Überblick

Wußtest du schon, daß
- auf Afrika ein Viertel der Landmasse der Erde entfällt, nämlich 30 Mio km^2?
- der Nil der längste Fluß der Erde ist?
- der Malawi-See die zweitgrößte Süßwassermenge der Erde enthält?
- Tansania die Urheimat des Menschen ist?
- der Nasser-Stausee vom Mond aus zu sehen ist?
- die höchste Lufttemperatur der Erde mit 58 °C in Al Azizijah, einem Ort in Libyen, gemessen wurde?
- Lagos im Jahre 2000 etwa 14 Mio Einwohner haben und die größte Stadt Afrikas sein wird?
- die Wüste Sahara die größte Wüste der Erde ist, daß sie so groß wie Europa ist und sich ständig weiter ausdehnt?
- die Erzeugung von Nahrungsmitteln pro Kopf der Bevölkerung in Afrika als einzigem Kontinent abnimmt und Hungersnöte vorprogrammiert sind?

1. Bestimme mit Hilfe des Atlas die Lage der im Text genannten geographischen Orte.
2. Welche Wasserstraßen trennen Afrika von Europa und von Asien?
3. Beschreibe den Lauf des Nils von der Quelle bis zur Mündung.
4. Bestimme den nördlichsten und den südlichsten Punkt Afrikas.
5. Bestimme die Bedeutung der Farben des Satellitenbildes durch Vergleich mit der Wirtschaftskarte im Atlas.

91.1 Die Wüste frißt Land (Süd-Sudan)

91.2 Dorf der Waldbantu im tropischen Regenwald

92.1 Ziegenherde am Rand der Wüste

92.2 Holzmarkt in Niger

92.3 Bantu-Jungen in Zaïre

Von der Wüste zum Regenwald

Ein Blick aus dem Fenster des Flugzeugs zeigt: Das Landschaftsbild wandelt sich. Die öden, überwiegend vegetationslosen Sand-, Kies- und Bergflächen der Wüste Sahara bleiben zurück. Graubraune Ebenen erstrecken sich unter uns, überragt von einzelnen Bergen. Flußbetten und Bachläufe gibt es zwar, gesäumt von trockenem Buschwerk, aber Wasser gibt es darin nicht. Manche Flächen sind jetzt von einer ausgetrockneten Buschformation bedeckt, andere erscheinen noch wüstenhaft, doch stehen dort auch einzelne Bäume, die wohl ihr Laub abgeworfen haben.

Langsam verändert die Landschaft unter uns ihr Aussehen. Die nahezu vegetationslosen Flächen gehen in Graslandschaften über. Die gelbbraune Färbung zeigt, daß dort unten Dürre herrscht. Die Zahl der Büsche und Bäume ist zwar immer noch nicht groß, doch erscheinen einzelne grün. Sehr auffällig ist eine knorrige Baumart mit ausladenden Ästen und dickem Stamm. „Das ist der Affenbrotbaum, ein Baobab", sagt ein Mitreisender. In der Nähe eines Dorfes gibt es einen Buschbrand, es steigt Rauch auf. „Die Bauern bereiten ihr Land für den Anbau vor", erklärt mein Nachbar.

Allmählich wird die Vegetation dichter, die Farbe wechselt, alles erscheint grün. Hohes Gras bedeckt das Land, „Elefantengras", wie mein Nachbar weiß. Die Bäume sind jetzt höher und belaubt. Sie stehen nicht mehr einzeln, sondern bilden Waldinseln, bald auch Wälder. Das silbern glänzende Band eines wasserführenden Flusses mit dichtem Uferwald bleibt hinter uns zurück. Dann überfliegen wir eine Siedlung. Deutlich unterscheiden wir einfache Wohnhütten, aber auch Fabrikgebäude mit Wirtschaftsflächen inmitten eines riesigen Waldes. Die Bäume stehen in regelmäßigen Reihen. „Eine Plantage", meldet sich mein Nachbar.

Dichter wird der Wald, immer seltener kann man bis auf den Boden hinunterschauen. Einzelne Baumriesen ragen über das geschlossene Kronendach hinaus. Grün ist die vorherrschende Farbe, ein sattes Grün. An einem Flußlauf liegt ein kleines Dorf. Aus einer Lichtung in seiner Nähe steigt Rauch auf. Der Nachbar erklärt: „Brandrodung". Etwas später tauchen wir in eine Wolkenwand, Regen prasselt herab, ein Blitz erhellt für einen Moment das Dunkel, Böen schütteln das Flugzeug. Endlich liegt das Gewitter hinter uns, aber es bleibt stark bewölkt. Turmhoch ragen die Wolken empor. Wir landen. Als ich aus dem Flugzeug steige, schlägt mir warme, feuchte, modrig riechende Luft entgegen.

93.1 In der Wüste

93.2 In der Savanne

93.3 Im tropischen Regenwald

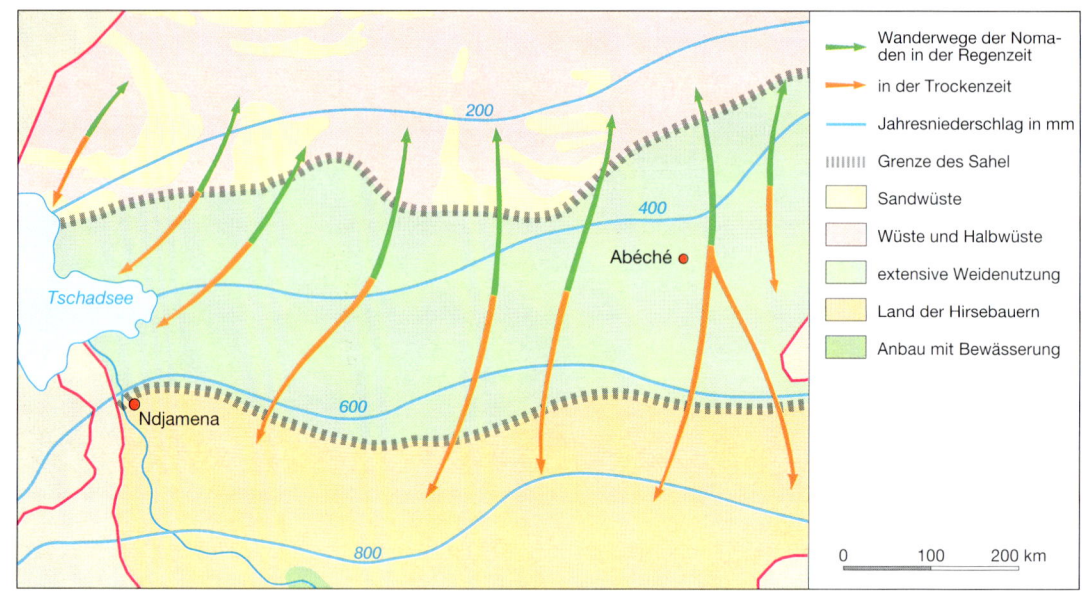

94.1 Wanderwege der Nomaden

Nomaden im Sahel

Südlich der Wüste Sahara beginnt die **Sahelzone**. Sahel (arab.) bedeutet Ufer: das Ufer, das die Karawanen erreichen, wenn sie die Weiten der Sandmeere, die Kies- und Felswüste durchwandert haben. Der Lebensraum Sahelzone umfaßt die **Dornsavanne** und große Teile der **Trockensavanne** zwischen Atlantik und Nil. Der nördliche Teil wird nur von wandernden Hirtenvölkern aufgesucht. Diese **Nomaden** legen im Laufe eines Jahres mit ihren Herden weite Entfernungen zurück, ständig auf der Suche nach Wasser und Weidegründen. Davon hängt ihre Existenz ab. Es gibt heute noch etwa fünf Millionen Nomaden. Dürreperioden und staatliche Ansiedlungsmaßnahmen haben viele von ihnen gezwungen, seßhaft zu werden. Sie fristen dann ein ärmliches Leben am Rande der Ortschaften.

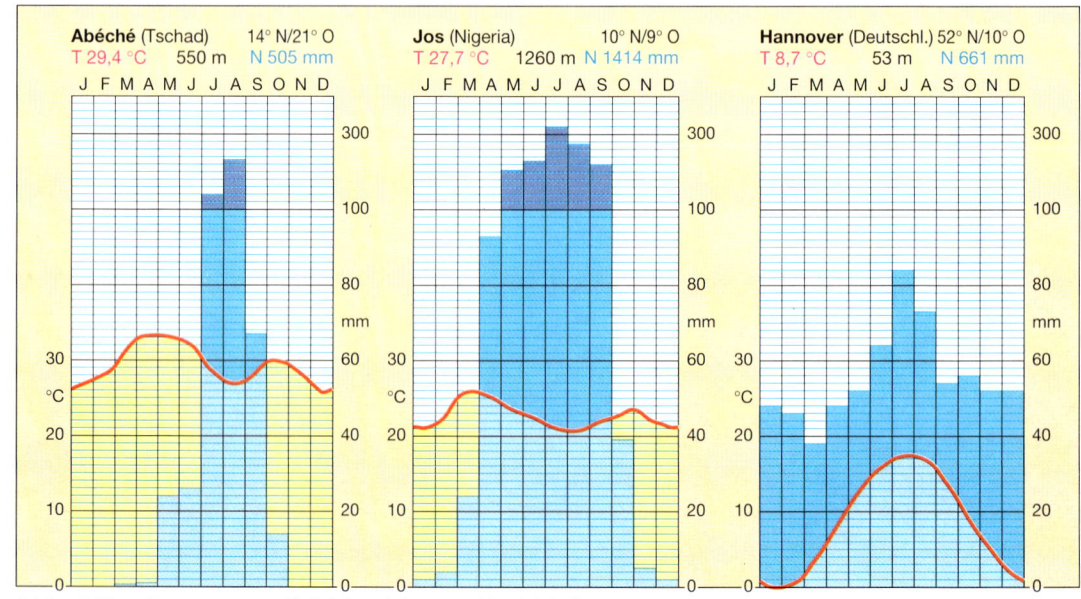

94.2 – 4 Klimadiagramme von Abéché und Jos, zum Vergleich Hannover

Hamib ist ein Nomadenjunge aus dem Staat Tschad. Er ist 14 Jahre alt. Jetzt, im August, hält er sich mit seiner Familie weit südlich von Abéché auf. Seine Familie besteht aus den Eltern, vier Geschwistern und den Tieren. Sein Vater ist ein geachteter Mann, denn er hat die größte Herde in der Sippe: drei Kamele, acht Rinder, zwölf Ziegen, acht Schafe und sechs Esel. Zur Sippe gehören vier weitere Familien. Zusammen sind sie 46 Menschen und 105 Tiere.

Die Lebensbedingungen in ihrer Heimat sind hart. Oft treten Wasser- und Futtermangel auf, und Krankheiten befallen die Tiere. Die Nomaden sichern ihre Existenz durch die Zusammensetzung ihrer Herde. Die verschiedenen Tierarten machen sich gegenseitig kaum Konkurrenz. Jede Art bevorzugt andere Futterpflanzen, die häufig an getrennten Stellen wachsen. Rinder und Ziegen brauchen täglich frisches Wasser. Dagegen können Kamele bis zu zwei Wochen ohne Wasser auskommen, wenn sie sich sattgetrunken haben. Je mehr Tierarten also in der Herde sind, desto kleiner ist das Risiko. Einige Tiere hat Hamibs Vater sogar bei befreundeten Sippen untergebracht. Als Gegenleistung betreut er etliche Tiere von ihnen. Auch das vergrößert die Sicherheit.

Hamib ist der älteste Sohn der Familie und muß kräftig mitarbeiten. Mit den Männern beaufsichtigt und versorgt er das Vieh. Das ist eine mühsame Arbeit. Denn die Tiere benötigen in der kargen Landschaft viel Weideland. Bevor alles kahlgefressen oder zertrampelt ist, zieht die Sippe weiter zu anderen Weideplätzen, wo es noch genügend Futter und Wasser gibt. Die Männer schöpfen es mit einem Ziegenhautsack aus den ein bis zwei Meter tiefen Wasserlöchern oder bis zu zehn Meter tiefen Brunnen, die sie teilweise selbst gegraben haben.

Die Frauen bleiben auch am Tag bei den Zelten, fertigen schöne Leder-, Spinn- und Webarbeiten an und bereiten das Essen zu. Abends hocken die Männer am Lagerfeuer, essen Hirsebrei und trinken Tee. Dabei unterhalten sie sich lautstark über ihre Herden und beraten, wie viele Tiere diesmal im Süden verkauft werden müssen, um die Steuer bezahlen, Hirse und notwendige Gebrauchsgüter einkaufen zu können. Die Frauen sitzen dann für sich beisammen.

Die Nomaden lagern nur einige Wochen im Norden. Etwa vier Wochen nach dem Ende der Regenzeit wandern sie nach Süden. Dort bauen die Frauen für vier bis sechs Wochen die Zelte auf. Sie stellen Stangen im Kreis auf, biegen sie zur Mitte und binden sie zusammen. Das Gestell decken sie mit Ziegenhäuten und Grasbüscheln. Durch den niedrigen Eingang tragen sie die Sachen hinein, die sie für ihr Leben brauchen: ein kleines Regal, Töpfe, Trinkgefäße, Matten, Decken, Vorräte und ein Transistorradio.

Ganz im Süden ihrer Wanderung sind sie dann bei den Hirsebauern. Sie treiben das Vieh auf die abgeernteten Felder. Die Hirsebauern sind froh, daß die Tiere die Felder düngen. Bis März/April bleiben sie dort. (aus dem Reisebericht eines Geographen)

1. Ordne Abb. 94.1 nach einer Atlaskarte ein. Nenne dazu die Lage im Gradnetz, Nachbarstaaten, Orte und Vegetationszonen.
2. Beschreibe die Wanderwege der Nomaden.
3. Begründe die Wanderungen mit Hilfe der Klimadiagramme von Abéché und Jos.
4. Schildere, wie die Männer, Frauen und Kinder der Nomaden leben und arbeiten.
5. Erläutere, wie sich die Hirtennomaden an den Lebensraum Sahelzone angepaßt haben.

95.1 An einem Brunnen im Sahel

96.1 Dorf mit Hirsespeichern in der Savanne

Ackerbau in der Savanne

Das Dorf Alme liegt im Nordwesten Kameruns. Es hat etwa 1000 Einwohner, ebenso viele wohnen in der näheren Umgebung. Sie gehören dem Volk der Pärä an. Sie sind nur etwa 30 000 Menschen, haben aber eine eigene Sprache. Das ist hier nichts Besonderes, denn in Kamerun werden 190 verschiedene Sprachen gesprochen, und das bei nur elf Millionen Einwohnern! Verkehrssprache ist Französisch, aber im Norden des Landes ist es wenig verbreitet.

Die Männer machen Boden durch Abbrennen der Büsche und Gräser urbar. Dann lockern die Frauen mit kurzstieligen Hacken den harten Lehmboden und säen Hirse, ihr Grundnahrungsmittel. Fällt der Regen zum richtigen Zeitpunkt und in genügender Menge, leiden die Pärä keine Not.

Aus der gestoßenen Hirse kochen die Frauen unter Zusatz von Öl und Wasser den Fou-Fou, einen Brei, der ähnlich wie Mehlklöße schmeckt. Außerdem stehen Jams, eine Knollenfrucht, und Kochbananen auf dem Speisezettel. Aus Schoten, Kräutern und Baumfrüchten stellen sie schmackhafte Soßen her. Fleisch oder Eier gibt es selten. Großvieh kann man nicht halten, denn in den feuchteren Tropen ist die Tsetse-Fliege verbreitet. Sie überträgt die Nagana-Seuche, die für Pferde und Rinder tödlich ist.

Während der drei- bis fünfmonatigen Trockenzeit ruht die Arbeit in der Landwirtschaft. Die Männer und jungen Burschen gehen dann auf die Jagd.

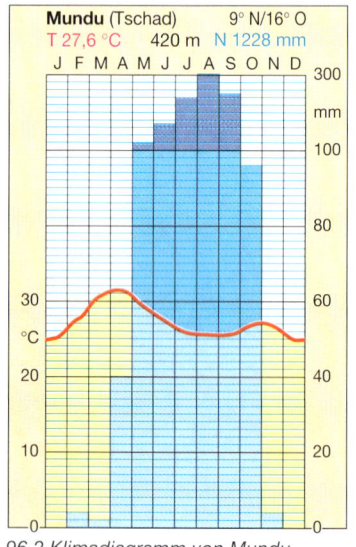

96.2 Klimadiagramm von Mundu

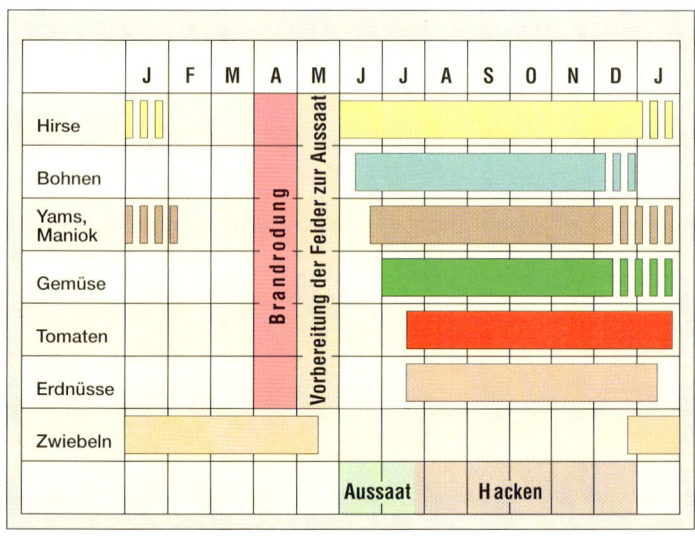

96.3 Arbeitskalender der Hirsebauern

97.1 Hirsefeld

Die Brunnen und Wasserlöcher enthalten auch am Ende der Trockenzeit noch Wasser, aber es ist dann faulig und voller Verunreinigungen. Früher löste es häufig Krankheiten aus. Die nächste Krankenstation aber war 120 km entfernt. Viele Menschen haben Alme verlassen und sind in die großen Städte an der Küste gezogen. Sie sahen keine Möglichkeit, ein gesichertes Leben auf dem Lande zu führen.

Wandlungen traditioneller Lebensformen

Früher reichte das Anbausystem des **Wanderhackbaus** zur Ernährung der Bevölkerung in der Savanne aus. In den letzten Jahrzehnten aber ist die Zahl ihrer Bewohner stark gestiegen. Millionen von Menschen sind in die großen Städte abgewandert, um dort eine andere Existenzgrundlage zu suchen. Viele Bauern stellten sich um und bauen statt Hirse **Exportprodukte** an, z. B. Erdnüsse, Baumwolle und Sisal, die allerdings den Boden stark beanspruchen.

Der **Hirseanbau** verlagerte sich nach Norden, bis zu 200 km über die Trockengrenze des Regenfeldbaus (rund 300 mm N/Jahr) hinaus. Hier sind die Erträge erheblich niedriger als weiter im Süden, und dazu schwankt die Niederschlagsmenge von Jahr zu Jahr. Um ihre Existenz zu sichern, sind viele Hackbauern dazu übergegangen, mehr Vieh

97.2 Rispenhirse

97.3 Kolbenhirse

zu halten als früher. Es frißt im weiten Umkreis der Dörfer alle Pflanzen ab. Weil die Bauern immer mehr Brennholz für die Zubereitung ihres Essens benötigen und Gräser und Kräuter mit der Hacke jäten, zerstören sie das natürliche Gleichgewicht der Landschaft.

Da sich die Anbauzone nach Norden verlagerte und die Bauern zusätzlich Weideland benötigen, wird der Lebensraum der Nomaden eingeengt. Diese haben durch die Vergrößerung der Herden und das Bevölkerungswachstum einen steigenden Flächenbedarf. Um Konflikte zu vermeiden, aber auch, um die Nomaden besser unter Kontrolle zu bekommen, versuchen die Regierungen, sie seßhaft zu machen. Das ist problematisch, denn die Landschaft wird dadurch stark belastet, die Zerstörung beschleunigt.

1. Beschreibe nach dem Atlas die Lage Kameruns, und stelle fest, an welchen Vegetationszonen dieser Staat Anteil hat.
2. Beschreibe das Klimadiagramm (Abb. 96.2).
3. Erläutere die Tätigkeiten der Hirsebauern in ihrer Verteilung über das Jahr (Abb. 96.1, Text).
4. Nenne Vorzüge und Nachteile der Landnutzung bei den Hackbauern und den Hirtennomaden.

98.1 Dorf in Schwarz-Afrika

Ein Dorf in Burkina Faso

Burkina Faso ist ein Binnenstaat im Savannengürtel Westafrikas. Dorf – da haben wir sofort ein vertrautes Bild vor Augen: Dorfkirche, Dorfplatz, Bauernhäuser mit Scheune und Stall, ein Wirtshaus. Das ist völlig falsch. Unser Dorf in Burkina heißt Sanje und hat etwa 2000 Einwohner, die in 70 großen Gehöften wohnen. Jedes ist von einer Mauer umgeben. Wenn man durch den einzigen Mauereingang ins Innere eines Gehöftes tritt, sieht man kleine, einstöckige Häuser aus Lehm, die an die Mauer gebaut sind. Bei einem neuen Gehöft sind es nur fünf oder sechs; im Laufe der Jahrzehnte werden es immer mehr. Die Bewohner bauen die Häuser selbst. Heiratet eine Frau und bekommt ihr erstes Kind, zieht sie in ein eigenes Haus im Gehöft ein.

Jedes Haus eines Gehöfts hat direkt außerhalb einen Garten und daran anschließend seine Hausfelder, die regelmäßig mit Asche aus dem Haushalt und Fäkalien gedüngt werden. Die Buschfelder liegen oft mehrere Kilometer vom Dorf entfernt und werden durch Brandrodung gewonnen. Halbhohe Lehmmauern bilden Vorhöfe vor den einzelnen Häusern, lassen aber in der Mitte des Gehöfts Platz für die Kornspeicher und meist auch einen Brunnen.

In jedem Gehöft lebt eine Großfamilie. Anfangs sind es einige Brüder mit ihren Frauen und Kinder. Wenn es später voll ausgebaut ist, wohnen bis zu hundert Menschen darin. Der älteste Bruder hat die Befehlsgewalt. Auf dem freien Gelände des Gehöfts werden kleine Haustiere wie Ziegen, Schweine und Hühner gehalten; für sie gibt es einfache Ställe.

In der Nähe liegen weitere Gehöfte von Verwandten, dann folgen die Gehöfte eines anderen Klans, aber alle liegen doch einige hundert Meter auseinander. Durch das Dorf zieht sich ein Bachbett, das nur in der Regenzeit Wasser führt.

Eine geschlossene Ortschaft mit einem Ortskern ist Sanje nicht. Jedes Gehöft ist eine Wirtschaftseinheit, die sich selbst versorgt. Von der Hirseernte bekommt jeder Haushalt eine Jahresration. Der Rest kommt in die Speicher. Er darf nur im Notfall auf Beschluß aller erwachsenen Männer verteilt werden. Die Überschüsse sowie Gemüse und Geflügel werden verkauft.

1. Kennzeichne die Lage von Burkina Faso (Atlas).
2. Beschreibe die Abb. 98.1.
3. Zeichne einen Plan des Dorfes Sanje (Text).
4. Vergleiche Sanje mit einem deutschen Dorf, und erkläre die andersartige Bauweise.

Eine Landfrau aus Kamerun berichtet

Frühmorgens, so gegen fünf Uhr, stehe ich als erste auf. Zunächst muß ich Hirse zu Mehl stampfen. Für unsere Tagesration brauche ich etwa eine Stunde. Zum Frühstück bereite ich eine süße Hirsespeise. Danach muß ich Wasser von der Wasserstelle holen, damit die Kinder, die zwischen sechs und sieben Uhr aufstehen, sich waschen können.

Kurz nach sieben gehen die älteren Kinder zur Schule, und ich gehe zum zwei Kilometer entfernten Feld. Auf dem Kopf trage ich die Kochgeräte und eine Hacke, denn die großen Kinder kommen mittags auf das Feld, um dort zu essen. Sie müssen mir anschließend bei der Feldarbeit helfen. Mein jüngstes Kind nehme ich auf dem Rücken mit.

Vorgestern habe ich begonnen, das Feld von Unkraut freizumachen. Die Wurzeln müssen noch ausgegraben werden. Danach erst kann ich den Boden aufbereiten und säen. Mit der Hacke lockere ich jede Stelle auf, an die einige Samenkörner kommen. Später muß ich dann jeden Tag zum Feld gehen, um zu jäten und die Pflanzen zu bewachen. Sonst fräßen die Tiere aus dem Busch alles kahl.

Mittags gibt es meist Fou-Fou, einen Hirsebrei mit einer Soße aus Kräutern und Gemüse. Bevor die neue Ernte reif ist, reicht es aber oft nur zu einer dünnen Gemüsesuppe. Ehe ich dann gegen 16 Uhr nach Hause gehen kann, sammle ich noch Feuerholz für den Abend und den nächsten Morgen.

Im Gehöft habe ich noch allerlei Arbeiten zu erledigen. Wasser muß erneut geholt und Küche und Hof in Ordnung gehalten werden. Gegen 19 Uhr wird bei uns gegessen. Danach wasche ich die Kinder und mache sie fürs Bett fertig. Bis 21 Uhr ist Zeit für die Familie. Ich spiele mit den Kindern und rede über die Schule. Gegen 22 Uhr gehe ich schlafen.

Alle acht Tage besuche ich den Markt, um Hirsefladen zu verkaufen. Vom verdienten Geld, es sind etwa sechs Mark im Monat, kaufe ich Gewürze und andere Zutaten zum Kochen. Ich entscheide allein über die Einnahmen, den Anbau, den Anteil des eigenen Verbrauchs und den Verkauf. So haben ich viel Unabhängigkeit.

Wir Frauen leben von den Männern ziemlich getrennt. Sie bauen „cash crops" an oder arbeiten auf Plantagen. Auch die Freizeit verbringen sie meist unter sich. (nach: Praxis Geographie 6/92, S. 25f)

5. Stelle den Tagesablauf einer Landfrau in Kamerun in Form eines Stundenplans zusammen. Fertige für deine Mutter ebenfalls einen Tagesverlaufsplan an und vergleiche.

6. Kennzeichne die Rolle der Frau in Kamerun.

99.1 Frauenarbeit: Arbeit auf dem Feld

99.2 Frauenarbeit: Zerstoßen der Hirse

99.3 Frauenarbeit: Transport von Brennmaterial

100.1 Baobab in der Trockenzeit

100.5 Baobab nach der Regenzeit

Überleben im Sahel

Gespannt schauen die Bewohner des Dorfes bei Niamey nach Südwesten. Seit Tagen sind dort Wolken zu sehen, die ersten seit vielen Monaten. Aber nur langsam nähert sich die Front. Auch hängen keine Regenvorhänge herab, kein Blitz ist zu sehen, kein Donner zu hören. Mühsam ist das Leben am Ende der **Trockenzeit**. Mensch und Tier leiden Durst. Nur langsam läuft das Wasser in den Brunnen nach, eine braune Brühe, die stinkt und schlecht schmeckt.

Ausgetrocknet ist auch das Land. Tiefe Trockenrisse durchziehen den Boden, die Oberfläche ist an vielen Stellen verkrustet. Der Wind, der über den ungeschützten Boden weht, trägt gelbe Staubwolken davon. Das Wasser, das der Affenbrotbaum in den Kammern seines Stammes gespeichert hatte, ist aufgebraucht, und er hat sein Laub abgeworfen.

Was wird die **Regenzeit** diesmal bringen? Wenig Regen oder viel, oder wird sie ganz ausbleiben? Wird es einige Tage regnen oder mehrere Wochen? Wird es heftige Regenfälle geben, die das Land überschwemmen und den Boden abspülen? Werden sie aufhören, ehe das Wasser in ihn eindringen und die Vegetation zum Leben erwecken konnte?

1. Bestimme die Monate, in denen die Aufnahmen des Baobab gemacht wurden.
2. Wo ist Hamib zu diesen Zeiten (vgl. S. 94/95)?
3. Kennzeichne das Klima von Niamey.

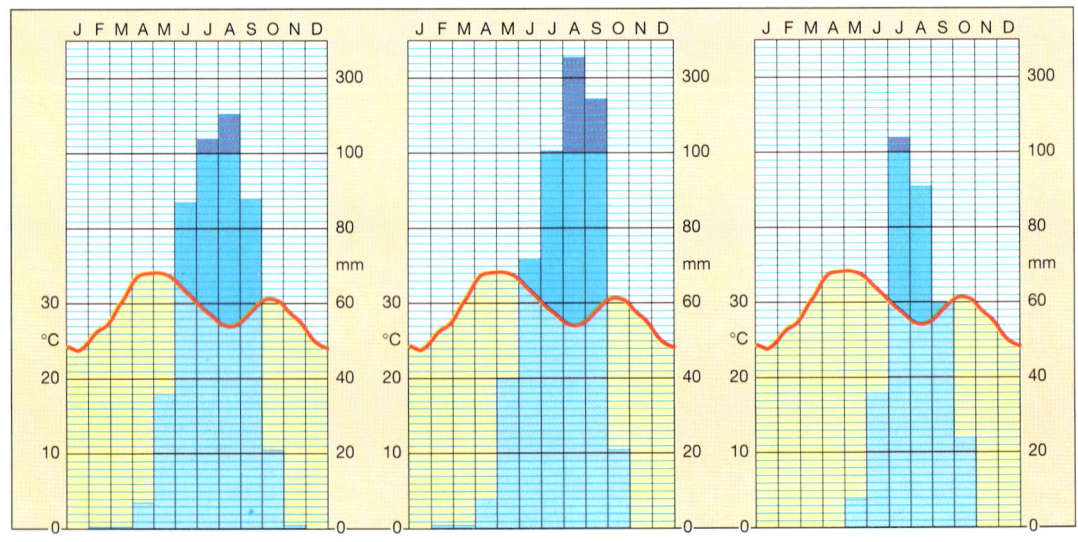

100.2 – 4 Klimadiagramme von Niamey: normales Jahr, feuchtes Jahr, trockenes Jahr

Sahel – ein rettendes Ufer?

Das ängstliche Warten auf die Regenzeit ist in der Sahelzone nur zu berechtigt. Im Sahel wechseln nämlich Jahre mit Niederschlägen über dem Durchschnitt mit solchen unter dem Durchschnitt in unregelmäßiger Folge ab. Diese **Variabilität der Niederschläge** ist ein Kennzeichen des semiariden Raumes. Die Pflanzen- und die Tierwelt haben sich darauf eingestellt, ebenso die traditionell wirtschaftenden Hirtennomaden und die seßhaften Hirsebauern.

In den letzten Jahrzehnten aber kam es während der Dürreperioden mehrfach zu **Dürrekatastrophen.** Besonders schlimm war sie in den Jahren 1968 bis 1973. Tausende von Menschen verhungerten, Hunderttausende flohen nach Süden, die Nomaden verloren fast ihren gesamten Viehbestand.

Zuerst glaubte man, es handele sich allein um eine klimatische Erscheinung. Erst nach der UNO-Weltkonferenz von 1977 über die Wüstenbildung erkannten die Forscher, daß der Mensch selbst die Katastrophe wesentlich mitverursacht hatte.

Unsere Zivilisation ist ungewollt ein Komplize der Wüste. Medizinische Fortschritte verursachten einen starken Anstieg der Bevölkerungszahl. Um mehr Hirse anzubauen und das Ernterisiko bei Dürre zu vermindern, roden die Bauern mit der Hacke, z. T. auch mit Traktoren, weite Flächen im Umkreis ihrer Dörfer. Wenn dann der Regen ausbleibt, wird die fruchtbare Bodenkrume durch den Wind abgetragen. Sind die Regenfälle zu stark, spülen sie den Boden ab.

Je mehr Tiere die Viehhalter haben, desto größer ist ihr Ansehen. Deshalb stocken sie ihre Herden auf. Bis zu 400 m tiefe Brunnen, von Entwicklungshelfern angelegt, fördern das nötige Wasser, senken aber den Grundwasserspiegel ab. Wenn die Pflanzen ihn nicht mehr erreichen, verdorren sie. Den Rest besorgen die Viehherden. Es werden viel mehr Tiere gehalten, als die Savanne ernähren kann. Besonders im Umkreis der Brunnen haben sie die Vegetation kilometerweit durch Überweidung vernichtet.

Die Zerstörung der Naturlandschaft wird durch den Holzbedarf der Menschen beschleunigt. Für ihre Wohnhütten, die Umzäunung der Felder und Hütten sowie zum Kochen benötigt jede Familie fast 200 Bäume und Büsche im Jahr. Mancherorts muß das Holz schon aus über 100 km Entfernung herangeholt werden.

Die Abtragung des Bodens durch Wind und Wasser bezeichnet man als **Bodenerosion.** Die vom Menschen verursachte Wüstenbildung ist die **Desertifikation.** Durch sie rückt die Wüste im Jahr etwa 10 km vor. Das rettende Ufer des Sahel weicht deshalb in immer weitere Ferne zurück.

4. Nenne die Vegetationszonen, an denen der Sahel Anteil hat, und ihre Nutzung.
5. Die Desertifikation beginnt meist in der Umgebung von Brunnen und Dörfern. Begründe.
6. Was könnten die Bewohner des Sahel tun, um die Zerstörung ihres Lebensraumes zu verhindern?

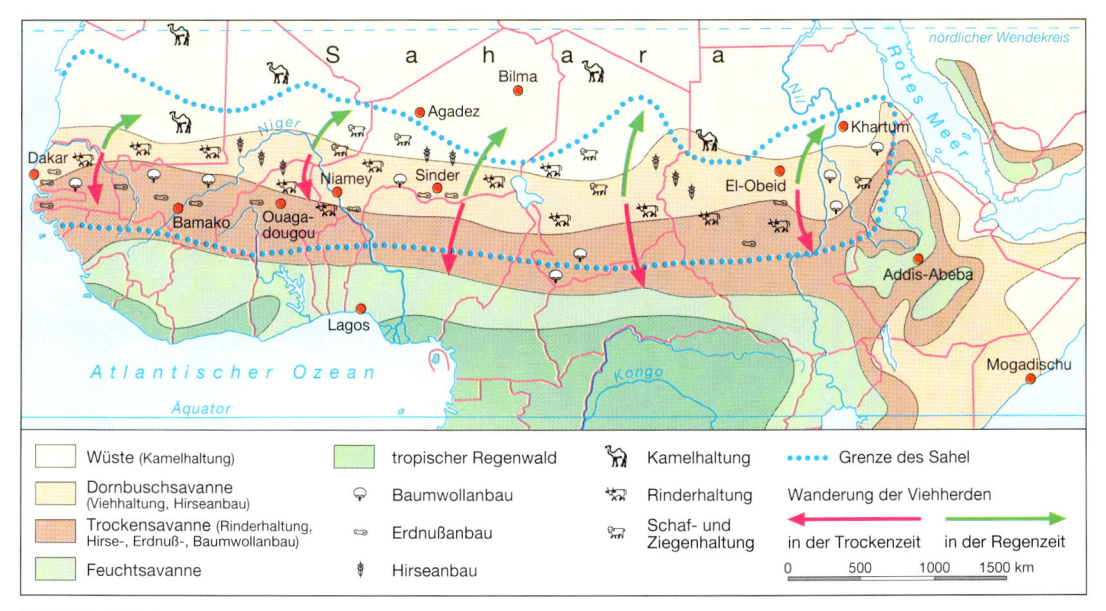

101.1 Die Sahelzone

Der tropische Regenwald

Ein Baum im tropischen Regenwald erzählt

Wollen Sie den Regenwald kennenlernen? Kommen Sie, begleiten Sie mich durch den tropischen Dschungel! Atmen Sie tief ein, noch einmal ganz tief! Die Luft schmeckt zähflüssig, fast klebrig, und riecht etwas süßlich. Und sie hängt voll würziger Düfte.

Schwer ist diese Luft, wie ein nasser Schwamm, warm und feucht. Das liegt daran, daß der tropische Regenwald in Stockwerken aufgebaut ist und die Kronenschicht für ein eigenes Klima unter ihrem schützenden Dach sorgt. Denn darüber glüht das Tropenungeheuer, die Sonne. Ihre Strahlen brennen mit einer solchen Intensität, daß sich die höchsten Bäume, deren Kronen keinen Schatten kennen, ständig vor Austrocknung schützen müssen. Deswegen haben sie kleinflächige, kräftige Blätter entwickelt, die mit einer Wachsschicht überzogen sind, um die Feuchtigkeit zu binden.

So läßt es sich leben mit der Sonne, die wir brauchen wie den Regen und den Boden. Denn wir benötigen Monatsmitteltemperaturen von 24 bis 28 °C und wenigstens 1500 mm Regen im Jahr, die annähernd gleichmäßig verteilt sind. Wir brauchen auch die hohe Luftfeuchtigkeit, die meist über 90 % liegt.

Kommen Sie! Der Regenwald wird Sie umschließen, umblättern, umranken. Einzigartig ist der Artenreichtum. Rund 450 000 Pflanzenarten gibt es in ihm, und auf einem Hektar Waldboden kann man häufig über hundert verschiedene Baumarten zählen. Dagegen ist der europäische Wald mit 5000 Pflanzenarten und sieben Baumarten je Hektar ausgesprochen arm. Vielfältig sind auch die Blattformen: länglich, breit, dick, rund, oval, gefächert, zerfranst.

Der ständige Kampf um das wenige Licht, das durch das Kronendach in den Regenwald fällt, hat die meisten Blätter geprägt. Manche, die tief unten wachsen, wo nur etwa ein Prozent des Sonnenlichts ankommt, haben eine Oberfläche von einigen Quadratmetern (11). Andere Pflanzen haben kleine Blätter und klettern an Baumstämmen zum Licht (7). Manche Bäume treiben Blüten direkt aus dem Stamm (10). Die Würgefeige (12) benötigt einen Wirtsbaum, um in die Höhe zu klettern. Ist sie am Licht angelangt, überwuchert sie ihn, und der Wirtsbaum geht an Lichtmangel ein. Die Würgefeige aber ist jetzt stark genug, auch aus eigener Kraft zu stehen.

Über einem Stimmenorchester von Vögeln, Affen, Kröten, Fröschen und Grillen thront ein Urwaldriese, 40, ja vielleicht 50 m hoch, der auf dicken, alten, zerfurchten Brettwurzeln (13) steht, ganz von

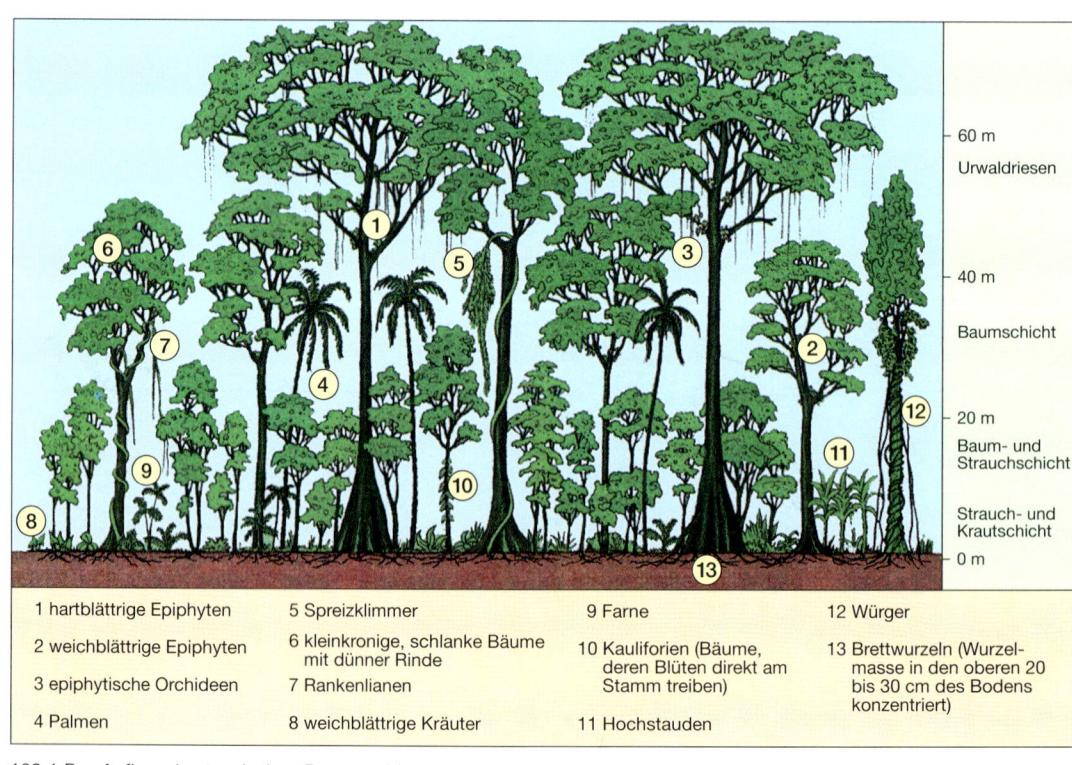

1 hartblättrige Epiphyten	5 Spreizklimmer	9 Farne	12 Würger
2 weichblättrige Epiphyten	6 kleinkronige, schlanke Bäume mit dünner Rinde	10 Kauliforien (Bäume, deren Blüten direkt am Stamm treiben)	13 Brettwurzeln (Wurzelmasse in den oberen 20 bis 30 cm des Bodens konzentriert)
3 epiphytische Orchideen	7 Rankenlianen		
4 Palmen	8 weichblättrige Kräuter	11 Hochstauden	

102.1 Der Aufbau des tropischen Regenwaldes

Farnen (9), Flechten und Moosen bewachsen. In drei Metern Höhe klammert sich eine Grasart an die Rinde, höher hinauf hat es ein Spreizklimmer (5) geschafft. Weiter oben haben sich Schmarotzer und Epiphyten (1 bis 3) angesiedelt, eine besondere Erscheinungsform des Regenwaldes. Es sind Huckepack- oder Aufsitzerpflanzen, die sich auf Blättern, Ästen und Ranken niedergelassen haben, ohne Nährstoffe zu stehlen.

Schon 15 m über dem Erdboden ist der mächtige Baumstamm fast ganz bewachsen, so daß die Krone kaum noch zu sehen ist. Wie verrottete Taue hängen Lianen (7) aus luftiger Höhe bis fast auf den Boden herunter ... Trotzdem ist der Regenwald nicht die grüne Hölle, die Sie vielleicht erwartet haben. Es ist das grüne Paradies ... Kommen Sie, ich erkläre Ihnen dieses scheinbare Chaos aus ungezählten Tieren und Pflanzen. In Wahrheit regiert hier eine feste Hausordnung mit vielen kleinen Nischen, und jede Art hat ihren Platz. Schauen Sie genau hin, und Sie werden eine klare vertikale (d. h. senkrechte) Gliederung des Regenwald erkennen, mehrere Stockwerke, die jeweils ein eigenes Untersystem bilden.

Der Regenwald macht zwar nur ein Viertel des gesamten Waldbestandes der Erde aus, aber er umfaßt vier Fünftel der Landvegetation. Auf einem Hektar finden sich bis zu 800 Tonnen Biomasse, das ist die Summe aller lebenden und toten Organismen. Ein mitteleuropäischer Mischwald kommt auf der gleichen Fläche nur auf 150 Tonnen. Das hat auch wiederum mit dem Klima zu tun, denn der Regenwald kennt keine Jahreszeiten. Deshalb stehen in ihm manche Bäume ganz kahl da, andere sind über und über mit Blüten bedeckt, wieder andere tragen reife Früchte oder werfen die Blätter ab.

Bei den hohen Temperaturen und starken Regenfällen werden die auf den Boden fallenden Blätter sehr schnell zersetzt. Die Wurzelsysteme der Pflanzen fangen die Nährstoffe auf und transportieren sie wieder in die Höhe. So ist ein schneller Kreislauf der organischen Stoffe vorhanden, und den Boden bedeckt eine nur dünne Humusschicht.

(nach: Behrend/Paczian, Raubmord am Regenwald, S. 22 f, leicht gekürzt)

Ein Tag im tropischen Regenwald

Zwei Jahre verbrachte ich als Entwicklungshelfer in der Nähe von Yangambi am Kongo. Jeder Tag verläuft dort gleich. Der Tagesgang des Wetters machte mir sehr zu schaffen.

Schon früh am Morgen erwacht das Dorf zum Leben, denn um sechs Uhr wird es fast ohne Dämmerung hell. Wenn ich wenig später das Haus verlasse, schlägt mir feucht-warme Luft entgegen. Obwohl das Thermometer nur 23 °C anzeigt, beginne ich schon bei der geringsten Tätigkeit zu schwitzen, denn die Luftfeuchtigkeit ist hoch. Nebel steht oft zwischen den Hütten und im Wald.

Steil steigt die Sonne empor, durchbricht gegen 7 Uhr die Nebelbänke und löst sie auf. Rasch wird es wärmer. Schon um 9 Uhr sind es 27 °C, am Mittag über 30 °C. Flimmernd steigt die Luft auf und trägt den Wasserdampf mit in die Höhe. Dabei kühlt die Luft sich ab, und der Wasserdampf kondensiert, d. h., es entstehen winzige Wassertröpfchen.

So ab 10 Uhr bilden sich am Himmel einzelne weiße Haufenwolken, die sich gegen Mittag immer mehr verdichten und bald den ganzen Himmel überziehen. Dunkler wird ihre Farbe, drohend ragen sie empor, bis zu 18 km hoch. Gegen 14 Uhr kommen Windböen auf, Blitze zucken durch das Dunkel, Donnerschläge krachen. Heftige Regengüsse prasseln herab, die Mittagsregen. Der Regenwald dampft, die Luft ist mit Feuchtigkeit gesättigt. Erst nach 17 Uhr kommt die Sonne hinter den Wolken wieder hervor.

An eine Wiederaufnahme der Arbeit ist nicht mehr zu denken, denn um 18 Uhr sinkt die Sonne als rotglühender Ball unter den Horizont. Schon 15 Minuten später ist es stockfinster. Bis zum frühen Morgen kühlt es sich langsam ab, so daß sich Nebel bilden. Dann fängt alles wieder von vorn an.

Da die Unterschiede im täglichen Wetterverlauf auffälliger sind als im Jahresverlauf, nennt man das Klima des Regenwaldes ein **Tageszeitenklima**.

Besonders stark sind die Regenfälle in der Zeit, in der die Sonne mittags im Zenit (arab. senkrecht) steht, nämlich im April und im Oktober. Dann ist die Wärmeeinstrahlung besonders groß. Die dadurch hervorgerufenen Regenfälle werden deshalb auch als **Zenitalregen** bezeichnet.

1. Stelle in einer Tabelle Einzelheiten zum Stockwerkbau des Regenwaldes zusammen. Werte dazu den Text und die Abb. 100.1 aus.
2. Kennzeichne das Klima des Regenwaldes (Text).
3. Vergleiche den tropischen Regenwald mit einem Wald in der Nähe deines Wohnortes.
4. Entwirf einen Tageskalender des Wetterablaufs im tropischen Regenwald.
5. Stelle einen Zusammenhang zwischen der Wärmeeinstrahlung, der Luftfeuchtigkeit und den Niederschlägen her.
6. Unterscheide Mittags- und Zenitalregen.
7. Vergleiche das Tageszeitenklima mit dem Jahreszeitenklima in unseren Breiten.

104.1 Bataten, Maniok, Jams und Taro

Brandrodungsfeldbau bei den Bantu

Die Waldbantu, deren Vorfahren einst von der Savanne in den Regenwald eingewandert sind, betreiben **Wanderfeldbau** und leben in Dörfern. Bis zu 40 Menschen pro Quadratkilometer können bei dieser Wirtschaftsform unter bestimmten Voraussetzungen im Regenwald leben.

Ackerflächen im Regenwald werden durch Brandrodung urbar gemacht. Die Bantu schlagen zu Beginn eines trockeneren Jahresabschnitts mit Buschmessern und Äxten kleinere Bäume und Büsche ab. Größere Bäume werden geringelt, d. h., ihre Rinde wird eingekerbt. Dadurch sterben sie ab. Urwaldriesen läßt man häufig als Schattenbäume stehen, um empfindliche Jungpflanzen vor den Strahlen der Sonne zu schützen. Nach einigen Wochen werden die verdorrten Büsche und Bäume in Brand gesetzt. Rauchfahnen steigen zu dieser Zeit an vielen Stellen aus dem Regenwald auf. Die Ascheschicht enthält wichtige Nährstoffe.

Dann beginnt die Feldarbeit. Die Bantu säen mit Grabstöcken oder Hacken zwischen die verkohlten Baumstümpfe zunächst Mais oder Hirse. Danach pflanzen sie Mehlbananen und mehrjährige Knollengewächse, z. B. Maniok und Bataten, außerdem Erdnüsse und Zwiebeln, dann auch Tomaten, Auberginen, Pfeffer, Taro und Yams. Knollengewächse können bis zu zwei Jahre lang geerntet werden. Die Bantu bauen nur für den Eigendedarf an. Sie betreiben **Subsistenzwirtschaft.**

Die Aschedüngung hält nicht lange vor. Deshalb sinken die Erträge auf den Brandrodungsflächen mit jeder Anbauperiode. Spätestens nach drei Jahren geben die Bantu die Felder wegen zu geringer Fruchtbarkeit auf und wandern weiter.

Die aufgelassenen Rodungsflächen werden vom Wald zurückerobert. In diesem **Sekundärwald** gibt es weniger Baumarten als zuvor. Der Unterschied zum ursprünglichen **Primärwald** ist groß. Nach etwa zehn Jahren kann die ehemalige Rodungsinsel wieder durch Brandrodung urbar gemacht werden.

104.2 Brandrodung

104.3 Brandrodungsfeld

Ist der Boden einer Rodungsinsel erschöpft, so legen die Bantu im Regenwald eine neue an. Oft ist sie so weit von der alten Siedlung entfernt, daß das ganze Dorf an anderer Stelle neu aufgebaut wird.

Früher erleichterten sich die Waldbewohner die schwere Arbeit des Rodens, indem sie ihre ehemaligen Rodungsinseln der Reihe nach wieder urbar machten. So kamen sie nach etwa 20 Jahren wieder auf die erste Parzelle zurück. Die inzwischen vergangene Zeit ist der **Rotationszyklus.**

Auch bei den Waldbantu ist das Bevölkerungswachstum hoch. Die Flächen, auf denen sie ihre gewohnte Form der Landwirtschaft betreiben können, lassen sich nicht vergrößern. Schließlich sind auch die benachbarten Regenwaldgebiete besiedelt. Dies hat zur Folge, daß die verbliebenen Flächen mit Primärwald gerodet werden. Schließlich muß auch der Sekundärwald bereits nach wenigen Jahren wieder genutzt werden. Die Brachezeiten werden zu kurz, so daß der Boden sich nicht ausreichend erholen kann. Die Erträge der einzelnen Parzellen sinken. Wegen der Nahrungsmittelknappheit muß ein Teil der Dorfbewohner in die Stadt abwandern.

1. Beschreibe die traditionelle Wirtschaftsform der Brandrodung.
2. Mais und Hirse haben einen großen Nährstoffbedarf und werden zuerst angebaut. Begründe.
3. Beschreibe nach Abb. 105.1 Vegetation und Bodennutzung der dargestellten Siedlung.
4. Vergleiche die Nutzung im ersten und im dritten Jahr. Wähle dazu je ein Beispiel aus jeder Farbsignatur aus.
5. Welche Flurstücke haben die Bantu zum Anbau vorbereitet?
6. Welche Veränderungen sind Anzeichen für Bevölkerungswachstum?

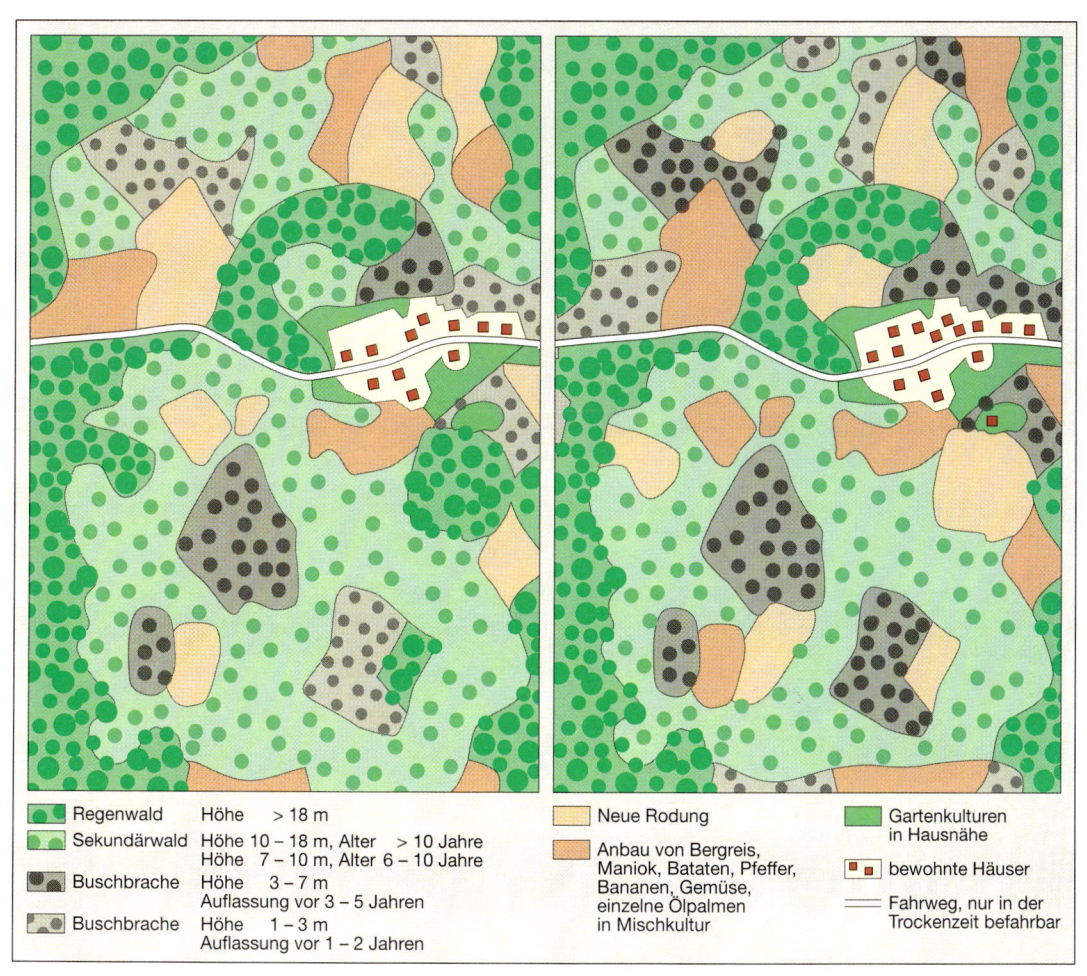

105.1 Wanderfeldbau in Zumbata, Liberia: Landnutzung im Abstand von drei Jahren

Bouake (Elfenbeink.) 8° N/5° W
T 26,6 °C 365 m N 1210 mm

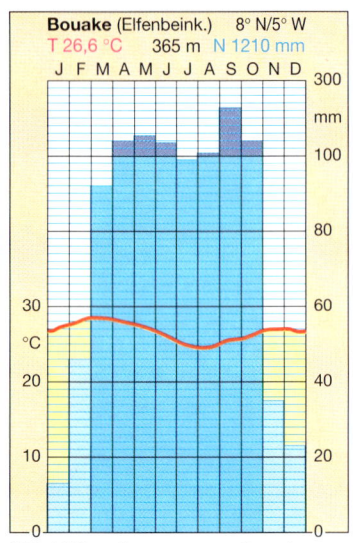

106.1 Klimadiagramm von Bouake

Der Kakaobaum ist eine immergrüne Schattenpflanze, die vier bis acht Meter hoch wird. Die Blüten kommen direkt aus dem Stamm und den dickeren Ästen hervor. Die Früchte sind bis 25 cm lang und gurkenförmig. Jede enthält, eingebettet in rötliches Fruchtfleisch, etwa 250 Kakaobohnen. Nach fünf bis acht Monaten sind sie reif. Dann werden sie mit Messern abgeschlagen. Dabei ist Vorsicht geboten, denn Verletzungen der Rinde, der Blüten und der unreifen Früchte, z. B. durch das Anlegen einer Leiter, verträgt der Kakaobaum nicht. Sofort nach der Ernte werden die Früchte aufgeschlagen und die Kakaobohnen bei möglichst 40 bis 50 °C meist unter freiem Himmel gelagert. Dabei entstehen innerhalb von vier bis acht Tagen die typischen Aromastoffe.

In den Verbraucherländern werden die Bohnen bei 140 bis 150 °C geröstet, nach der Abkühlung auf 50 °C gemahlen und zu einer flüssigen Masse verarbeitet, das Ausgangsprodukt für Kakaopulver. Daraus stellt man dann Schokolade, Getränke, Kuchen, Pudding und vieles andere her.

Plantage und Marktwirtschaft

„Ich heiße Obed und arbeite in einer Kakaoplantage bei Bouake. Sie ist fast 165 ha groß. Auch mein Vater ist hier angestellt. Er hat seinerzeit mitgeholfen, die Pflanzung anzulegen. Zuerst rodeten die Männer mit Säge, Axt und Feuer den Regenwald. Die hohen Bäume blieben stehen. Dazwischen pflanzten sie Kokospalmen und Mehlbananen, die zusätzlichen Schatten spenden, der die jungen Kakaobäume vor der direkten Sonneneinstrahlung schützt.

Währenddessen hatten die Kakaosamen in den zuvor angelegten Saatbeeten Stecklinge gebildet. Diese wurden dann in langen Reihen ausgepflanzt, so etwa 1000 pro Hektar Fläche.

Die Pflanzung ist im Laufe der Jahre vergrößert worden. Das ist auch gut so, denn auf diese Weise haben wir Flächen mit unterschiedlich altem Baumbestand. So können wir in jedem Jahr eine Kakaoernte einbringen, auch wenn unsere ältesten Bäume demnächst gerodet werden müssen.

Der Eigentümer der Pflanzung lebt in Abidjan. Er kommt manchmal hierher, um mit dem Verwalter über die Produktion des Kakaos zu sprechen. Vor kurzem brachte er einen Kakaoexperten mit, der sich überall umsah und Vorschläge machte, wie wir unsere Erträge verbessern könnten. Schließlich möchten wir konkurrenzfähig bleiben. So werden wir in Kürze eine neue Kakaobaumart anpflanzen, die mehr Früchte trägt. In einigen Jahren benötigen wir dann mehr

106.2 Aufbereitung von Kakao

Saisonarbeiter als heute. Saisonarbeiter werden auf der Plantage nur für eine befristete Zeit, z. B. für die Ernte, eingestellt. Dagegen ist die Zahl der Festangestellten recht gering.

Wir können alle Arbeitsgänge, die mit der Kakaoproduktion verbunden sind, auf der Pflanzung erledigen, bis hin zum Verpacken der Bohnen. Früher wurden sie dann in die Verbraucherländer geschickt, vor allem nach Europa, wo sie zu Kakaopulver und Schokolade verarbeitet wurden. Inzwischen hat die Elfenbeinküste eigene weiterverarbeitende Betriebe.

Es gibt Leute, die unsere Anbauform Monokultur nennen. Sie meinen, daß wir nur ein Produkt anbauen, ein cash crop (engl. cash = Bargeld, crop = Ernte), das man auf dem Weltmarkt gut verkaufen kann.

Plantagen sind Großbetriebe mit Flächen von 100 bis zu einigen 1000, ja sogar 10 000 ha Größe. Viele verfügen über betriebseigene Anlagen zur Weiterverarbeitung. Eigentümer sind reiche Städter, Kapitalgesellschaften oder der Staat. Plantagen können meist billiger und besser produzieren als Kleinbetriebe, da sie genug Kapital haben, teure techninische, chemische und biologische Neuerungen einzusetzen. Das ist auch notwendig, da sich z. B. Schädlinge in einer Monokultur schnell vermehren und den ganzen Bestand gefährden können. In Westafrika gibt es aber auch kleine Betriebe von nur 4 bis 6 ha Fläche mit einer Kakao-Monokultur.

Glaubt aber nicht, daß Plantagen ohne Risiko arbeiten. Sie sind abhängig vom Weltmarktpreis, und der wird an den Handelsbörsen in den Verbraucherländern gemacht. Die Börsenkurse liegen nicht fest, sondern richten sich nach Angebot und Nachfrage.

Für Kakao ist er durch eine weltweite Überproduktion so niedrig, daß die Erlöse sehr zurückgegangen sind. Wir können nur hoffen, daß in anderen Erzeugerländern Dürren oder Schädlinge die Ernte beeinträchtigen. Dann steigt der Kakaokurs.

Ernte und Verbrauch von Kakao

Kakaoproduktion in 1000 t	1980	1990	1994
Elfenbeinküste	400	750	809
Brasilien	318	355	312
Ghana	250	295	270
Malaysia	32	235	230
Indonesien	15	154	260
Nigeria	155	150	140
Ecuador	91	147	84
Kamerun	117	99	115

Kakaoimporte 1990 in 1000 t

USA	336	Deutschland	170
Niederlande	259	Großbritannien	141

1. Beschreibe Ernte und Weiterverarbeitung des Kakaos (Text, Abb. 106.2).
2. Zeichne eine Karte der Kakaoregion in Westafrika (Atlas).
3. Bestimme die klimatischen Voraussetzungen des Kakaoanbaus. Werte dazu Abb. 106.1 aus.
4. a) Stelle nach den Tabellen die Bedeutung der Elfenbeinküste als Kakaoproduzent fest.
b) Zu welcher Gruppe von Ländern gehören die Kakaoproduzenten, zu welcher die Importländer?
5. Ordne nach einer Atlaskarte tropische Plantagenprodukte verschiedenen Kontinenten sowie Staaten zu. Welche Produkte kennst du aus eigener Erfahrung? Berichte.
6. Bestimme die Begriffe Plantage, Monokultur.
7. Nenne Vor- und Nachteile der Monokultur (Text). Vergleiche mit der Subsistenzwirtschaft.

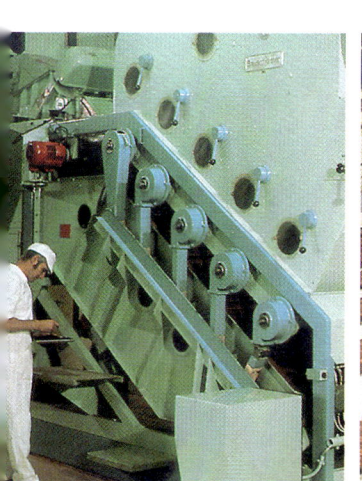

Holzwirtschaft im Ökosystem Wald

Schauplatz: ein Regenwald in Westafrika. Eine Holzgesellschaft besitzt die Nutzungsrechte für 600 km² unberührten Tropenwald. Vom Flugzeug aus wird der Baumbestand fotografiert, und die wertvollen Edelhölzer werden in einer Karte markiert. Danach legt man die günstigste Route für den Holzeinschlag fest.

Bald schon legt ein Holzfäller seine Motorsäge an den ersten Urwaldriesen an. Zunächst durchtrennt er die Brettwurzeln, die den mächtigen Baum bis in eine Höhe von sechs Metern abstützen. Darauf sägt er tiefe Kerben in den Stamm und treibt Keile hinein. Der Baum beginnt zu ächzen, ein immer lauter werdendes Knarren ertönt, ein Zittern durchläuft ihn, er bäumt sich ein letztes Mal auf, und dann beginnt der Sturz. Krachend reißen Lianen, ihre Enden peitschen durch die Luft, und polternd schlägt er in das Urwaldgrün, das über ihm zusammenschlägt. Rund 300 Jahre hatte er gebraucht, um auszuwachsen; ihn zu fällen dauerte nur 45 Minuten.

Der Urwaldriese hat bei einer Höhe von 50 m und einer Kronenbreite von 15 m bei seinem Aufschlag eine Regenwaldfläche von rd. 1200 m² in Mitleidenschaft gezogen. Er riß Bäume mit, diese wieder andere Bäume: 23 Bäume unterschiedlichen Stammdurchmessers und unterschiedlicher Höhe waren umgerissen, umgeknickt, angeknickt oder ihrer halben Kronen bzw. ihres halben Astwerks beraubt. Auch das Fällen einzelner Bäume fügt also dem Regenwald großen Schaden zu. Wenn z. B. nur fünf Prozent aller Bäume einer Regenwaldfläche gefällt und herausgeschafft werden sollen, werden dabei bis zu 60 % der Bäume des Waldes zerstört.

Vier Jahre später sind die Holzfäller mit ihrer Arbeit fertig. 60 000 Baumstämme hat das Waldgebiet abgeworfen, die fast ausschließlich nach Japan, in die USA und nach Europa verschifft wurden.

Schon vor Abschluß der Arbeiten waren Pflanzer eingewandert und hatten an den Transportwegen Brandrodungsfelder angelegt. Zwei Jahre später lebten bereits 3000 Siedler in dem Gebiet. Die Waldfläche wurde bis auf kleinste Reste total gerodet, obwohl es ein gesetzliches Rodungs- und Siedlungsverbot gibt. Nach vier Jahren traten entlang den Transportwegen die ersten Erosionserscheinungen auf. Kurz darauf verließen die ersten Siedler das Gebiet wieder. Der Boden gab nichts mehr her für die Landwirtschaft. Sie folgten den Holzfällern in entferntere Waldgebiete. Da beginnt das Ganze dann von vorn. Das Schicksal des Regenwaldes ist besiegelt.

(nach Eichler, PG 9/1987, S. 45, und v. Devivere, Das letzte Paradies, S. 77)

Palisander:	Höhe 20 m, Durchmesser bis 80 cm, rötlich-violette Grundfarbe mit schwarzbraunen Adern, dauerhaft, witterungsfest, sehr hart.	
Mahagoni:	Höhe 60 m, Durchmesser bis 250 cm, rotbraun bis braunrot glänzend, ziemlich hart, fest und zäh.	
Ebenholz:	Höhe 20 m, Durchmesser bis 80 cm, tiefschwarz, metallischer Glanz, fest und hart.	
Eisenholz (Lara):	Höhe 30 m, Durchmesser bis 100 cm, gelbbraun bis ockerfarben, termitenbeständig, so hart, daß Schrauben und Nägel vorgebohrt werden müssen.	
Teak:	Höhe 40 m, Durchmesser bis 150 cm, goldbraun mit schwarzen Adern, ölhaltig, sehr dauerhaft, fest und hart, wasserabweisend.	
Limba:	Höhe 45 m, Durchmesser bis 150 cm, gelblicher Glanz, mäßig hart, schwach gemasert.	
Balsa:	Höhe 30 cm, Durchmesser bis 100 cm, fast weiß, samtige Oberfläche, biegsam, sehr weich und leicht.	

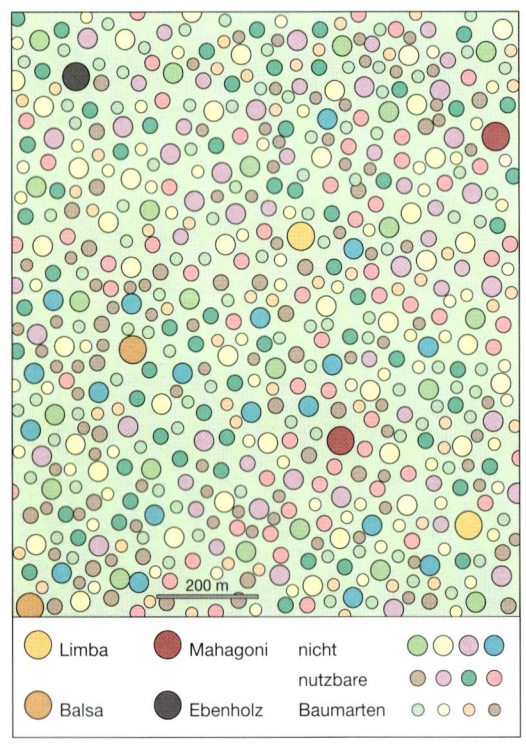

108.1 Baumarten im tropischen Regenwald

Waldfläche, Holzeinschlag und Länder mit der größten Holzeinfuhr

	Wald (km²)		Nutzholz (1000 m³)		Brennholz (1000 m³)		Haupteinfuhrländer (1992)	
	1968	1991	1968	1991	1968	1991		Einfuhr in Mio US-Dollar
Ghana	122 500	80 000	1 595	7 275	1 610	15 512	Japan	9163
Nigeria	131 900	116 000	1 920	53 315	7 868	103 191	USA	4290
Indien	62 330	669 500	–	–	24 522	255 279	Italien	2597
Indonesien	1 521 770	1 092 000	–	–	29 314	143 669	Deutschland	2271
Malaysia	249 870	190 000	–	–	40 388	8 939	Großbritannien	1805
Deutschland	101 310	104 330	299 270	3 629	31 685	–	Frankreich	1033
Finnland	194 520	232 220	34 600	8 600	31 107	2 984	Niederlande	1026
Kanada	4 430 940	3 600 000	107 133	4 739	171 215	6 834	Spanien	822

Die Vernichtung der Regenwälder

In den vergangenen 30 Jahren wurde schon die Hälfte der tropischen Wälder vernichtet. Weltweit nimmt z. B. in jeder Sekunde der Regenwald um eine Fläche von der Größe eines Fußballfeldes ab. Nach Schätzungen der Welternährungsorganisation der Vereinten Nationen (FAO) beliefen sich die Flächenverluste allein 1990 auf etwa 170 000 km². Das entspricht ungefähr der doppelten Fläche von Österreich. Wenn die Vernichtung in dem heutigen Tempo fortschreitet, wird in spätestens 50 Jahren der tropische Regenwald vollständig verschwunden sein. Ein einzigartiges Ökosystem ist vom Untergang bedroht. Die daraus entstehenden Umweltschäden sind z. B. die Zerstörung der dünnen Humusschicht unter dem Wald, Bodenerosion und Rückgang der Niederschlagsmenge.

1. Berichte, welche Tropenhölzer du kennst und wofür sie verwendet werden.
2. Erkläre, warum das Roden und der Abtransport von Holz große Schäden verursacht.
3. Nenne Möglichkeiten, durch umweltbewußtes Verhalten den Regenwald zu schützen.
4. Erläutere die Aussagen der Tabelle zum Waldanteil und zu der Verwendung des Holzes.
5. „Der Regenwald erhält sich selbst!" Überprüfe diese Aussage (Abb. 109.1 und 2).
6. Welche Folgen hat die Vernichtung des Regenwaldes für Boden und Klima?
7. Trage Unterschiede des Regenwaldes zu den Wäldern unserer Breiten zusammen. Vergleiche dazu auch die Seiten 102 und 103.
8. Versucht herauszufinden, welche Länder die größten Importeure von Tropenholz sind.

109.1 Wasserkreislauf im tropischen Regenwald

109.2 Nährstoffkreislauf im tropischen Regenwald

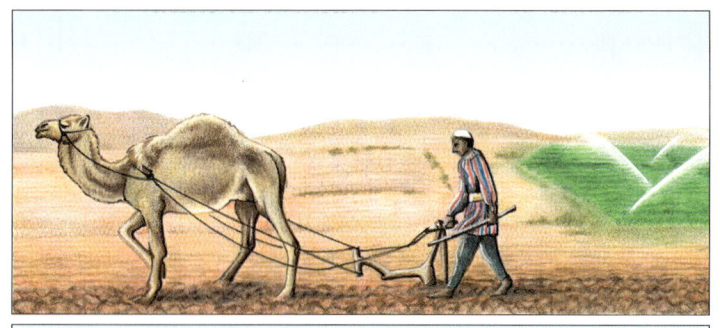

Wirtschaftsraum Tropen

Das vorherrschende Kennzeichen des tropischen Tieflandes sind die ganzjährig hohen Temperaturen; kein Monatsmittel liegt unter 18 °C. Die Höhe der Niederschläge und ihre Verteilung über das Jahr lassen die Zonen der trockenen, der wechselfeuchten und der immerfeuchten Tropen entstehen. Sie unterscheiden sich durch ihre Vegetation.

Wüsten und Halbwüsten nehmen die **trockenen Tropen** ein. Anbau ist hier nur mit Hilfe von Bewässerung möglich.

Die **wechselfeuchten Tropen** sind das Verbreitungsgebiet der Dornbuschsavanne, der Trockensavanne und der Feuchtsavanne. Sie sind mit ihrem unterschiedlichen Wasserbedarf ein Spiegelbild der äquatorwärts zunehmenden Dauer und Ergiebigkeit der Regenzeiten. Den nördlichen Teil der Savannen nutzen Hirtennomaden, im Süden ermöglicht Regenfeldbau zwei Ernten im Jahr. Die Zone dazwischen ist ein Teil der dürreanfälligen Sahelzone. Vorherrschende Nutzungsformen in den Savannen sind Hirtennomadismus, Subsistenzbetriebe und Plantagen.

Unter den klimatischen Bedingungen der i**mmerfeuchten Tropen** wächst der tropische Regenwald. Sein kompliziertes Ökosystem reagiert auf unsachgemäße Eingriffe sehr empfindlich. Fast die Hälfte der ursprünglichen Regenwaldgebiete ist bereits zerstört.

1. Ordne die in der Bodennutzungskarte verzeichneten Produkte nach Vegetationszonen und Nutzungsformen.
2. Kennzeichne das Klima dieser Vegetationszonen.
3. Stelle Zusammenhänge zwischen Naturfaktoren und Nutzungsformen her.

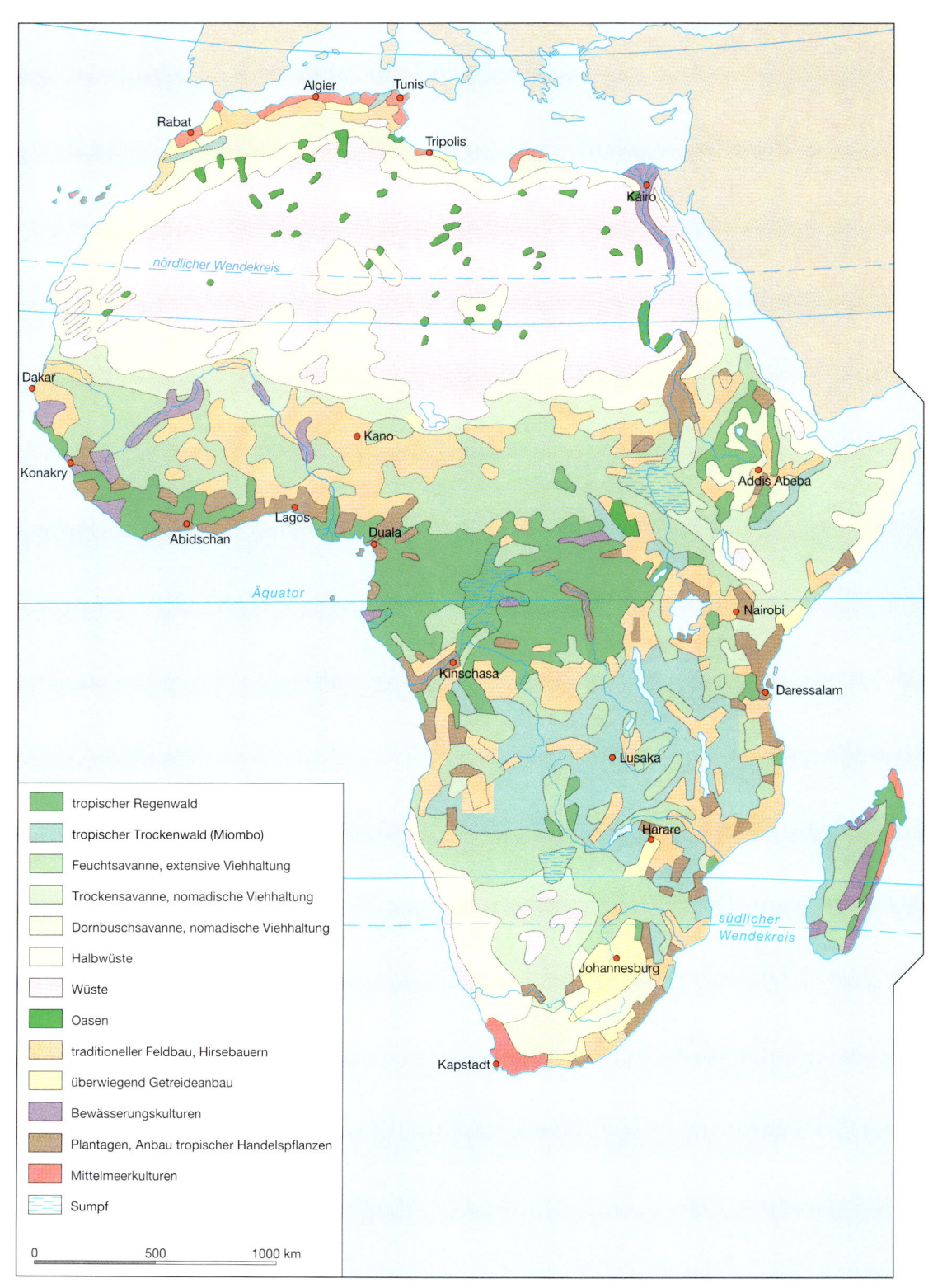

■	tropischer Regenwald
■	tropischer Trockenwald (Miombo)
■	Feuchtsavanne, extensive Viehhaltung
■	Trockensavanne, nomadische Viehhaltung
■	Dornbuschsavanne, nomadische Viehhaltung
■	Halbwüste
■	Wüste
■	Oasen
■	traditioneller Feldbau, Hirsebauern
■	überwiegend Getreideanbau
■	Bewässerungskulturen
■	Plantagen, Anbau tropischer Handelspflanzen
■	Mittelmeerkulturen
■	Sumpf

111.1 Bodennutzung in Afrika

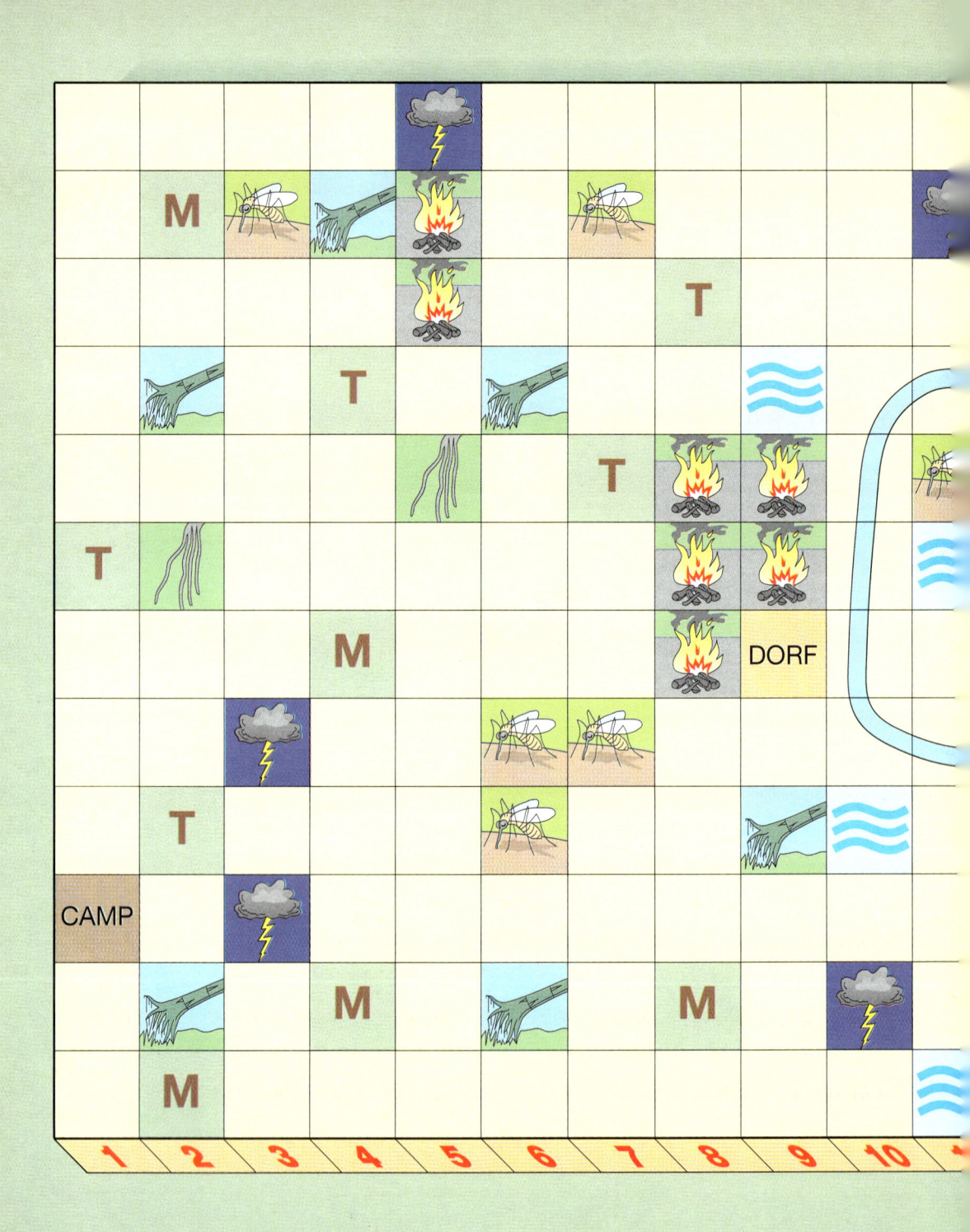

M	Mahagoni		schweres Tropengewitter: 2 zurück	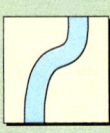	in den Fluß gefallen: 1 x aussetzen		Fluß über die Ufer getreten: zurück ins Camp/Dorf
T	Teak						

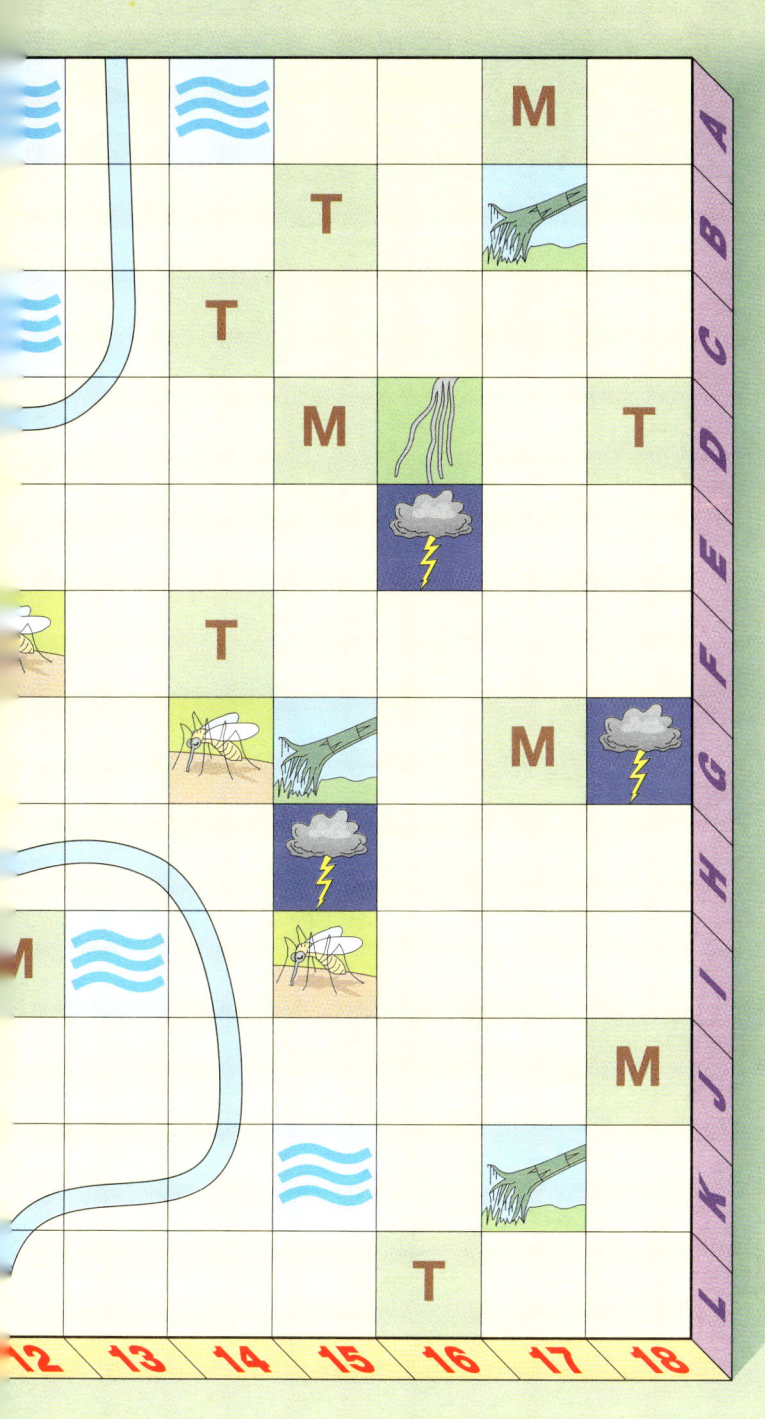

Einheimische gegen Holzfäller

Um zwanzig Bäume geht es. Fertige eine Liste an mit den Standorten der Bäume.

Standort	Einheimischer	Holzfäller
A 17 M	✓	
B 2 M		✓
B 15 T		
...		
...		

Spielanleitung

Ihr braucht einen Würfel und zwei Hütchen oder zwei Pfennigstücke. Beim Würfeln darf nur senkrecht oder waagerecht vorgerückt werden.

Wenn ein Baum erreicht ist, muß der Holzfäller sich ins Camp zurückwürfeln. Jetzt erst gehört ihm der Baum. Auf der Liste macht er einen Haken. Auch der Einheimische muß sich in das Dorf zurückwürfeln. Sein Baum bleibt stehen. Auf der Liste macht er ebenfalls einen Haken.

Gewonnen hat, wer am Ende die meisten Bäume besitzt.
Ein Mahagoni-Baum bringt 10 Punkte, ein Teak-Baum 5 Punkte.

In der Tropenzone

umgestürzte Urwaldriesen: 1 aussetzen

Moskitos – Malariagefahr: 3 zurück

Brandrodung: 2 zurück

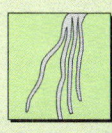

Lianen auf dem Weg: 1 zurück

Geozonen 1:
Klimaelemente und Klimazonen

Die Sonne ist der Motor aller Vorgänge auf der Erde. Sie beeinflußt die unbelebte Natur und alles Leben. Die Atmosphäre reflektiert einen Teil der Sonnenstrahlen, bevor sie die Erde erreichen. Jedes Jahr strahlt die Sonne die unglaubliche Energiemenge von 90 000 Milliarden Tonnen Steinkohle auf die Erdoberfläche. Die Strahlen erwärmen die Erdoberfläche, und diese erwärmt die bodennahe Luft. Großen Einfluß hat die Kugelgestalt der Erde. Eine schräg bestrahlte Fläche erhält weniger Sonnenenergie als eine horizontale, die Ozeane haben eine abkühlende Wirkung. Höhenlage und Boden, Vegetation und Wasserdampf der Luft beeinflussen die Temperaturen. Für jeden Ort auf der Erde ergibt sich im Jahresmittel eine mögliche Sonnenscheindauer von zwölf Stunden am Tag. In Mitteleuropa beträgt die tatsächliche Sonnenscheindauer nur rund fünf Stunden.

Verbindet man alle Orte mit gleichen Temperaturen, so erhält man eine Karte der **Temperaturzonen**. Ähnlich sieht eine Karte der **Niederschlagszonen** aus. Legen wir nun beide Karten übereinander, so können wir daraus eine Karte der **Klimazonen** der Erde erarbeiten.

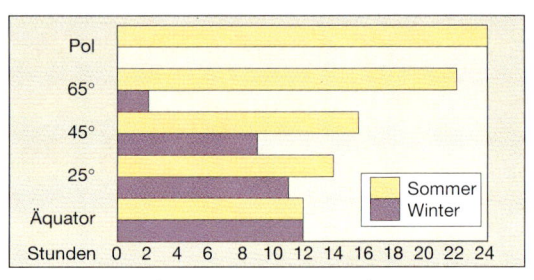

114.2 Mögliche Sonnenscheindauer am längsten und am kürzesten Tag

Mittlere Sonnenscheindauer in Stunden/Jahr

| Archangelsk 1576 – Bangui 2098 – Calgary 2166 |
| Dickson 1056 – Emden 1608 – Manaus 2127 |
| Neapel 2422 – Raufarhöfn 955 – Schanghai 1874 |

1. Berichte, wovon die Sonneneinstrahlung abhängt.
2. Beschreibe die Karte der jährlichen Sonneneinstrahlung. Nimm eine Unterteilung in Zonen vor.
3. Erläutere die Karte der Niederschlagsmengen.
4. Unterteile die Karte der Klimazonen nach Regionen. Gib in einem Merksatz Merkmale an.
5. Ordne die Orte mit mittlerer Sonnenscheindauer den Klimazonen zu (Atlas).

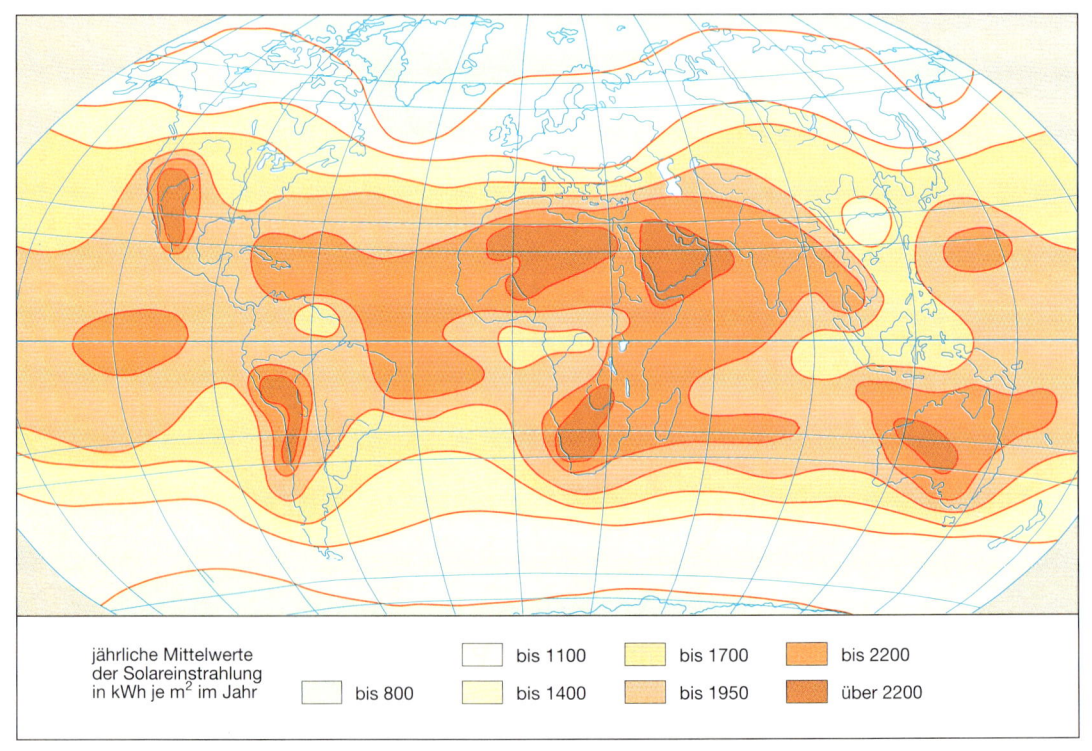

114.1 Mittlere jährliche Sonneneinstrahlung auf horizontalen Flächen in Kilowattstunden (kWh/m² im Jahr)

jährliche Mittelwerte der Solareinstrahlung in kWh je m² im Jahr: bis 800 – bis 1100 – bis 1400 – bis 1700 – bis 1950 – bis 2200 – über 2200

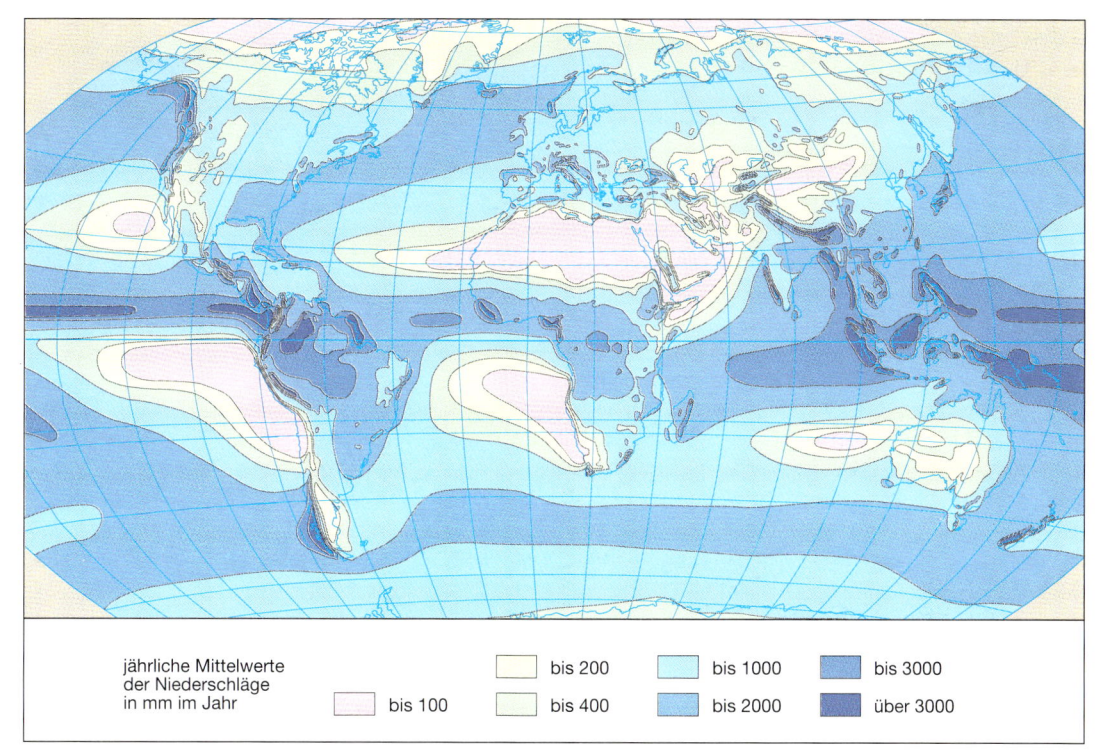

jährliche Mittelwerte der Niederschläge in mm im Jahr	bis 100	bis 200	bis 1000	bis 3000
		bis 400	bis 2000	über 3000

115.1 Mittlere jährliche Niederschlagsmengen

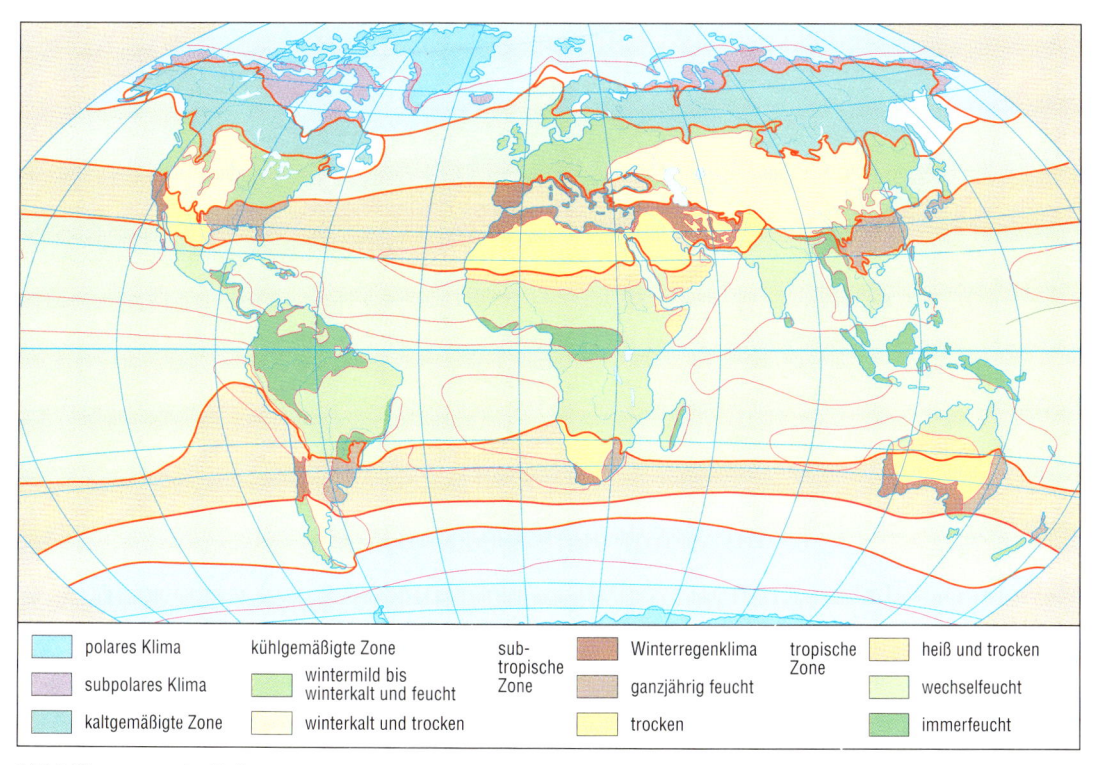

polares Klima	kühlgemäßigte Zone	sub-tropische Zone	Winterregenklima	tropische Zone	heiß und trocken	
subpolares Klima	wintermild bis winterkalt und feucht		ganzjährig feucht		wechselfeucht	
kaltgemäßigte Zone	winterkalt und trocken		trocken		immerfeucht	

115.2 Klimazonen der Erde

Geozonen 2: Natürliche Vegetation und Landnutzung

Könnte die Natur sich ohne Einfluß des Menschen frei entfalten, würde die Pflanzendecke in weiten Teilen der Erde anders aussehen als heute.

Eine spiegelbildliche Anordnung der Vegetationszonen beiderseits des Äquators gibt es nur auf dem amerikanischen Doppelkontinent. Die Grenzen zwischen den Vegetationszonen verlaufen nicht breitenparallel. Sie sind abhängig von Temperatur, Niederschlag und Höhenlage. Besonders deutlich wird dies im Westen der USA, im Osten Afrikas und in der Zone, die sich von Westeuropa nach Asien erstreckt.

Im tropischen Regenwald, im borealen Nadelwald, in der Tundra und in weiten Teilen der Steppen entsprach bis ins 19. Jahrhundert die tatsächliche Bodenbedeckung der natürlichen Vegetation. In der gemäßigten und in der subtropischen Zone fand die Umgestaltung seit Jahrtausenden statt.

Bevölkerungswachstum und Industrialisierung führten dazu, daß der Mensch neue Gebiete erschloß. Er legte Ackerflächen an, streute Mineraldünger, züchtete neue Sorten und bewässerte seine Felder. Er beutete Rohstoffe aus, baute größere Siedlungen und neue Verkehrswege. Er drang in Gebiete vor, die er eigentlich nicht hätte nutzen dürfen. An vielen Stellen zerstörte er die natürliche Vegetation. In der Tundra werden die Ketten- und Radspuren der Erdölsucher erst in hundert Jahren vernarbt sein.

In anderen Regionen der Erde tragen Wasser und Wind den Boden ab. Überschwemmungen, die die Bewohner früher nicht kannten, richten immer wieder verheerende Schäden an. Weltweit dehnen sich die Wüsten aus. Der Mensch hört mit der Brandrodung im tropischen Regenwald immer noch nicht auf, und er beutet den borealen Nadelwald aus.

Die Zerstörung der Pflanzendecke wirkt sich auf das Klima aus. Temperaturen und Niederschläge verändern sich. Sie wiederum beeinflussen die Vegetation und die Landnutzung.

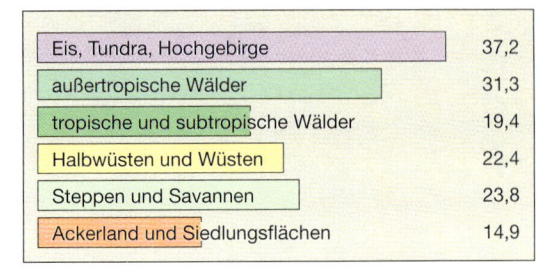

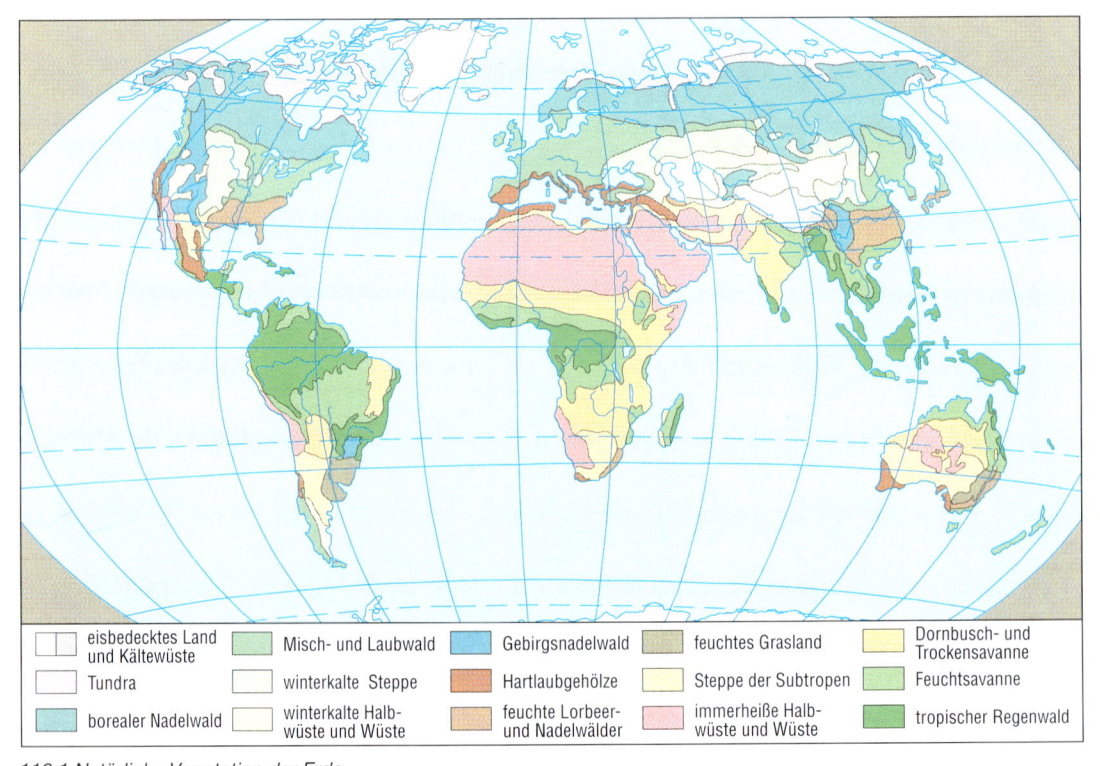

Eis, Tundra, Hochgebirge	37,2
außertropische Wälder	31,3
tropische und subtropische Wälder	19,4
Halbwüsten und Wüsten	22,4
Steppen und Savannen	23,8
Ackerland und Siedlungsflächen	14,9

116.2 Landnutzung in Mio km²

116.1 Natürliche Vegetation der Erde

Legende:
- eisbedecktes Land und Kältewüste
- Tundra
- borealer Nadelwald
- Misch- und Laubwald
- winterkalte Steppe
- winterkalte Halbwüste und Wüste
- Gebirgsnadelwald
- Hartlaubgehölze
- feuchte Lorbeer- und Nadelwälder
- feuchtes Grasland
- Steppe der Subtropen
- immerheiße Halbwüste und Wüste
- Dornbusch- und Trockensavanne
- Feuchtsavanne
- tropischer Regenwald

Im Frühjahr viele Zwiebelpflanzen und Gräser, die im Sommer verdorren, Wachstumszeit über 160 Tage	Meist keine Vegetation, teilweise Flechten und Moose	Sehr dichter immergrüner Regenwald, mit Schlingpflanzen, teilweise mit Bambus oder Mangroven
Dornbüsche, Gras bis etwa 1,5 m hoch, einzelne Bäume. Wachstum durch Trockenheit eingeschränkt	Sommergrüne Bäume, Laub- und Mischwälder, Wachstumszeit 160 bis 210 Tage	Pflanzenwachstum nur nach Regenfällen
Nadelwälder mit Fichten und Tannen, durchsetzt mit Birken und Lärchen, Wachstumszeit über 160 Tage	Ölbäume, Stechpalmen, Lorbeer, Korkeichen, Wachstumszeit über 200 Tage	Meist baumlos, spärlicher Wuchs von Flechten, Moosen, z. T. Zwergsträucher, Wachstumszeit unter 160 Tage

117.1 Ordne die Beschreibungen den Vegetationszonen zu. Suche passende Bilder im Buch.

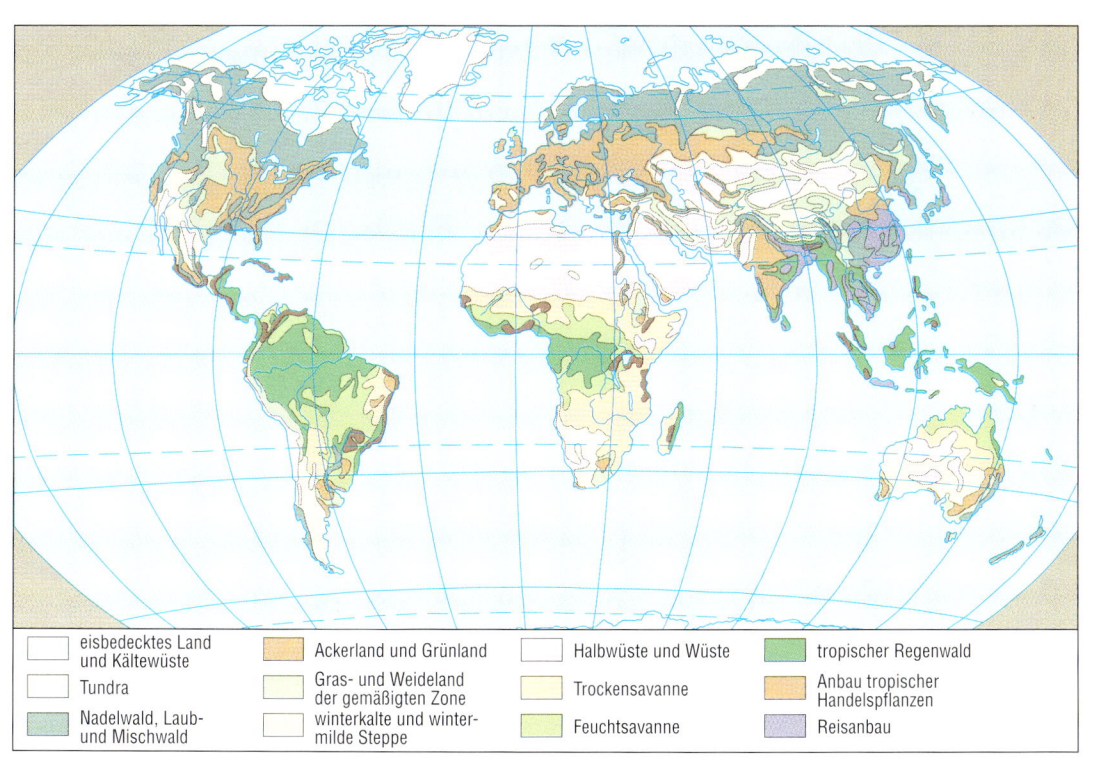

Legende:
- eisbedecktes Land und Kältewüste
- Tundra
- Nadelwald, Laub- und Mischwald
- Ackerland und Grünland
- Gras- und Weideland der gemäßigten Zone
- winterkalte und wintermilde Steppe
- Halbwüste und Wüste
- Trockensavanne
- Feuchtsavanne
- tropischer Regenwald
- Anbau tropischer Handelspflanzen
- Reisanbau

117.2 Landnutzung der Erde. Nenne Veränderungen, die der Mensch verursacht hat.

Geozonen 3: Kulturpflanzen

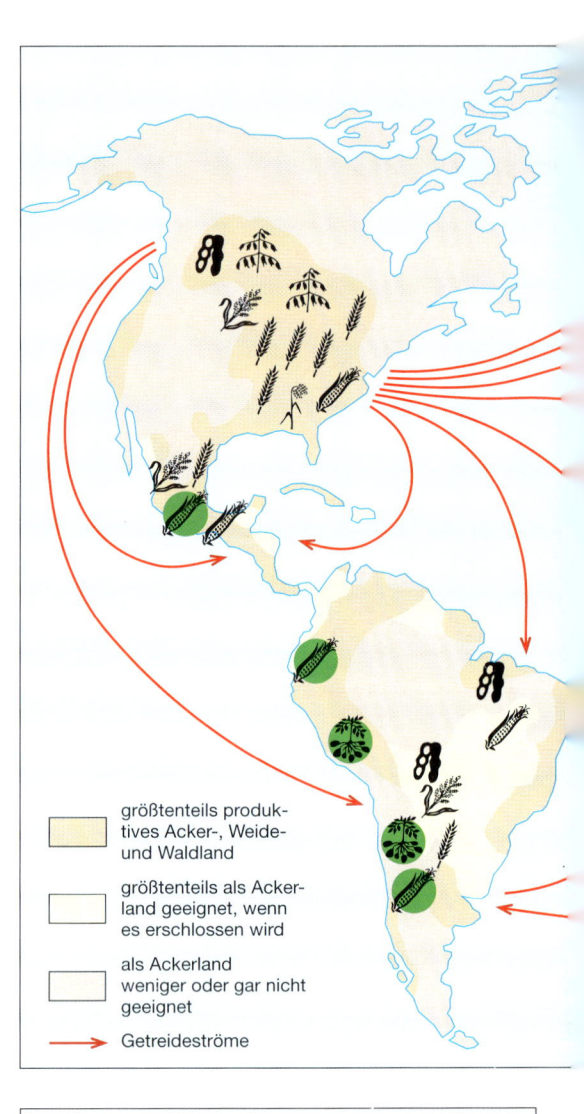

Kaltgemäßigte Zone: Roggen, Kartoffel

Kühlgemäßigte Zone: Gerste, Hafer, Weizen, Wein, Obst

Warmgemäßigte Zone: Ölbaum, Reis, Wein, Zitruspflanzen, Baumwolle, Mais

Tropisch wechselfeuchte Zone: Dattelpalme, Banane, Erdnuß, Hirse

Tropisch immerfeuchte Zone: Ölpalme, Mais, Zuckerrohr, Yams, Kakao, Kaffee, Kautschuk

Legende:
- größtenteils produktives Acker-, Weide- und Waldland
- größtenteils als Ackerland geeignet, wenn es erschlossen wird
- als Ackerland weniger oder gar nicht geeignet
- → Getreideströme

Wie der Mais diente auch die **Kartoffel** den Inkas als stärkereiches Grundnahrungsmittel. 100 Jahre bevor die Spanier im frühen 16. Jahrhundert dort ankamen, waren die Inkas nichts als ein kleiner Stamm, der am Titicacasee, dem höchstgelegenen See der Welt, lebte. Als dann die Konquistadoren ihre Zivilisation zugrunde richteten, regierten die Inkas über einen riesigen Streifen des Andenterritoriums von Quito im heutigen Ecuador im Norden bis in die Gegend des heutigen Santiago und Valparaiso in Chile im Süden. Ihr Zentrum war Cuzco, wo es die größten Silbervorkommen der Welt gab. Gold und Silber machten die Inkas für die Spanier interessant; was sie jedoch wirklich der Welt schenkten, waren Mais und Kartoffeln.

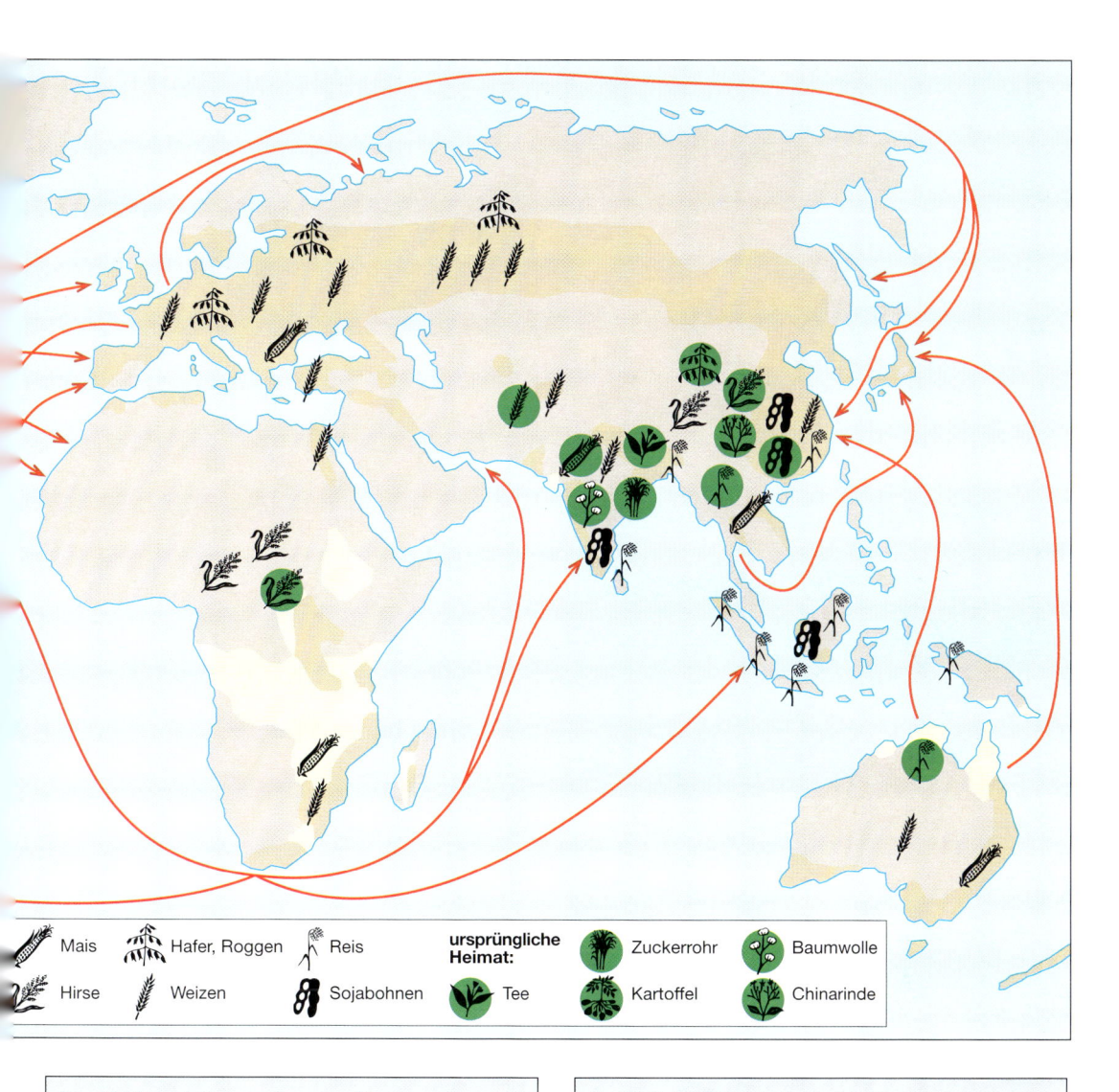

	Mais		Hafer, Roggen		Reis	**ursprüngliche Heimat:**		Zuckerrohr		Baumwolle
	Hirse		Weizen		Sojabohnen		Tee		Kartoffel		Chinarinde

Bis 1800 erhielt Europa seine **Baumwolle** nicht aus den Vereinigten Staaten, sondern aus Brasilien, der Karibik, dem Nahen Osten und Indien sowie aus Ägypten und von den Mittelmeerküsten. Da der Weg vom Feld bis zum Endverbraucher so außergewöhnlich viel Arbeit erforderte, war vorindustrielle Baumwolle sehr teuer. Um 100 Pfund 50 kg) Kapseln zu pflücken, mußte ein Mann zwei Tage lang arbeiten; für das Egrenieren brauchte er mindestens 50 Tage; und das Säubern, Kardieren und Pressen dauerte von Hand weitere 20 Tage. Nach dieser Behandlung blieben nur etwa 8 Pfund verspinnbare Baumwolle übrig, und das Spinnen dauerte abermals 25 bis 40 Arbeitstage.

egrenieren: Baumwollfasern von den Samen trennen; kardieren: kämmen (von Wolle)

Zur Zeit der Sklaverei entwickelten sich auf Jamaika sehr große Grundbesitzungen. 1783 gab es über 100 Plantagen. Auf einer Plantage lebten und arbeiteten über 500 Sklaven. Pro Morgen 0,25 ha) und pro Kopf wurde sehr wenig erwirtschaftet. Hinzu kam, daß Jamaika ein schwieriges Klima hat und manchmal von Wirbelstürmen und Erdbeben heimgesucht wird. Aufgrund seiner Zuckerproduktion war Jamaika die bedeutendste der karibischen Inseln, das Zentrum Westindiens und der Umschlagplatz für alle Handelsgewerbe, die irgendwie mit **Zucker** zu tun hatten; hier wurde das meiste Kapital investiert; innerhalb von 20 Jahren sollte die Insel zum größten Zuckerexporteur der Welt werden.

(nach: Henry Hobhouse: Fünf Pflanzen verändern die Welt. dtv 1992)

Geozonen 4: landwirtschaftliche Nutzung der einen Erde

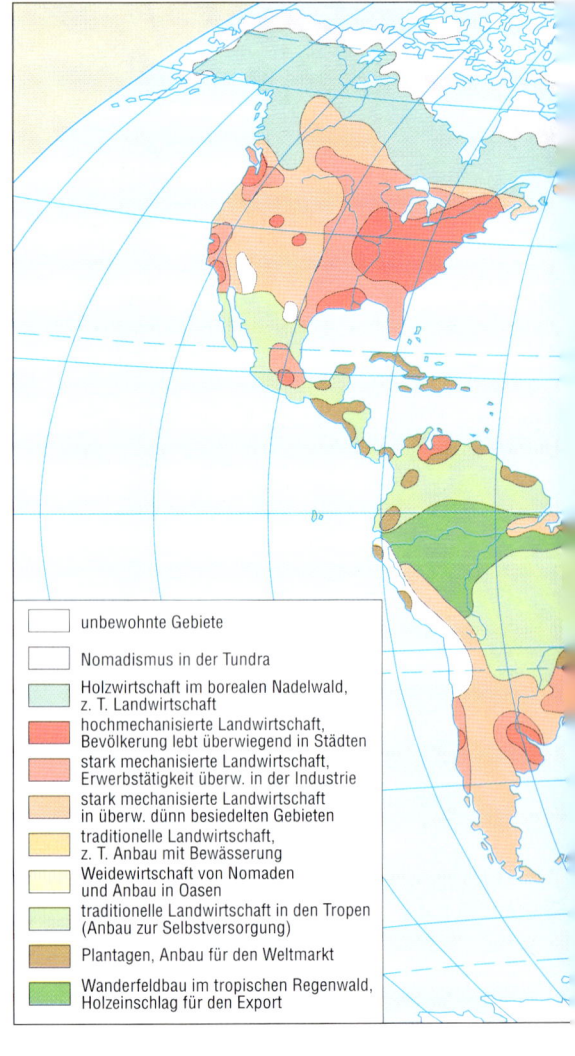

☐	unbewohnte Gebiete
☐	Nomadismus in der Tundra
▨	Holzwirtschaft im borealen Nadelwald, z. T. Landwirtschaft
▨	hochmechanisierte Landwirtschaft, Bevölkerung lebt überwiegend in Städten
▨	stark mechanisierte Landwirtschaft, Erwerbstätigkeit überw. in der Industrie
▨	stark mechanisierte Landwirtschaft in überw. dünn besiedelten Gebieten
▨	traditionelle Landwirtschaft, z. T. Anbau mit Bewässerung
▨	Weidewirtschaft von Nomaden und Anbau in Oasen
▨	traditionelle Landwirtschaft in den Tropen (Anbau zur Selbstversorgung)
▨	Plantagen, Anbau für den Weltmarkt
▨	Wanderfeldbau im tropischen Regenwald, Holzeinschlag für den Export

121

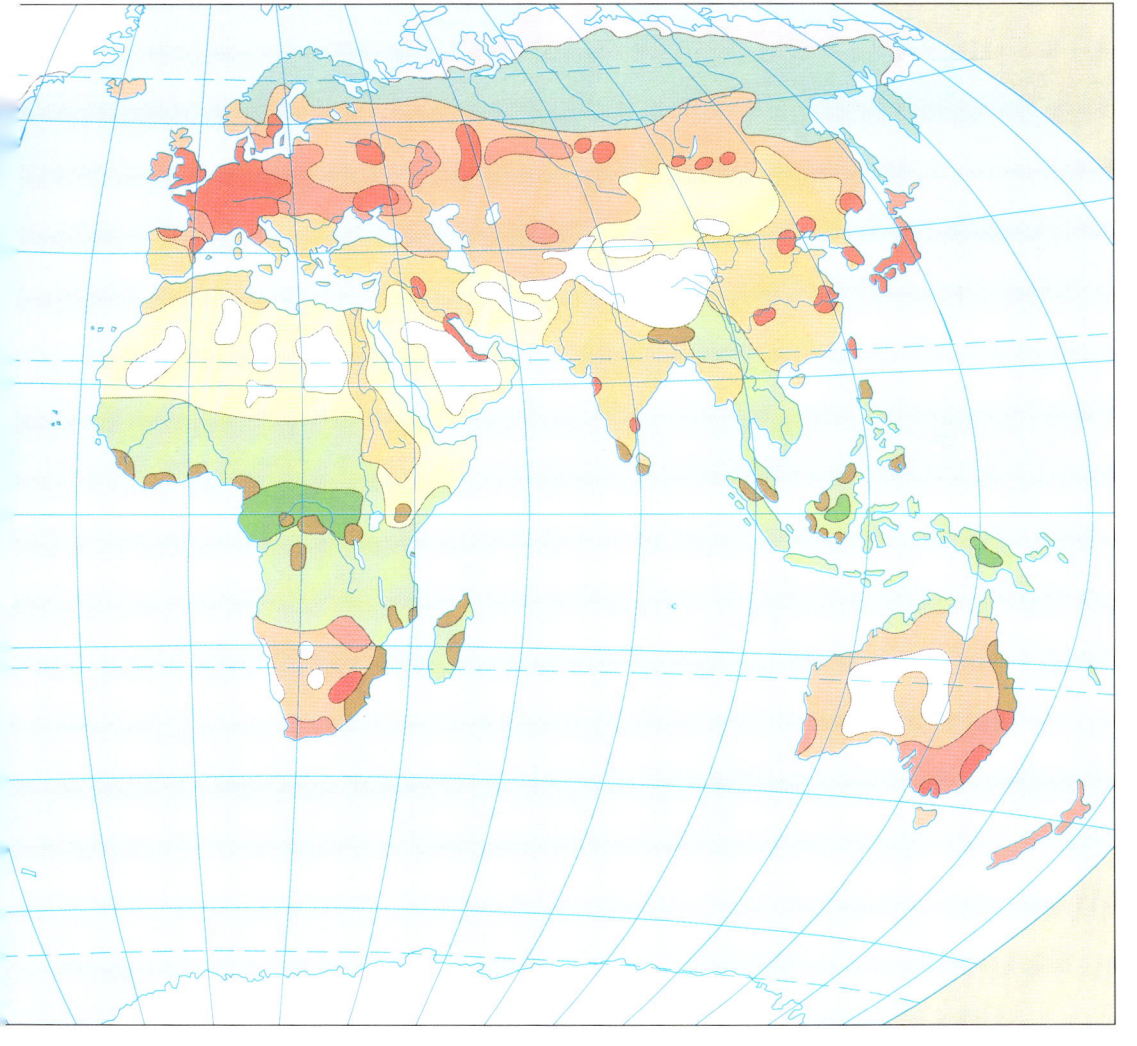

Erklärung von Begriffen

Anbauformen:
- *Dauerkultur:* Anbau mehrjähriger Nutzpflanzen, z. B. Wein, Oliven, Obst;
- *Mischkultur:* gleichzeitiger Anbau mehrerer Kulturpflanzen auf einer Nutzparzelle (Acker, Feld) (z. B. *coltura mista*);
- *Monokultur:* wiederholter Anbau einer bestimmten Kulturpflanze in aufeinander folgenden Anbauperioden;
- *Reinkultur:* Gegensatz zur Mischkultur; Anbau nur einer Kulturpflanze auf einem Feld in einer Anbauperiode.

Aquädukt: Wasserleitung mit natürlichem Gefälle auf brückenähnlichen Bauwerken (Viadukt: Brückenbauwerk für Straßen)

arid (lat. *aridus* trocken): z. B. aride Jahreszeit. In ihr fällt weniger Niederschlag als Wasser verdunsten könnte.

Atmosphäre: Lufthülle der Erde, auch Gashülle eines Himmelskörpers.

Bewässerungstechniken:
- *Tropfbewässerung:* Zuleitung des Bewässerungswassers durch Schläuche mit Löchern direkt an die Pflanzenwurzeln. Diese Form der Bewässerung ist besonders wassersparend, da es kaum Verluste durch Verdunstung gibt. Außerdem können dem Wasser Pflanzennährstoffe zugesetzt werden. Sie ist aber auch teuer und erfordert ständige Überwachung.
- *Furchenbewässerung:* Zuleitung des Bewässerungswassers in offenen flachen Gräben (Furchen) zwischen Dämmen, auf denen die Pflanzen wachsen. Das Überschußwasser wird abgeleitet, damit es nicht zur → *Bodenversalzung* kommt.
- *Überflutungsbewässerung:* Überschwemmung des ganzen Feldes, z. B. beim Reisanbau. Ein Teil des Wassers versickert im Boden.
- *Beregnung:* Versprühen von Wasser mit Hilfe von Sprinklern oder Wasserkanonen. Durch Verdunstung entstehen hohe Wasserverluste noch bevor das Wasser die Pflanzen erreicht. Das Wasser wird durch Rohrleitungen zugeleitet oder dem Grundwasser entnommen.

Mitunter werden mehrere Bewässerungstechniken kombiniert, z. B. Beregnung, solange die jungen Pflanzen nur kurze Wurzeln haben, anschließend Furchenbewässerung.

Bodenerosion (engl. *soil erosion*): durch menschliche Tätigkeit ausgelöste oder verstärkte Abtragung des Bodens *(Bodenzerstörung)*. Hauptursache ist die Zerstörung der schützenden Pflanzendecke durch Vernichtung von Wald, durch Ackerbau oder zu starke Beweidung.

Bodenversalzung: Anreicherung von Salzen im oberen Teil des Bodens und besonders an der Bodenoberfläche. Bodenversalzung entsteht hauptsächlich durch Fehler bei der → *Bewässerung*. Wird überschüssiges Wasser nicht abgeleitet, so steigt es im Boden auf. Bei der Verdunstung fallen im Boden aufgenommene Salze aus und werden als helle Salzschleier oder -krusten sichtbar. Durch fortschreitende Versalzung wird der Boden unfruchtbar; schließlich wird er für die Landwirtschaft unbrauchbar.

borealer Nadelwald (in Sibirien *Taiga*): die natürliche → *Vegetation* in den Gebieten mit kalt-gemäßigtem Klima. Die häufig versumpften Wälder bestehen überwiegend aus Lärchen, Kiefern, Fichten und Birken. Im Süden schließt sich die Mischwaldzone an, im Norden die → *Tundra*. Der boreale Nadelwald ist nur auf der nördlichen Halbkugel verbreitet.

Brandrodung: Urbarmachen von Land in der traditionellen Landwirtschaft der tropischen Regionen (tropischer Regenwald und Savannen). Die Bauern ringeln die Rinde der großen Bäume, so daß diese absterben, aber stehenbleiben. Kleinere Bäume und Büsche werden abgehackt und verbrannt. Die Asche düngt den Boden.

Charakterpflanze: Pflanze, die den Klimabedingungen eines bestimmten Gebietes besonders gut angepaßt ist und deshalb dort ihr typisches Verbreitungsgebiet hat.

Datumsgrenze: eine durch Übereinkunft festgelegte Linie, die überwiegend dem 180. Längengrad folgt. Bei ihrer Überquerung tritt eine Datumsdifferenz von einem Tag auf: Von Ost nach West wird ein Kalendertag übersprungen, in umgekehrter Richtung wird ein Kalendertag doppelt gezählt.

Desertifikation: vom Menschen verursachte Wüstenbildung.

Erbpacht: ein Pachtverhältnis, das auf 99 Jahre abgeschlossen und an die Nachkommen vererbt wird. Der Pächter muß eine jährliche Pacht (Miete) an den Grundeigentümer zahlen.

Erosion (von lat. *erodere* ausnagen): Abtragung des verwitterten Materials der Bodenoberfläche durch Wasser, Wind und Eis. Kleinräumig kann Erosion die Unterschiede der Oberflächenformen verstärken (Entstehung von Tälern, Schluchten, Graten, Bergspitzen). Großräumig führt sie zusammen mit der Ablagerung (Sedimentation) zur Einebnung der Oberflächen.

EU (*Europäische Union*): wirtschaftlicher und politischer Zusammenschluß mehrerer europäischer Staaten. 1995 waren dies: B, DK, D, GB, GR, E, F, IRL, I, L, NL, A, P, SF und S. Weitere Länder hatten Aufnahmeanträge gestellt. Mit rd. 380 Mio Einwohnern ist die EU, bezogen auf die Kaufkraft, der größte Binnenmarkt der Welt.

Fruchtwechsel: Anbaufrüchte beanspruchen den Boden und die Nährstoffe unterschiedlich. Um einer Bodenerschöpfung vorzubeugen, wechselt der Landwirt von Jahr zu Jahr die Feldfrüchte. Eine feste Reihenfolge bei der *Fruchtfolge* ist z. B.: 1. Jahr – Sommergetreide (Gerste, Weizen, Hafer), 2. Jahr – Wintergetreide (Gerste, Weizen), 3. Jahr – Hackfrüchte (Zuckerrüben, Kartoffeln)

Galaxie (*Galaxis,* Pl. *Galaxien*): allgemeine Bezeichnung für Sternensysteme (→ *Milchstraße*).

Garigue (von provençalisch *garoulia* Steineiche): mediterrane Strauchvegetation auf trockenen Standorten, meist auf Kalkstein.

gemäßigte Zone: → *Klimazone* zwischen der *subtropischen* und der *polaren Zone*. Wegen dieser Mittellage spricht man auch von den *Mittelbreiten*.

Gunstraum: ein Raum, der für menschliches Wirtschaften besonders gute Bedingungen bietet.

Hartlaubwald: typischer Wald der sommertrockenen Subtropen. Er ist benannt nach den meist kleinen und lederartigen Blättern, mit denen zahlreiche Bäume und Sträucher die Verdunstung herabsetzen.

Hochdruck: Teil einer Luftmasse mit Luftteilchenüberschuß an der Erdoberfläche und somit höherer Gewichtskraft der Luftteilchen. Aus dem Hochdruckgebiet fließen die Luftteilchen an der Erdoberfläche seitlich ab.

Hochgebirge: Gebirge, die ihre Umgebung um 1000 und mehr Meter überragen. Sie haben meist schroffe Oberflächenformen.

humid (lat. *humidus* feucht): z. B. humide Jahreszeit. In ihr fällt mehr Niederschlag als Wasser verdunsten kann.

hygrisch (griech. *hygros* flüssig, feucht): Auf das Klima bezogen, beschreibt es die Unterschiede in den Niederschlagsmengen. *Hygrische Jahreszeiten* unterscheiden Zeiten im Jahr mit viel, wenig oder keinem Niederschlag *(thermische Jahreszeiten* unterscheiden Zeiten im Jahr mit höheren und mit niedrigeren Temperaturen).

Kältegrenze: Pflanzen benötigen für ihr Wachstum bestimmte Wärmemengen. Nadelbäume z. B. benötigen 30 Tage mit Temperaturen von +10 °C und eine → *Wachstumzeit* von zwei bis vier Monaten. Diese verkürzt sich mit zunehmender geographischer Breite und in Gebirgen mit der Höhe (Höhengrenze). Die Kältegrenze ist keine scharfe Linie, sondern ein Übergangsraum, in dem z. B. Wälder lichter werden, die Bäume Zwergwuchs zeigen und schließlich nicht mehr gedeihen können. So geht der → *boreale Nadelwald* in der *Waldtundra* in die → *Tundra* über.

Kleinklima: Klima eines kleineren Gebietes, das sich von dem großräumigen Klima unterscheidet (Beispiele: windgeschützter Nordhang eines Tals, der wegen höherer Sonneneinstrahlung für den Obstanbau genutzt wird – Südhang des Tals, der windreicher ist, länger im Schatten liegt und deshalb mit Wald bestanden ist).

Klima: der durchschnittliche Jahresablauf des Wettergeschehens in einem Gebiet, wie man es über lange Zeiträume (mehrere Jahrzehnte) beobachtet. Das Klima wird mit den langjährigen Mittelwerten der → *Klimaelemente* beschrieben.

Klimaelemente: Da das Klima sich aus der Gesamtheit des Wettergeschehens ergibt, sind die Elemente des → *Wetters* (Temperatur, Niederschlag, Luftdruck, Wind) auch Elemente des Klimas.

Klimatyp: Das Zusammenwirken von → *Klimaelementen* und *Klimafaktoren* (Lage im Gradnetz, Entfernung vom Meer, Höhenlage, Lage zu großen Gebirgen) ergibt ein Klima mit gemeinsamen Merkmalen, die es von anderen Klimaten unterscheiden.

Klimazone: Verbreitungsgebiet eines → *Klimatyps*.

kontinentales Klima: Mit wachsender Entfernung vom Ozean läßt der ausgleichende Einfluß des Meeres nach. Deshalb sind die Sommer wärmer und die Winter kälter. Es fallen weniger Niederschläge. Sommer und Winter sind stärker ausgeprägt als beim → *maritimen Klima*. Die Übergangsjahreszeiten Frühling und Herbst sind kurz.

Kulturpflanze: Nutzpflanze, die aus einer Wildform gezüchtet wurde und zur Gewinnung von Nahrung oder Rohstoffen angebaut wird.

Landklima: → *kontinentales Klima*

Lichtjahr: astronomisches Entfernungsmaß. Ein Lichtjahr entspricht dem Weg des Lichts in einem Jahr bei einer Geschwindigkeit von 300 000 km in der Sekunde.

Luftdruck: Gewicht der Luftsäule über einem Gebiet. Der Luftdruck wird mit dem *Barometer* bestimmt.

Luftmasse: Bleibt Luft mehrere Tage oder Wochen über einem Gebiet, so verändern sich ihre Eigenschaften. Sie gleicht sich der Temperatur der Erdoberfläche an und nimmt die Feuchtigkeit auf, die an der Oberfläche (Land oder Meer) verdunstet. So entsteht ein Luftkörper mit verhältnismäßig einheitlichen Merkmalen (Temperatur, Feuchtigkeit), die ihn von anderen Luftmassen unterscheidet.

Macchie (von lat. *macchia* oder korsisch *maquis*): mediterraner immergrüner, artenreicher Buschwald.

maritimes Klima (*ozeanisches Klima, Seeklima*): In der Nachbarschaft zum Ozean wirkt das Meer ausgleichend auf die Temperaturen und die Niederschläge. Deshalb sind die Sommer kühl und die Winter mild. Zu allen Jahreszeiten fällt ausreichend Niederschlag. Die Gegensätze zwischen Sommer und Winter sind wenig ausgeprägt.

Meerenge: schmale natürliche Verbindung zwischen zwei Meeren (Beispiel: der Bosporus zwischen dem Schwarzen Meer und dem Mittelmeer).

Meridian: Längenkreis (von Pol zu Pol) im Gradnetz der Erde.

Milchstraße: Zusammenballung von Sternen (Sonnen), in diesem Sinne gleichbedeutend mit *Galaxie*. Im engeren Sinne bezeichnet man mit Milchstraße nur die Galaxie, zu der unsere Sonne gehört. Sie besteht aus mehreren Milliarden Sternen und hat einen Durchmesser von 100 000 Lichtjahren.

Mittagshöhe: höchster Sonnenstand an einem geographischen Ort; er wird mittags erreicht.

Mittelgebirge: Bergland, das bis zu 1500 Meter Höhe erreicht. Die Oberfläche kann eben *(Hochebene, Tafelland)* oder bergig ausgebildet sein.

Mittelmeerklima (auch *mediterranes Klima, subtropisches Wechselklima* oder *Winterregenklima*): ein Klima mit trockenen, heißen Sommern und milden, feuchten Wintern, benannt nach dem Klima des Mittelmeerraums. Es kommt auch in Kalifornien, in Mittelchile, im Westen Südafrikas und an der Südwestküste Australiens vor. Mit dem Sonnenstand wechseln jahreszeitlich zwei Windzonen: Im Winter bringen die Westwinde vom Ozean her milde Luft und Niederschläge *(Winterregen)*, im Sommer liegt das Gebiet im Einfluß der subtropischen Hochdruckzone Afrikas mit trockenen Winden *(Passate)*.

Mitternachtssonne: Besonderheit des → *Polartages* – die Sonne steht auch um Mitternacht über dem Horizont.

Monokultur: → *Anbauformen*

Morgen: altes bäuerliches Flächenmaß. Es entspricht der Größe einer Ackerfläche, die man mit einem Pferde- oder Ochsengespann an einem Morgen pflügen konnte. Die Größe ist regional unterschiedlich (Hannover 0,26 ha, Vorpommern 0,655 ha, Holstein 1,0 ha, Oldenburg 1,22 ha). Heute 1 ha = 4 Morgen.

Niederschlag: Feuchtigkeit der Luft, die als *Regen, Tau, Schnee, Hagel, Graupel* oder *Rauhreif* aus Wolken oder Nebel zur Erde fällt. Niederschlagsmengen werden in Millimeter (mm) oder in Litern pro Quadratmeter (l/m^2) angegeben.

NN (*Normalnull*): Bezugspunkt für alle Höhenangaben in deutschen amtlichen Karten (m üNN: Meter über NN oder Meter über Normalnull). Als Bezugsfläche gilt in Deutschland seit 1879 die Niveaufläche der Erde, die im Abstand von 37,0 m unter dem „Normalhöhenpunkt" an der alten Berliner Sternwarte verläuft. Diese Fläche heißt *Normal-Null*. Sie ist so bestimmt worden, daß sie auf etwa 10 cm mit dem am Pegel Amsterdam (in den Niederlanden) beobachteten Mittelwasser der Nordsee zusammenfällt. Bevor die Sternwarte abgebrochen wurde, ist als Ersatz, ohne Veränderung des NN, bei Hoppegarten (östl. von Berlin) der „Normalhöhenpunkt von 1912" geschaffen worden.

Nomaden: Viehhalter, die im jahreszeitlichen Rhythmus mit ihren Herden von Weidegrund zu Weidegrund ziehen. Die Familien leben in Zelten und führen ihre gesamte Habe mit sich. Bei *Halbnomaden* wandern nur die Hirten; die anderen Familienmitglieder, besonders Frauen, Mädchen und die Alten bleiben an einem Ort, an dem sie etwas Ackerbau betreiben können.

Ökologie: Teilgebiet der Biologie zur Erforschung der Wechselwirkungen zwischen den Lebewesen untereinander und mit ihrer Umwelt. Die Ökologie hat eine große Bedeutung für die Untersuchung und Lösung von Umweltproblemen.

Planet: „Wandelstern". Nicht selbst leuchtender, sich um eine Sonne bewegender Himmelskörper.

Plantage: landwirtschaftlicher Großbetrieb, vorwiegend in den Tropen. Er ist meist auf eine Frucht spezialisiert (z. B. Kaffee, Tee, Sisal, Kautschuk). Die Ernten werden auf den Plantagen aufbereitet, jedoch nicht verarbeitet und anschließend auf dem Weltmarkt verkauft. Die Plantagen wurden hauptsächlich während der Kolonialzeit von Europäern eingerichtet. Heute sind sie überwiegend Eigentum von reichen Einheimischen. Die Plantagenarbeiter wohnen meist auf dem Gelände der Plantage, z. T. betreiben sie auf kleinen gepachteten Flächen Anbau für die eigene Versorgung.

Polarkreise: die beiden Breitenkreise der Erde, bis zu denen die Erscheinungen von *Polartag* und *Polarnacht* auftreten. Die Polarkreise liegen in 66° 33' nördlicher bzw. südlicher Breite.

Polartag und **Polarnacht:** Die Schrägstellung der Erdachse bewirkt, daß die Sonne in den Polargebieten während eines Zeitraums im Sommer 24 Stunden nicht untergeht *(Polartag)* und im Winter nicht aufgeht *(Polarnacht)*. An den Polarkreisen dauern Polartag und Polarnacht jeweils nur 24 Stunden. Je weiter polwärts ein Ort liegt, desto länger werden Polartag und Polarnacht. An den Polen dauern sie jeweils ein halbes Jahr.

Primärwald: ursprüngliche Waldformation, in die der Mensch noch nicht wesentlich eingegriffen hat.

Regenfeldbau: Ackerbau, der mit dem natürlich vorkommenden Wasser auskommt. Ein Teil des Wassers aus Niederschlägen wird im Boden gespeichert und kann während der Anbauperiode von den Pflanzenwurzeln aufgenommen werden. Je nach der jährlichen Niederschlags- und Temperaturverteilung ist der Anbau ganzjährig oder nur zu bestimmten Jahreszeiten möglich.

Rotationszyklus: Zeitspanne, die vergeht, bis Wanderfeldbauern auf die erste Parzelle zurückkommen.

Sahelzone: Landschaft in Afrika im nördlichen Teil der Savannen (etwa 12 bis 18° nördliche Breite). Regen ist hier der bestimmende landwirtschaftliche Faktor. Regnet es mehrere Jahr hintereinander überdurchschnittlich viel, so weiten die Bauern den Hirseanbau nach Norden hin aus, die Nomaden vergrößern ihre Herden. Bleibt dann der Regen aus, vertrocknen die Felder und Weiden, Brunnen versiegen – es kommt zur Dürrekatastrophe.

Savanne: tropische Graslandschaften mit lichten Baum- und Buschformationen. Man unterscheidet nach den Niederschlagsmengen und der Niederschlagsdauer *Feucht, Trocken-* und *Dorn(busch)-savannen*.

Seeklima: → *maritimes Klima*

Sekundärwald: nach (Brand-)Rodung nachwachsender Wald. Er ist artenärmer und wächst nicht so hoch wie der → *Primärwald*.

Selbstreinigungskraft: die Fähigkeit des Wassers von Meeren, Flüssen und Seen, eingeleitete Schadstoffe durch natürliche Prozesse (überwiegend durch die Tätigkeit von Mikroorganismen) abzubauen und somit weitgehend natürliche Wassereigenschaften herzustellen. Biologische Kläranlagen ahmen die natürliche Selbstreinigungskraft nach.

Sommerzeit: von der Zonenzeit (→ *Zeitzone*) abweichende Zeit während der Sommermonate. Sie beginnt am letzten Wochenende im März und endet am letzten Wochenende im Oktober (ab 1996). Bei Beginn der Sommerzeit werden die Uhren um eine Stunde vorgestellt, am Ende wieder zurückgestellt. Die Sommerzeit wurde 1976 eingeführt. Sie sollte durch scheinbar längere Abende zum Energiesparen beitragen.

Sonnensystem: Zum Sonnensystem gehören alle Himmelskörper, die durch die Schwerkraft an die Sonne gebunden sind, besonders die neun → *Planeten*. Das Sonnensystem ist ein winziges Gebiet der → *Milchstraße*.

Steigungsregen: Wird feuchte Luft durch den Wind gezwungen, an der Luvseite eines Gebirges aufzusteigen, so kühlt sie sich ab. Der unsichtbare Wasserdampf kondensiert, Wolken bilden sich, und es beginnt zu regnen. (vgl. → *Zenitalregen*)

subpolares Klima: Klima im Übergang von der Polarzone zum gemäßigten Klima. Die Mitteltemperatur des wärmsten Monats erreicht nur +6 bis +10 °C. Die Winter sind lang und sehr kalt. Natürliche Vegetation ist die → *Tundra*.

Subsistenzwirtschaft: Form der Landwirtschaft, bei der die Erzeugnisse überwiegend zur Versorgung der eigenen Familie verwendet werden. Meist wird ein Teil der Erzeugnisse verkauft oder gegen andere Waren eingetauscht, die die Familie benötigt, aber nicht selbst herstellen kann. Die Subsistenzwirtschaft ist hauptsächlich in den Entwicklungsländern verbreitet. Landwirtschaftliche Betriebe in den Industriestaaten und → *Plantagen* arbeiten fast ausschließlich für den Verkauf ihrer Produkte.

subtropische Zone: Klimazone zwischen den Tropen und dem gemäßigten Klima, an den Westseiten der Kontinente mit → *Mittelmeerklima*.

Tageszeitenklima: Klimatyp der inneren Tropen. Die täglichen Temperaturschwankungen sind größer als die zwischen dem Mittel des wärmsten und des kältesten Monats.

Taiga: → *borealer Nadelwald*

Temperatur *(Lufttemperatur):* Sie wird mit dem Thermometer gemessen. Die Durchschnittswerte eines Monats werden aus den Tagesmitteln errechnet, die Durchschnittswerte eines Jahres aus den Monatsmitteln.

Tiefdruck: Teil einer → *Luftmasse* mit Luftteilchenmangel an der Erdoberfläche und somit geringerer Gewichtskraft der Luftteilchen. In das Tiefdruckgebiet fließen die Luftteilchen von außen hinein.

Tiefland: Teil des Festlandes, der bis zu 200 Meter Höhe erreicht. Es kann eben *(Tiefebene)* oder hügelig *(Hügelland)* ausgebildet sein.

Tourismus: alle Erscheinungen und Beziehungen, die sich aus Reise und vorübergehendem Aufenthalt Ortsfremder vorwiegend zur Erholung ergeben. In den Industrieländern hat der Tourismus durch die Entwicklung des Verkehrswesens, durch längere Freizeit und durch höhere Einkommen einen starken Aufschwung erlebt, so daß viele Menschen mehrmals im Jahr verreisen. In vielen Zielgebieten ist der Tourismus ein bedeutender Wirtschaftsfaktor mit vielen Arbeitsplätzen geworden. Er bringt für die Bevölkerung, die Landschaft, aber auch für die Urlauber selbst Belastungen mit sich.

Tundra: Landschaft und Vegetation der Gebiete mit → *subpolarem Klima*. Sie reicht von der → *Kältegrenze* des Waldes bis zur polaren Eiswüste. Bei höchstens dreimonatiger Wachstumszeit und über ständig gefrorenem Untergrund wachsen nur noch Zwergsträucher, Gräser, Moose und Flechten.

Variabilität: Veränderlichkeit, besonders die Abweichung der Jahresniederschläge vom langjährigen Mittel. Im gemäßigten Klima Mitteleuropas hat die Variabilität keine große Bedeutung, auch wenn bei besonders langer sommerlicher Trockenheit Ernteschäden oder Fischsterben wegen geringen Sauerstoffgehalts in aufgewärmten Flüssen mit geringem Wasserstand auftreten. In anderen Regionen der Erde, wie im → *Sahel* oder in Indien, können starke Abweichungen nach unten zu Dürrekatastrophen führen, starke Abweichungen nach oben zur Vernichtung der Ernten durch Abspülung.

Vegetation: Die Gesamtheit aller Pflanzen in einem bestimmten Gebiet. Die *natürliche Vegetation* eines Gebietes hat sich auf die Bedingungen des jeweiligen Klimas eingestellt, deshalb kann man von der natürlichen Vegetation eines Gebietes auf das Klima schließen. In vielen Gebieten der Erde hat der Mensch die natürliche Vegetation verändert oder zerstört. Gebiete ohne oder mit nur sehr spärlicher Vegetation sind die → *Wüsten*.

Vegetationsperiode: → *Wachstumszeit*

Versalzung: → *Bodenversalzung*

Wachstumszeit: die Zeit im Jahr, in der Pflanzen wachsen, blühen und reifen können. Sie beginnt, wenn in einem humiden Monat die Mitteltemperatur +5 °C übersteigt. Die *Hauptwachstumszeit* setzt ein, wenn die Mitteltemperaturen über +10 °C liegen. In Mitteleuropa dauert die Wachstumszeit im Durchschnitt von Mai bis September, die Hauptwachstumszeit von Mai bis Juli. Der Gegensatz ist die *Vegetationsruhe,* die durch Trockenheit oder Kälte bedingt ist.

Wanderfeldbau: traditionelle agrarische Wirtschaftsform der bäuerliche Bevölkerung in den tropischen Regenwäldern und den Savannen. Die Anbauflächen werden meist durch → *Brandrodung* gewonnen. Da die Ernteerträge wegen Erschöpfung des Bodens schon nach zwei bis drei Jahren deutlich zurückgehen und die Rodungsinseln im Wald bald von den Seiten her zuwachsen, werden die Felder nach fünf bis sieben Jahren aufgegeben. Neue Flächen werden gerodet. Wird der Weg zu den Feldern zu weit, so verlegen die Bauern ihr Dorf.

Wasserhaushalt: das Zusammenwirken der Wasserhaushaltsgrößen Niederschlag, Verdunstung und Abfluß in einem Gebiet. Die Wasserhaushaltsgrößen werden meist in mm Wasserhöhe, bezogen auf dieses Gebiet und auf einen bestimmten Zeitraum (meist ein Jahr) angegeben. Neben Klima, Boden und Relief hat die Art der Landnutzung besonderen Einfluß auf den Wasserhaushalt eines Gebietes.

Wendekreise: die beiden Breitenkreise der Erde, über denen die Sonne bei ihrem scheinbaren jährlichen Lauf am Himmel (vom Äquator kommend) „stehend bleibt", um sich anschließend wieder dem Äquator zu nähern. Die Wendekreise liegen in 23° 27' nördlicher bzw. südlicher Breite. Die Wendekreise begrenzen die Klimazone der Tropen.

Wetter: der augenblickliche Zustand bzw. Vorgang in der Atmosphäre an einem Ort (es ist windig und regnerisch, es ist kalt aber sonnig). Wetter wird beschrieben mit den Wetterelementen Temperatur, Luftfeuchtigkeit, Bewölkung, Sonnenscheindauer, Niederschlag, Luftdruck und Wind. In Mitteleuropa wechselt das Wetter häufig, mitunter mehrmals am Tag (nachdem eine Regenfront durchgezogen ist, reißt die Bewölkung auf, die Sonne scheint).

Wetterlage: Das → *Wetter* entsteht nicht regellos, es wird durch Wetterlagen gesteuert. Diese ergeben sich aus der Verteilung und der Wanderung von → *Hoch-* und → *Tiefdruckgebieten* und deren → *Luftmassen* über einem Ausschnitt der Erdoberfläche.

Wind: bewegte Luftteilchen. Ihre Geschwindigkeit wird mit dem Windmesser bestimmt. Die Windrichtung gibt die Richtung an, aus der die Luftteilchen kommen – der Ostwind bläst von Osten her.

Winterregenklima: subtropisches Klima mit heißen, niederschlagsarmen Sommern und milden, feuchten Wintern (→ *Mittelmeerklima*).

Wurzelraum: der Bereich des Bodens, den die Wurzeln einer Pflanze durchdringen. Die Wurzeln nehmen hier Wasser und Nährstoffe auf. Verändern sich die Eigenschaften des Bodens im Wurzelraum (Düngung, Bewässerung, Auflockerung, Verdichtung, Austrocknung, Versalzung, Befall mit Schädlingen o. ä.), dann hat dies Auswirkungen auf das Wachstum und die Gesundheit der Pflanzen. Der Wurzelraum ist je nach Pflanze und Beschaffenheit des Bodens sehr unterschiedlich tief, bei Gras nur wenige Zentimeter, bei Zuckerrüben in lockerem Boden schon über einen Meter, bei Bäumen mit Pfahlwurzeln mitunter mehr als zehn Meter.

Wüste: Gebiet ohne oder mit nur sehr geringer → *Vegetation*. Das Pflanzenwachstum wird durch mangelnde Wärme (Kältewüsten in den Polargebieten und in den Hochgebirgen) oder durch zu geringe Niederschlagsmengen eingeschränkt (Wüsten der Tropen, in Innerasien).

Zeitzone: Gebiet mit einheitlicher Zeit. Eine Zeitzone umfaßt ein Gebiet von 15° geographischer Breite. Abweichungen der Zonenzeit von dieser schematischen Einteilung ergeben sich an Staatsgrenzen (damit in einem Land nicht verschiedene Uhrzeiten gelten). Manche Länder fassen mehrere Zeitzonen zu einer einheitlichen *Landeszeit* zusammen (z. B. Indien). Sehr große Länder erstrecken sich über mehrere Zeitzonen (z. B. Kanada vier, Rußland zehn Zeitzonen).

Zenit: arabische Bezeichnung für den Scheitelpunkt des Himmels, die Stelle, die genau senkrecht über dem Betrachter liegt. Senkrechter Sonnenstand *(Zenitalstand der Sonne)* tritt nur zwischen den Wendekreisen auf. Dort steht die Sonne zweimal im Jahr mittags im Zenit.

Zenitalregen: In der tropischen Zone der Erde steht die Sonne zweimal im Jahr mittags senkrecht über der Erde. Wegen der starken Sonneneinstrahlung erwärmt sich der Boden so stark, daß die darüberliegende Luft sich erhitzt und sehr schnell in große Höhen (bis etwa 18 km) aufsteigt. Dabei kühlt sich die Luft so stark ab, daß der Wasserdampf schnell kondensiert. Am frühen Nachmittag regnen sich die Wolken in heftigen Gewittern aus. Die Linie der heftigsten mittäglichen Niederschlägen folgt dem → *Zenitstand* der Sonne.

Register

Abwasser	81	Isobaren	50	Satellit	5
Anbaukalender	42			Satellitenbild	39, 90
Anbau unter Folie	78	Jahreszeit	20	saurer Regen	31
Aquädukt	80			Schelf	13
arid	75	Kältegrenze	33	Schlagreife	30
Atmosphäre	10	Karawane	92	Schwerkraft	9
		Klimadiagramm	47f. 74f.	Seeklima	49
Barometer	15	Klimaprofil	48	Sekundärwald	104
Bevölkerungs-		Klimazonen	114ff.	Selbstversorgung	78
wachstum	97	Komet	7	Solareinstrahlung	114
Bewässerung	78f., 80f.	Kosmos	6	Sommersonnenwende	20
Binnenlagen	66	Kulturpflanzen	72f., 118f.	Sommerzeit	25
Bodenerosion	101			Sonne	6f.
Bodenversalzung	81	Landeszeit	25	Sonnenscheindauer	114
borealer Nadelwald	27	Landhalbkugel	13	Stockwerkbau	102
Brandrodung	92	Landklima	49	Subsistenzwirtschaft	104, 110
		Lichtjahr	8f.		
coltura mista	76f.	Luftdruck	50	Tageslängen	22
		Luftmassen	53	Tageszeitenklima	103
Dämmerung	22			Taiga	27, 35
Datumsgrenze	24	Meere	11	thermische Jahreszeiten	49
Dauerfrostboden	34	Meteorit	7	Tiefbrunnen	101
Desertifikation	101	Milchstraße	8f.	Tiefdruck	50f.
Dränage	81	Mittagshöhe	23	Tiefseegraben	13
		Mittelmeerklima	75, 82	Tourismus	68f.
Erbpacht	77	Mitternachtssonne	17	Trockenzeit	100
Erlebnispark	85	Mond	6f.	Tundra	19, 26, 35
		Monokultur	107		
Fixstern	6			Variabilität	101
Fjell	28f.	Naherholung	85	Vegetationsperiode	20
Forstwirtschaft	31	Nährstoffkreislauf	109	Vegetationszonen	116f.
Freizeitindustrie	83	natürliche Vegetation	116f.	Verkehrssprache	96, 98
Freizeitpark	85	Naturschutz	84		
Fremdenverkehr	84f.	Nomaden	94	Wachstumszeit	32
Fruchtfolge	78	Nullmeridian	24	Wanderfeldbau	104f.
				Wanderhackbau	97
Galaxie	8f.	Ortszeit	25	Wasserhalbkugel	13
		Ökosystem	109	Wasserhaushalt	11
Hackbauern	92	Ozeane	11	Wasserkreislauf	109
Hartlaubwald	70			Weltzeit	24
Heidschnucke	84	Pflanzung	106	Wetterkarte	55
heliozentrisches Weltbild	6	Planet	6f., 8	Wetterlagen	52f., 54
Hochdruck	50f.	Plantage	92, 106f.	Wettersprüche	38
Höhengliederung		Polartag, Polarnacht	18f., 34	Wetterstation	44
der Erde	12	Primärwald	104	Wettervorhersage	55
Höhenlinie	58			Windstärke	51
Höhenprofil	58	Regenfeldbau	76, 110	Wintersonnenwende	20
Höhenstufe	68, 72	Regenmesser	44	Witterung	54
Holzwirtschaft	31f.	Regenzeit	100	Witterungsregelfälle	54
Huerta	78	Rentier	28f.		
humid	75	Rotationszyklus	105	Zenitalregen	103